京津冀地区制造业集聚
与产业关联研究

孙　威等　著

科学出版社

北京

内 容 简 介

本书在中国科学院战略性先导科技项目和国家自然科学基金项目资助下，通过案例调研和部门座谈、空间计量分析、投入产出分析等方法，系统研究了京津冀地区制造业集聚和产业关联的关系，特别是利用 DO 指数（Duranton-Overman index）和企业数据定量刻画了京津冀地区制造业集聚的强度和范围，分析了制造业集聚的影响因素和作用机制，揭示了影响因素的尺度效应和距离衰减规律；从三省市内部和三省市之间两个维度、推力和拉力两个方面定量分析了制造业与生产性服务业的关联程度和方向，识别了影响产业关联的因素和作用机制，为促进非首都功能疏解和京津冀协同发展提供借鉴。

本书可作为城市与区域规划专业的本科生、研究生，以及政府部门工作人员的参考用书。

审图号：GS 京 (2025) 0959 号

图书在版编目 (CIP) 数据

京津冀地区制造业集聚与产业关联研究 / 孙威等著. -- 北京：科学出版社，2025.6. -- ISBN 978-7-03-081514-9

Ⅰ. F426.4

中国国家版本馆 CIP 数据核字第 2025R0K785 号

责任编辑：王 倩 / 责任校对：樊雅琼
责任印制：徐晓晨 / 封面设计：无极书装

科 学 出 版 社 出版
北京东黄城根北街 16 号
邮政编码：100717
http://www.sciencep.com

北京九州迅驰传媒文化有限公司印刷
科学出版社发行 各地新华书店经销

*

2025 年 6 月第 一 版 开本：787×1092 1/16
2025 年 6 月第一次印刷 印张：14 1/2
字数：350 000
定价：198.00 元
（如有印装质量问题，我社负责调换）

前　言

　　产业集聚是经济活动最突出的地理特征，也是一个世界性现象。1890 年马歇尔在《经济学原理》中最早从外部经济和规模经济的角度阐述了产业集聚的形成原因，并把具有分工性质的企业在特定地区的集聚称为"工业区域"。20 世纪 90 年代以来，克鲁格曼应用不完全竞争、规模报酬递增、路径依赖和循环累积因果关系等解释产业集聚，波特从创新和竞争力角度研究产业集聚，引起国内外学界和政府的广泛关注，产业集聚逐步成为经济地理学、产业经济学、管理学等的一个热点问题。京津冀地区是中国人口和经济最密集的城市化地区，在中国区域发展战略中具有重要地位。产业协同是京津冀协同发展战略中需要率先突破的重点领域之一，现有研究主要集中在非首都功能疏解和产业承接、产业集聚测度与分析、产业协同发展路径与策略等方面，但对产业集聚的形态识别、时空演化规律和形成机制、制造业与生产性服务业的关联程度和特征等关注不足。因此，研究京津冀地区制造业集聚和产业关联的特征、格局、过程和机制对于推动京津冀协同发展，特别是产业协同发展具有重要的现实意义和理论价值。

　　本书的边际贡献主要体现在以下三点：

　　一是新方法和大数据的应用。20 世纪 50 年代在计量革命的推动下，空间数据统计分析方法形成了空间点模式分析等 3 个分支，空间分布模式是空间数据统计分析中最重要的研究内容，包括集聚、离散、随机三种模式。根据集聚经济研究方法的发展脉络，陈建军和陈怀锦（2017）将其分为三代集聚指数，EG 指数（Ellison-Glaeser index）等前两代集聚指数都存在可塑性面积单元问题（modifiable areal unit problem，MAUP）、估计结果缺乏显著性检验，以及测度方法的精准性和影响因素的全面性不足等，2005 年 Duranton 和 Overman 提出了 DO 指数（Duranton-Overman index），解决了 MAUP，但受数据获取难和计算量大等影响，直到 2014 年才在国内得到首次应用。本书利用 DO 指数和 40 余万个制造业企业数据，研究了京津冀地区制造业集聚的时空演化特征、差异性，及其形成机制，填补了城市群地区研究的空白，丰富了经济地理学的传统技术方法。通过新方法和大数据的应用，识别出京津冀地区制造业集聚的类型、强度和范围，对集聚形态的刻画更加精细化和科学化。

　　二是创新性提出集聚可以分为两个阶段，并利用 Hurdle 模型分析了不同阶段的影响因素、差异性和距离衰减规律。集聚是否存在阶段性以及不同阶段集聚的影响因素是否存在差异性？这在传统经济学侧重微观机制分析的固有框架下，特别是马歇尔外部性三要素的机制检验中没有给予很好回答。我们的研究表明，根据集聚强度和形态可以将集聚分为集聚形成阶段和集聚提升阶段，不同阶段的影响因素存在差异性和距离衰减规律，如政策因素只在集聚提升阶段才发挥显著作用，这与波特等对美国硅谷和意大利 Modena 机械制造企业的集聚研究结论一致，即在集聚初期政策并没有多大作用。集聚一旦形成，政策才发挥作用。

三是识别了京津冀地区制造业与生产性服务业的关联程度和特征，从推力和拉力两个方面揭示了制造业与生产性服务业的关联程度和影响机制。京津冀协同发展是国家战略，但产业协同发展的效果并不理想，这不仅与京津冀三省市之间产业梯度差大、创新链产业链不匹配等有关，而且与地区内部和地区之间制造业与生产性服务业的关联度低有关。本书利用投入产出分析方法，定量揭示了京津冀地区制造业与生产性服务业的关联程度、特征和影响机制，回应了学术界关于制造业与生产性服务业之间的四个不同观点，给出了京津冀地区所处的发展阶段，体现了科学研究与现实需求的结合。

本书各章分工如下：第一章孙威，第二章孙威、黄宇金、高沙尔·吾拉孜，第三章孙威、黄宇金、高沙尔·吾拉孜，第四章黄宇金、孙威，第五章黄宇金、孙威，第六章黄宇金、孙威，第七章孙威、高沙尔·吾拉孜，第八章高沙尔·吾拉孜、孙威，第九章高沙尔·吾拉孜、孙威，第十章孙威。全书由孙威统稿并定稿。本书得到中国科学院战略性先导科技项目"地球大数据科学工程"（XDA19040401）和国家自然科学基金项目（41871117）的资助，也是两个项目的研究成果之一。在成书过程中得到很多专家、领导、同事、学生的帮助和支持，在此表示衷心的感谢！我在中国科学院大学的研究生孙涵、杨子涵和刘鸿宇，与中国地质大学（武汉）联合培养的研究生郭倩钰，与江西师范大学联合指导的研究生郭永熙，在数据收集和处理、图表制作和可视化等方面做了卓有成效的工作。

本书仅对京津冀地区制造业集聚和产业关联的部分问题进行了初步探索，有些观点可能有失偏颇，加上作者水平有限，不当之处在所难免，恳请广大前辈和同仁批评指正！本书参考了许多学者的近期研究成果，这些研究成果均列在参考文献中，但仍惶恐挂一漏万，恳请多多包涵。在本书付梓之时，恳请阅读本书的学界同仁提出宝贵意见，并期望本书能够为北京非首都功能疏解和京津冀协同发展提供有益参考。

最后，需要说明的是，作者系中国科学院大学岗位教师。

孙威

2024 年 1 月 20 日

目 录

|第一章| 绪　　论

产业集聚是经济活动最突出的地理特征之一，也是一个世界性现象，因此一直以来都是经济地理学研究的核心问题，纵观已有文献，研究主题始终围绕集聚形态、影响机制、区域效应等展开。随着以 DO 指数（Duranton-Overman index）为代表的集聚识别新方法的出现，集聚强度、集聚范围、集聚异质性特征等逐渐成为研究的重要方向之一。新方法弥补了行政区划单元的局限性、产业整体分布影响、缺乏显著性检验等不足，使得集聚研究有了新进展。

产业关联是影响制造业集聚的重要因素之一。20 世纪 50 年代以来，随着经济发展水平的提高，世界主要经济体逐渐从"工业经济"向"服务经济"转变，在此过程中，生产性服务业发挥着越来越重要的作用。通过较强的产业关联性，生产性服务业将人力、知识、技术等中间投入品输送至制造业，提高了制造业的生产效率和集聚水平。因此，从产业组织形态来看，生产性服务业和制造业逐渐呈现关联、互动和融合的趋势。这种趋势是否会影响制造业的集聚，这种关联在不同产业间、不同区域间存在怎样的差异性，以及这种关联和差异性受到哪些因素的影响，亟待通过实证研究给予科学回答。

第一节　研究背景

全球化推动制造业的生产和贸易在世界范围内发生转移，世界经济格局逐渐被重塑。这主要受到科技革命和产业变革、全球价值链重构、贸易保护主义和疫情冲击、大国关系和地缘政治、制造业升级和贸易投资等因素影响。例如，过去十多年间，全球价值链的扩张势头放缓，主要工业和贸易大国的参与度下降，一些产业的全球价值链甚至呈现收缩或"变短"的态势。这种变化使得全球产业链和价值链的地理空间布局发生改变，中国作为世界第一工业大国和贸易大国，参与全球价值链的方式和地位也发生了深刻变化。与此同时，出于对区域竞争力、交易成本、规模经济和范围经济的考虑，制造业往往集聚在少数地理空间，"全球-地方"的互动关系被建立起来。

京津冀地区是中国重要的电子信息、汽车制造、生物医药等产业集聚区，但制造业集聚水平和竞争力均弱于长三角和珠三角地区。在协同发展战略下，基于产业"集聚-扩散"视角如何促进京津冀地区制造业高质量发展亟待给予科学回答。在此背景下，分析京津冀地区制造业与生产性服务业的关联程度和作用机制，发现其中存在的问题，并结合地区产业特征讨论内在的发展规律，有助于为推动京津冀地区两大产业升级、缩小产业发展梯度差、提高产业集聚水平提供科学依据。

1. 制造业虽然在全球范围内发生转移，但仍集聚在少数地理空间

全球化背景下，制造业正在发生全球性转移。一般而言，工业化国家将经济效益低的制造业转移至发展中国家。根据联合国工业发展报告，1953 年到 20 世纪 90 年代末，工业化国家占全球制造业总产量的比重从 95% 下降至 77%，但发展中国家的比重则达到 23%，翻了近两番，但是只有少数发展中国家成为制造业的转入方，其中以中国最为典型。

改革开放以来，中国引入大量外资，逐渐成为欧美发达国家投资的重点区域。2001 年中国加入世界贸易组织（World Trade Organization，WTO），商品贸易迅速增加，进一步刺激了制造业的发展。2008 年国际金融危机，欧美经济受挫，产业转移大量减少，中国对外投资逐渐增多。2013 年中国政府分别提出"丝绸之路经济带"和"21 世纪海上丝绸之路"的合作倡议，得到诸多国家支持，中国企业正式走出去。2014 年中国对外投资规模第一次超过吸引外资规模，成为对外净投资国。

综上，2004～2019 年中国制造业增加值占全球比重从 8.6% 上升至 28.2%，而美国、日本等工业化国家所占比重持续降低，以中国为代表的亚洲国家对制造业全球贸易转移的重要性显著增加（图 1-1）。

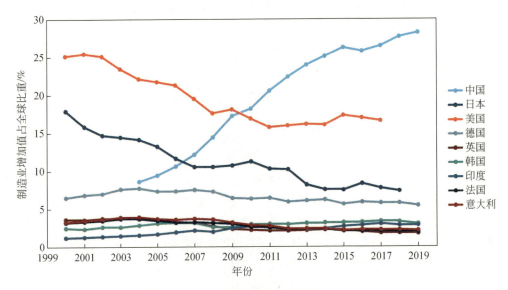

图 1-1　世界主要制造业大国制造业增加值占全球比重
数据来源为世界银行（The World Bank）

制造业既在全球范围内发生转移，又嵌入具体的地方空间。然而，地方空间并非随机选择，制造业会在最有利于其发展的少数区域集聚。"全球-地方"互动视角有利于理解制造业集聚-扩散和区域转型发展。在不同空间尺度下，地方空间的含义有所不同。例如，在中国，长三角、珠三角、京津冀地区是中国制造业的主要集聚区。在京津冀地区，北京、天津是制造业集聚的重要城市。在北京，中关村科技园和北京经济开发区是高新技术

产业重点考虑的地方空间。根据制造业地理集聚的定义和现实基础，研究跨省区或城市群内部的制造业集聚对于国家和区域发展具有重要的现实意义。

2. 京津冀地区是中国制造业的重要集聚区，但集聚水平和竞争力有待提升

京津冀地区是中国制造业的重要集聚区，特别是装备制造、生物医药、电子信息、汽车制造等产业在全国具有重要地位。2023 年京津冀地区 GDP 超过 10 万亿元，拥有 2.5 万家规模以上工业企业、20 个省级以上高新技术产业集群，中关村国家自主创新示范区已成为我国创新发展的一面旗帜。

表 1-1　国家先进制造业集群名单

序号	集群名称	所在地区	序号	集群名称	所在地区
1	深圳市新一代信息通信集群	珠三角	17	徐州市工程机械集群	长三角
2	无锡市物联网集群	长三角	18	西安市航空集群	西北地区
3	上海市集成电路集群	长三角	19	广州市、深圳市、佛山市、东莞市智能装备集群	珠三角
4	广州市、佛山市、惠州市超高清视频和智能家电集群	珠三角	20	青岛市轨道交通装备集群	山东半岛
5	南京市软件和信息服务集群	长三角	21	成都市、德阳市高端能源装备集群	成渝地区
6	东莞市智能移动终端集群	珠三角	22	南通市、泰州市、扬州市海工装备和高技术船舶集群	长三角
7	合肥市智能语音集群	长三角	23	株洲市中小航空发动机集群	长江中游
8	杭州市数字安防集群	长三角	24	潍坊市动力装备集群	山东半岛
9	青岛市智能家电集群	山东半岛	25	保定市电力及新能源高端装备集群	京津冀
10	成都市软件和信息服务集群	成渝地区	26	沈阳市机器人及智能制造集群	东北地区
11	武汉市光电子信息集群	长江中游	27	武汉市、襄阳市、十堰市、随州市汽车集群	长江中游
12	长沙市新一代自主安全计算系统集群	长江中游	28	上海市新能源汽车集群	长三角
13	成渝地区电子信息先进制造集群	成渝地区	29	长春市汽车集群	东北地区
14	南京市新型电力（智能电网）装备集群	长三角	30	深圳市先进电池材料集群	珠三角
15	株洲市轨道交通装备集群	长江中游	31	苏州市纳米新材料集群	长三角
16	长沙市工程机械集群	长江中游	32	宁波市磁性材料集群	长三角

序号	集群名称	所在地区	序号	集群名称	所在地区
33	常州市新型碳材料集群	长三角	57	浙东工业母机集群	长三角
34	宁德市动力电池集群	海峡西岸	58	宝汉天工业母机集群	西北地区
35	宁波市绿色石化集群	长三角	59	沈大工业母机集群	东北地区
36	赣州市稀土新材料及应用集群	长江中游	60	苏州高端科技仪器集群	长三角
37	深圳市、广州市高端医疗器械集群	珠三角	61	青岛仪器仪表集群	山东半岛
38	上海市张江生物医药集群	长三角	62	京津冀新一代信息技术应用创新集群	京津冀
39	苏州市生物医药及高端医疗器械集群	长三角	63	京津冀集成电路集群	京津冀
40	温州市乐青电气集群	长三角	64	北京海淀人工智能集群	京津冀
41	京津冀生命健康集群	京津冀	65	榆鄂宁现代煤化工集群	西北地区
42	泰州市、连云港市、无锡市生物医药集群	长三角	66	大盘绿色石化集群	东北地区
43	呼和浩特市乳制品集群	西北地区	67	包头稀土新材料集群	西北地区
44	佛山市、东莞市泛家居集群	珠三角	68	金白兰武有色金属集群	西北地区
45	苏州市、无锡市、南通市高端纺织集群	长三角	69	滇中稀贵金属集群	西南地区
46	成德绵自凉航空航天集群	成渝地区	70	郑南商许超硬材料集群	中原地区
47	哈尔滨航空集群	东北地区	71	鹰饶抚昌铜基新材料集群	长江中游
48	长三角（含江西）大飞机集群	长三角	72	苏南特钢材料集群	长三角
49	沈阳航空集群	东北地区	73	环杭州湾现代纺织服装集群	长三角
50	青烟威船舶与海洋工程装备集群	山东半岛	74	泉州现代体育产品集群	海峡西岸
51	上海船舶与海洋工程装备集群	长三角	75	成渝地区生物医药集群	成渝地区
52	洛阳现代农机装备集群	中原地区	76	绥哈大齐生物制造集群	东北地区
53	金台丘陵山区农机装备集群	长三角	77	乌昌石光伏集群	西北地区
54	潍临日智能农机装备集群	山东半岛	78	盐常宿淮光伏集群	长三角
55	京津冀安全应急装备集群	京津冀	79	广深佛惠莞中智能网联新能源汽车集群	珠三角
56	衡长株潭特高压输变电装备集群	长江中游	80	京津冀智能网联新能源汽车集群	京津冀

但是，由于京津冀三省市发展水平差异悬殊、产业同构化等问题，京津冀地区制造业集聚水平和竞争力均弱于长三角和珠三角地区。在 2021 年和 2024 年工业和信息化部两次公布的 80 个国家先进制造业集群中，京津冀地区只有 7 个，珠三角地区有 8 个，长三角地区多达 26 个（表 1-1）。从科技研发到转化落地的创新闭环尚未完全打通，没有形成具

有自主创新能力的以本地企业为核心的完整的创新链和产业链，核心基础零部件、关键基础材料、先进基础工艺和产业技术基础受制于人的状况没有得到根本性改变。

3. 京津冀地区是我国推动产业关联与协同发展的前沿阵地

2014 年习近平总书记在北京考察时提出，产业协同发展是京津冀协同发展的实质内容和关键支撑。因此，京津冀三省市之间的产业升级、协同发展成为推进京津冀一体化、贯彻京津冀协同发展战略的主要内容和关键突破口之一。近年来，京津冀地区以疏解北京非首都功能为牛鼻子推动京津冀产业协同发展，2014～2019 年关停或退出近 5000 家一般制造业企业，疏解效果显著。同时，京津冀三省市的产业活动、企业合作、跨地区投资等联系更加密切。根据全国第四次经济普查数据（2018 年），京津冀地区产业活动跨省市的企业达到 1.6 万家，其中 1.2 万家京籍企业在津冀两省市开展产业活动，北京"溢出"效果显著。

相比世界级城市群和长三角与珠三角等国内发达城市群，京津冀地区受限于行政区划和地方竞争等因素，区域一体化水平和产业协同发展水平远低于其他城市群，出现京津冀地区经济总量、工业产值、高技术产业营业收入等主要经济指标在全国地位下降的现象，且城市群内部发展差距较大（图 1-2）。

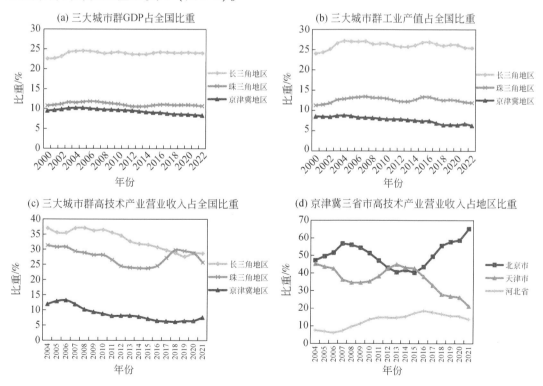

图 1-2　三大城市群和京津冀地区内部经济和产业发展水平差异
资料来源：《中国统计年鉴》《中国高技术统计年鉴》

为深入推进京津冀协同发展，特别是促进京津冀产业协同发展，需要从产业关联的视角出发，准确把握产业发展规律，及时调整相关政策，通过强化创新链布局产业链、提高制造业与生产性服务业的产业关联度，提升制造业集聚水平，共同打造支撑世界级城市群建设的世界级产业集群。

第二节　基本概念

围绕制造业集聚和产业关联，主要存在以下概念需要进一步界定和说明。

1. 产业集聚、产业集中和产业集群

产业集聚（industrial agglomeration）描述了同一产业内大量中小企业集中在少数区域的经济现象，也有学者称为产业本地化（industrial localization）。该概念不同于地理邻近，其研究对象是同一产业内的大量企业，并强调企业间广泛且深度的联系，地理邻近则单纯描述企业空间位置的接近。产业集聚中文一词最早是梁琦（2004）在其博士论文《产业集聚论》中提出的，源于克鲁格曼的空间集聚（spatial agglomeration）和波特的产业集群（industrial cluster）概念及各国实践。

产业集聚相关研究最早可追溯到1890年马歇尔对产业区的论述，"集中于某些特定区域的产业被称为地方化产业（localized industry），该现象普遍存在……产业为自己选择特定区域后，由于多种优势将在该地域长时间存在。"马歇尔认为产业区形成原因除了自然资源（称为"第一性优势"）外，还包括外部性经济，表现为专业化劳动力市场、丰富的中间商品与服务、知识技术溢出三个方面（Marshall，1920）。

目前，产业集聚研究形成了两个主要学派。

一个是以降低生产成本为目的的传统集聚学派，认为集聚区是企业经营的场所，研究尺度多为国家或大区域，研究方法多以模型建构、统计分析的定量研究为主，其解释机制包括企业共栖、集聚经济、逐底竞争等。传统集聚理论一直是经济学、地理学、管理学等学科研究的经典命题，20世纪90年代以克鲁格曼为代表的新经济地理学兴起后，再次受到学者们的广泛关注。

另一个是以促进技术创新为目的的新集聚学派，认为集聚区是企业创新的场所，研究尺度多为微观区域，研究方法多以某一产业区的定性研究和案例研究为主，解释机制包括集聚经济、非贸易的相互依赖、技术外部性、创新环境等。新集聚理论自波特在1990年提出集群概念后，因强调国家和区域的产业竞争优势，迅速成为研究热点。

目前，两个学派在理论出发点、研究尺度、研究方法、解释视角等方面仍然存在较大差异，形成了两个研究方向（图1-3）。

产业集中（industrial concentration）是指一个产业的就业、产值或企业集中在少数区域的现象。一般有两种情形：一种情形是由于内部规模经济导致的就业或产值集中在少数企业而造成的空间集中，反映了市场垄断程度的高低；另一种情形是由于外部规模经济导

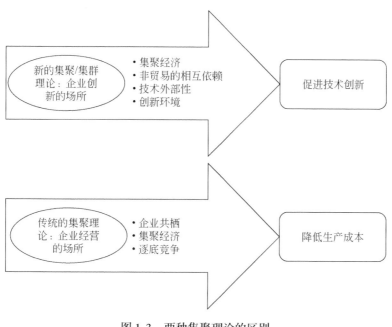

图 1-3　两种集聚理论的区别

资料来源：王缉慈，2019

致的大量中小企业集聚在少数区域造成的空间集中。这两种情形下的产业集中并不都是正相关关系，比如可能存在少数寡头企业导致行业集中度很高，但地理集中度较低，地理学者一般将第二种情形称为产业地理集中（图 1-4）。

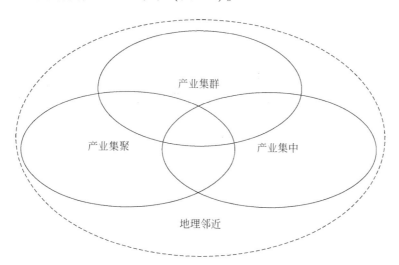

图 1-4　地理邻近、产业集聚、产业集群、产业集中的概念关系

资料来源：王缉慈，2019

产业集群（industrial cluster）由 1990 年波特论述国家和区域产业竞争优势的因素时提出，他强调产业集群是提高生产力的商业环境，以及区域竞争力和创新能力的决定要素。

目前，主流观点认为产业集群是指一群在地理上邻近且相互联系的企业和机构，它们具有产业联系并且相互影响。行为主体通过联系与互动，在区域中产生外部经济，并且在相互信任和合作的学习氛围中促进技术创新。产业联系不局限于同一产业内，并且除了上下游的经济联系外，还包括技术联系、社会联系、组织联系等。产业集群一般讨论发达工业化国家的某些产业成熟区域，强调技术创新。在某些发展中国家，由于仍处在工业化早期，产业的地理邻近虽然降低了生产成本，但远未达到集群所描述的广泛而深刻的产业联系和交流互动，该现象以产业集聚描述更为准确。因此，从发展阶段看，产业集群可以理解为产业集聚现象的高级阶段。

鉴于以上分析，本书研究的产业集聚属于传统集聚学派的范畴，倾向于集聚现象的基础描述，即同一产业（制造业）内大量中小企业集中在少数区域的空间现象。

2. 关联、协同、协调、共生

地理学研究的着眼点不是个别事物的规律，而是现象之间的联系。19 世纪中叶，近代地理学的奠基人亚历山大·洪堡就将地球作为一个整体，认为地球表面的各种现象具有有机联系，提出和论证了植物垂直分带规律，为地球表面相互联系的自然地理现象研究开辟了先河。因此，联系是地理学研究的一个重要视角和方法。

关联是指各个产业之间存在的广泛而复杂的经济、技术等联系，通过技术、产品、服务的联结，形成投入产出效应。产业关联不仅指一个产业链的上下游的联系，还包括不同产业链环节间的联系。根据其发生联系的方式，产业关联可以分为前向联系和后向联系，前向联系是指因生产工序的需要，前一产业部门的产品作为后一产业部门的生产要素；后向联系是指后一产业部门为先行部门提供产品，作为先行部门的生产消耗。产业关联的实质是产业之间供给与需求的联系，通常利用产业中间需求率和中间投入率衡量产业关联程度。

文献中除了关联，学者常用协同、协调、共生等概念反映产业间的联系。协同是指系统中诸多子系统通过一定方式组合并相互协调合作，发挥出这些子系统简单相加所不能达到的效果，即通常所说的"1+1>2"。因此，协同是指在产业之间、地区之间经济发展不平衡的态势下，依托各产业内部、产业之间、产业群内部、产业群之间复杂的协同关系进行互相促进，实现产业共同演化的局面。刘佳等（2021）认为，协调指的是不同产业之间相互促进的长期持续和动态的表现，协调程度决定了资源优化调整和促进投入产出效益最大化的水平。胡晓鹏和李庆科（2009）认为，共生是指在市场竞争或者发展动力的作用下同类产业或相似产业的生产环节出现合作或联盟，并通过某种组织中介发展成为产业共生体。以上概念均有异同，但都体现了同类或不同类产业之间通过关联与交互关系，实现相互促进、共同演化的局面。因此，均属于关联的概念范畴。

基于以上分析，本书将关联界定为同类产业的不同生产环节和不同类产业但彼此之间具有技术经济联系的生产环节通过拉动和推动作用，达到共同发展的关系。

根据关联的对象，产业关联可以包括产业内关联、产业间关联。产业内关联是指同类产业不同生产环节之间或细分行业之间的关联。产业间关联是指不同类产业但彼此具有技术经济联系的生产环节之间的关联。

根据关联的空间尺度，产业关联可以包括地区内关联和地区间关联。地区内关联是指同类或不同类产业在某一地区内部的关联。地区间关联是指一个地区的某一类产业与另一地区的同类或不同类产业的关联。

根据相关研究，产业关联具有开放性和阶段性特征。开放性是产业关联在区域视角的特征，阶段性则是产业关联在时间视角的特征。

（1）开放性

开放性是指一个地区某一产业与其他地区产业的联系水平，包括对国内其他地区和对国外的开放水平。在全球分工逐渐细化的浪潮中，更加开放的生产环境推动技术、资本等生产要素的流动。随着区内、区外服务要素投入水平的提升，制造业生产过程中专业化水平的提高，劳动、技术等要素的生产力也随之提升；生产性服务业在为制造业提供知识和技术密集型服务时，通过创新的正外部性和创新效率增强，促使制造业形成规模经济。通常利用贸易流量与产业产值的比值衡量产业关联的开放性。

（2）阶段性

钱纳里（1989）将工业化分为四个阶段，不同工业化阶段，制造业与服务业的发展水平和发展进程也会有所差异，两者的互动关系也会随之发生改变。

工业化初期，由于产业发展重点在工业，且其所需的相关服务由企业内部提供，生产性服务外部化不充分，因此两个产业关系较弱。

工业化中期，由于工业门类增加、规模扩大，其对相关支撑性服务的需求随之提升，并且加快工业化会推动以金融业为代表的生产性服务业的崛起，但两个产业之间的关系主要以制造业拉动服务业为主。

在工业化后期，随着城市化水平的提升，生产性服务业的多样化和专业化普遍提升，并在制造业效率提升和地区经济发展中发挥重要作用。因此，这一时期，服务业对制造业的推动作用更大。

在后工业化社会，随着高技术制造业的快速发展，其对知识密集型和技术密集型生产性服务业的利用水平提升，并随着新技术新业态的出现，两者之间的界限越来越模糊，呈现较高的互动水平并进一步走向融合。

由于我国工业化进程的地区差异明显，同一时期不同地区制造业与服务业的关联关系也会有所不同。

3. 制造业及其分类

制造业是指利用多种资源（能源、设备、劳动、技术、信息等），根据市场要求将原材料（包括中间产品）加工制造（物理变化或是化学变化）出可供使用或销售的制成品或最终产品的行业。

本书以国家行业标准分类为基础划分制造业。《国民经济行业分类》根据经济活动同质性原则，参考联合国《所有经济活动的国际标准产业分类》（ISIC）制定，应用广泛。从 1984 年开始，该标准先后有五次修订（1984 年、1994 年、2002 年、2011 年和 2017 年）。本书参考 2002 年、2011 年、2017 年的版本标准，其中制造业为 C 门类，约有 31 个大类、179 个中类和 609 个小类。

4. 生产性服务业

生产性服务业最早由 Greenfield（1966）系统提出，认为生产性服务业是向生产者而非最终消费者提供服务。Watts（1987a）认为生产性服务业是满足商业或中间需求的服务，由其他服务部门和生产部门共同提供。虽然学术界至今没有形成生产性服务业的一致定义，但已对其"中间投入"的特性达成共识。因此，本书采用 Grubel 和 Walker（1989）对生产性服务业的定义，即生产性服务业是指被其他商品和服务的生产者用作中间投入的服务。随着生产力的进步与劳动分工的深化，生产性服务业在生产系统中的角色发生了转变（表 1-2）。

表 1-2　生产性服务业在生产系统中的角色演变

20 世纪 50～70 年代管理功能（"润滑"效果）	20 世纪 70～90 年代促进功能（"生产力"效果）	20 世纪 90 年代至今战略功能（"推进器"效果）
财务	管理咨询	信息和信息技术
总量控制	市场营销咨询	创新和设计
存货管理	咨询工程	科技合作
证券交易	商业银行、房地产	全球金融中介、国际性项目融资

资料来源：李江帆和毕斗斗，2004

国外学者早期文献中的生产性服务业包括金融、保险、房地产等产业，具有规模大、业务较常规、以资本投入为主等特征，在生产系统中仅发挥了"润滑"效果。现代新兴生产性服务业主要包括管理、咨询、广告等服务业，具有企业规模小、定制化程度高、以知识投入为主等特征，并逐渐广泛地参与到生产制造过程，其涉及的业务领域增多，发挥的作用从管理功能向推动工业生产更高效运行的促进功能转变。到后工业化时代，随着产品附加值向价值链两端转移，生产性服务业全面参与了经济发展的各个方面，在生产系统中发挥战略"推进器"的作用。

但是，国内外不同学者对于生产性服务业的外延界定还不一致，文献中采用的具体的生产性服务业行业门类不同，对于既提供生产性服务又提供消费性服务的行业争议较大。国家统计局公布的《生产性服务业统计分类（2019）》对生产性服务业的分类主要包括研发设计与其他技术服务，货物运输、通用航空生产、仓储和邮政快递服务，信息服务，金融服务，节能与环保服务，生产性租赁服务，商务服务、人力资源管理与职业教育培训服务，批发与贸易经纪代理服务，生产性支持服务 10 类服务行业。胡晓鹏（2008）从制造业与生产性服务业的互动机理出发，将涉及生产环节的服务分为确保生产活动持续稳定运行的服务和确保生产结果能够快速产生经济效益从而确保生产者利益的服务，其服务流程和对应的产业种类如图 1-5 所示。

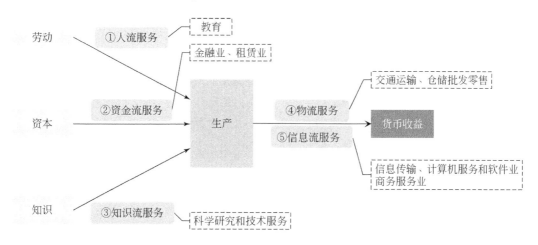

图 1-5　基于生产投入和产出的服务流程及其对应的行业种类

参考胡晓鹏（2008）绘制

本书对照《生产性服务业统计分类（2019）》，参考胡晓鹏（2008）、顾乃华（2010）、杨仁发（2013a）、高素英等（2021）学者的研究，将生产性服务业限定在以下六个行业，具体产业类型如表 1-3 所示。

表 1-3　生产性服务业分类及其二位数行业代码

生产性服务业分类	二位数代码
批发和零售业	C51 ~ C52
交通运输、仓储和邮政业	C53 ~ C60
信息传输、软件和信息技术服务业	I63 ~ I65
金融业	J66 ~ J69
租赁和商务服务业	L71 ~ L72
科学研究、技术服务和地质勘查业	M73 ~ M75

资料来源：《国民经济行业分类》（GB/T 4754—2017）和《生产性服务业统计分类（2019）》

5. 制造业服务化

国外学者用 servitization、servicizing、tertiarization 等词汇表示服务化，且不同学者对服务化的定义也各不相同。服务化（servitization）的概念最早由 Vandermerwe 和 Rada（1988）提出，他们将制造业通过价值链逐渐前移或后移，运用服务提升产品竞争力，从而向服务转型的过程称为"服务化"，同时指出企业服务化的过程包括"产品或服务"

"产品+服务" "产品+服务+支持+知识+自我服务" 三个阶段,即制造业企业向 "产品-服务包" 转变,并且服务在整个 "包(bundles)" 中居于主导地位。White 等(1999)、Reiskin 等(2000)则强调其动态变化过程,提出 "基于产品的服务(product- based services)" 概念,认为服务化的最后阶段应该是 "基于产品的服务或功能",在这一阶段既有的实物产品被作为工具或平台,企业向顾客提供与物品相关的服务,并将服务化演进过程分为四个阶段。周大鹏(2013)指出制造业服务化是服务要素比重在制造业的投入和产出活动中日益增加的一种趋势。根据以上定义,制造业服务化是制造业由产品型制造向服务型制造转变的过程,制造业服务化的最终目的是服务型制造。

20 世纪 90 年代以后,部分欧美发达国家为了提升企业的竞争力将高附加值的服务环节回收到企业内部,实施了 "服务化"(servitization)升级,认为未来市场的核心产品形态是 "产品+服务" 且服务是产品竞争力提升的关键。20 世纪 90 年代中期,大部分经济合作与发展组织(Organization for Economic Cooperation and Development,OECD)国家制造业对服务中间投入的依赖程度有了大幅提升(表 1-4)。由此可见,制造业企业采取服务化战略的动因主要是为了创造竞争优势,服务化被企业管理者看作是创造新商机的途径和形成差异化的工具,通过延伸产品的生命周期来提升企业竞争力。此外,服务化的推动力还包括增加经济收益、满足顾客需求、改善环境绩效等。

表 1-4 部分 OECD 国家制造业对生产性服务中间投入的依赖程度

时间	日本	加拿大	美国	法国	丹麦	澳大利亚	英国	荷兰	德国
20 世纪 70 年代早期	4.12	2.78	7.27	7.63	3.98	1.31	1.67	3.78	—
20 世纪 70 年代中期	5.58	3.22	5.03	8.93	4.90	1.14	—	4.29	—
20 世纪 80 年代早期	4.80	4.77	6.03	10.45	5.14	—	3.04	5.10	8.76
20 世纪 80 年代中期	6.15	5.06	7.35	11.98	5.88	7.62	8.02	5.56	11.61
20 世纪 90 年代早期	6.67	4.18	9.03	13.8	6.43	6.03	11.02	—	13.38
20 世纪 90 年代中期	12.89	6.36	8.23	17.48	8.80	7.30	16.71	11.01	15.85

资料来源:刘继国和赵一婷,2006

制造业企业的服务化转型趋势在一定程度上解释了西方发达国家制造业比重相对较低的原因。

一方面,西方发达国家多数制造业企业转变为服务型企业,这一转变并不是完全放弃了生产制造环节,而是将战略重点放到服务业,服务环节在企业活动中的比重超过了生产制造环节。例如,苹果、IBM 等并不是没有生产制造环节,而是将生产制造环节进行了外包,企业本身就成为服务型企业,但生产制造环节仍是企业赖以生存的部分。

另一方面,西方发达国家对企业的分类标准不同于中国。在英、美等国家的统计方式中,只要企业从事服务相关活动的人员数超过从事生产制造活动的人员数,该企业就被归为服务型企业。因此,尽管许多企业仍保留生产制造环节,但由于该环节的人员数少于服务环节的人员数而被归为服务型企业。

综上所述，尽管西方发达国家制造业比例在统计上很低，但实际上仍有大部分企业从事与生产制造相关的活动。

第三节　理 论 基 础

19 世纪末 20 世纪初，马歇尔（A. F. Marshall）就开始关注产业集聚这一经济现象并提出产业区域和外部经济的概念，将其形成机制概括为产业关联、劳动力池和知识溢出。马歇尔之后，产业集聚理论有了较大发展，出现了很多流派，比较有影响的是韦伯（A. Weber）的区位集聚论、熊彼特（J. A. Schumpeter）的创新产业集聚论、胡佛（E. M. Hoover）的产业集聚最佳规模理论、波特（M. E. Porter）的企业竞争优势理论等。与此同时，随着西方国家经济发展水平的提升，出现了服务业快速增长而制造业比重下降的趋势，这也引起地理学家和区域经济学家的广泛关注，并从理论和实证两个层面对其发展及其与制造业的关系进行了研究，产业经济学、演化经济学、经济地理学等为产业关联研究提供了理论支撑。

1. 集聚经济理论

集聚经济是指经济活动在地理空间上的集中现象，主要表现为相同（类似）产业或互补产业在一个特定的、邻近的地理区位上的集中所形成的产业群或相互依赖的区域经济网络。

（1）传统集聚理论

集聚是一种古老的经济现象，1750 年世界经济就开始出现引人注目的经济地理集中的现象。例如，胡佛（Hoover，1937）根据来源将产业集聚划分为三类：

一是内部规模经济。内部规模经济在传统公司理论中强调企业规模扩大一般会带来成本节约，比如生产设施等平均固定成本降低、中间产品交易成本降低、单位成本劳动生产率提高等。因此，它受企业规模的影响。

二是本地化经济。特定产业内众多企业形成地理集聚带来的外部经济，受产业规模影响。马歇尔认为，专业化劳动力市场、专业化中间产品市场、知识和技术溢出是导致本地化经济的三个因素，统称为"外部性经济"。Henderson（1986）进一步将本地化经济归纳为四个方面的成本节约：①产业内专业化经济，即专业化功能分工更为细化；②专业化劳动力市场的规模经济，即搜寻特定人才的成本节约；③企业间互动促进创新的规模经济；④提供特定产业公共产品和服务的规模经济。

三是城市化经济。城市内各种经济活动集聚带来的外部经济，受城市规模的影响。城市化经济源于多种产业之间的经验、知识、技术等的交流与互补，以及城市基础设施和公共服务设施共享等。Duranton 和 Puga（2004）将城市化经济概括为分享（sharing）、匹配（matching）和学习（learning）机制。分享机制是指城市内部的企业和个体通过共享资源、设施和服务来降低成本，提高效率。匹配机制强调企业和劳动力之间的有效匹配。城市作为人口和产业集聚的中心，为企业和劳动力提供了更多的接触和交流机会，有助于实现更高效的匹配，从而提高生产效率。学习机制是指城市内部的知识溢出和知识积累。城市为人们提供了更多的接触、交流和互动的机会，促进了知识的产生、扩散和积累，推动了创新和技术进步，进而提高了生产和交易效率。这些机制共同作用，使得城市化经济成为一种能使城市内部的企业个体受益的经济现象，推动了城市的集聚经济效益。

当讨论经济增长和城市发展时，强调技术外部性的集聚经济被称为动态外部性（dynamic externality）。Glaeser 等（1992）提出 Marshall-Arrow-Romer（MAR）外部性，强调同一产业内企业之间的知识溢出效应，机制是高素质劳动力通过发现（spying）、模仿（imitation）、企业间流动（interfirm movement）将创新想法在邻近公司之间快速传播。MAR 外部性理论主张地方垄断相比竞争更有利于创新和增长，例如硅谷的芯片制造业。Porter（1990）则认为竞争更有利于创新，将产业内企业间竞争产生的外部性称为波特外部性，比如意大利的陶瓷、珠宝行业。Jacobs（2016）认为重要知识转移来源于核心产业，强调多样化产业集聚相比专业化产业集聚更能促进创新和发展。因此，产业多样化的外部性与静态角度的城市化经济颇为相似。产业集聚主要受城市化经济影响还是本地化经济影响一直存在争议。例如，Jofre-Monseny 等（2012）通过对西班牙制造业区位的研究，指出受专业化劳动力市场影响的行业倾向于本地化经济，受中间产品市场和知识溢出影响的行业倾向于城市化经济。Henderson（1986）指出本地化经济一般适合中小型城市，大城市制造业集聚的生产效率不高，更适合多样化经济。王缉慈（2019）指出中国大量的产业园区提供了过多的城市化经济，但本地化经济不足。

（2）新马歇尔理论

新马歇尔理论主要是在外部规模经济理论的基础上发展起来，它从经济全球化的角度研究了全球化对集聚经济的影响。新马歇尔理论的主要内容包括：

一是劳动力市场的变化与集聚经济。随着经济全球化的发展，当地聚集的厂商被引入到一个空间更加广泛的国际分工之中，它超越了当地厂商集聚地区的地理界限而扩展到全球范围，跨国公司及其相关的跨国生产网络也可以参与当地劳动力的生产分工，进一步提高了当地集聚厂商参与国际分工的专业化程度，增强了当地集聚经济的国际竞争力。

二是中间投入品供给方向变化与集聚经济。在经济全球化背景下，为了迅速成功地适应需求的变化和掌握本地尚未运用的新的专业化技术，那些对当地集聚经济发展起重要作用的中间投入品会更多地从全球市场上采购，中间投入品的全球采购，虽然降低了集聚经济对当地产业的黏性和依赖程度，但却进一步增强了当地集聚经济在全球生产网络或生产链中专业化的特殊性和专属性，使当地集聚经济植根于更广阔的全球背景之中，从而扩展了当地集聚经济的成长空间。

三是消费群体的变化与集聚经济。在外部规模经济中，中间产品主要卖给集聚区内的厂商，最终产品主要卖给集聚区外的消费者。但在经济全球化的影响下，随着集聚经济内部生产加工的深入和专业化，特别是全球范围内多个地区消费者广泛存在所带来生产风险减少的情况下，中间产品生产商发现把其产品卖给集聚区之外的消费者更为有利，他们可以从更大的消费规模中获得递增的报酬。因此，经济全球化下消费市场重叠的存在，使集聚经济获得更持久的动力。

四是厂商之间网络联系的变化与集聚经济。Keeble 等（1998）认为，厂商之间的网络联系和信息互动是集聚经济分享创新思想和信息的主要机制，也是创新的基础。在经济全球化时代，全球化的网络联系为当地厂商获取全球知识和信息提供了新的网络渠道，对当地厂商在全球市场上的成功竞争是十分重要的，它为厂商提供当地不能提供的知识和技术资源，使当地厂商能够保持长期持续的创新，并避免"自生自灭"。因此，当地厂商组织与外界联系网络的国际化，已被证明是决定厂商创新能力大小和竞争能力高低的重要因素。

五是网络集体学习与集聚经济。有管理、有组织地参与区域集体学习并推动知识创新对维持厂商和经济集聚区的创造力是十分重要的。厂商为了获取全球信息和新技术知识，避免创新能力枯竭，当地厂商的学习日益步入全球化的学习网络，全球化的网络集体学习对当地集聚经济竞争力的维持和增强具有重要作用。

（3）新经济地理理论

新经济地理理论认为，产业区位取决于第二性要素并且完全内生。克鲁格曼借鉴新贸易理论和新增长理论中的不完全竞争和规模报酬递增假设，引入空间区位理论，在 Dixit-Stiglitz 垄断竞争模型的基础上建立"中心–外围"模型，即只考虑两要素（一般劳动力和熟练劳动力）、两个地区（农业区和工业区）、两部门（农业部门和工业部门）条件下，如何自发组织演化（内生）形成以工业为核心，农业为边缘的空间结构。他认为制造业企业为了最小化运输成本和实现规模经济，将会趋向于需求强烈的地区，但需求本身分布也依赖于制造业分布。中心–外围空间分布模式取决于运输成本、规模经济、制造业收入比例。之后，克鲁格曼将产业集聚与国际贸易联系起来，全球化下大量的贸易活动，特别是中间品贸易使得企业之间广泛存在成本与需求联系，进而制造业倾向于集聚。当规模经济一定时，贸易活动中运输成本与制造业集聚水平呈倒 U 形关系，即当运输成本过高或过低，制造业集聚水平都会很低；当运输成本在中间水平时，集聚水平将会很高（Krugmann and Venables，1995）。该国际贸易模型要求劳动要素具有良好的流动性，但现实情况是劳动力流动可能存在障碍，特别是在国家之间更加明显。Venables（1996）通过模型论证了即使存在流动障碍，由于上下游产业之间的联系，地理集聚仍然会发生。

新经济地理学对于产业集聚解释分为两个过程：第一个过程是由于历史偶然因素、区位优势使得某地区获得了初始的产业优势，并由于路径依赖效应而增强。第二个过程是规模经济、差异化产品、金钱外部性（马歇尔外部性中劳动力和中间产品）、技术外部性（知识与技术溢出）等第二性因素在循环累积因果机制作用下造成产业集聚不断增强。

之后新经济地理学引起了经济学、地理学等学科的广泛关注，一方面是对理论模型假定条件的逐渐放松，另一方面是对理论模型的应用实践。前者如 Baldwin 和 Okubo（2006）指出标准企业假设没有必要且是有害的，企业异质性影响区位选择；赵伟和李芬（2007）

将劳动力分为高技能劳动力与低技能劳动力，高技能劳动力流动产生的集聚力量远大于低技能劳动力流动产生的分散力量；陈良文和杨开忠（2008）将城市内部空间结构和外部规模效应加入模型中，两者分别作为分散力量和集聚力量对经济活动的集聚程度有重要影响。在新经济地理学框架下，黄肖琦和柴敏（2006）审视了外商直接投资（FDI）的区位决策行为；孙久文和姚鹏（2015）探讨了京津冀产业空间转移、地区专业化与协同发展的关系。

2. 专业化分工理论

亚当·斯密在《国民财富的性质和原因研究》中重点关注的是国民财富的增长。斯密认为，推动经济增长的根本原因是劳动分工的日益深化和不断演进，而劳动分工的深化取决于市场范围的扩大。他更深刻地指出，技术变迁以分工加速知识积累的形式，成为报酬递增的源泉。但是，在处理分工与市场范围扩大的关系时，由于受历史时代的限制，对市场范围的讨论只是从地理角度出发，认为运输的发展是限制市场范围扩张的主要原因，同时考察了人口规模对生产规模进而对分工的影响。以斯密为代表的古典经济学的基本逻辑是，分工带来的专业化导致技术进步，技术进步产生报酬递增，而进一步的分工依赖于市场范围的扩大。分工既是经济进步的原因又是其结果，这个循环累积因果的过程所体现出的就是报酬递增机制。

马歇尔的《经济学原理》标志着新古典经济学的形成。该书主要关注的是资源配置中的价格理论，但马歇尔还是继承了斯密对劳动分工的开创性观察，初次描述了产业集群①形成的原因。马歇尔在书中描述了"地方性工业"的原始形态，他所说的地方性工业就是具有分工性质的企业在特定地区的集聚，并把这些特定地区称为"工业区域"。马歇尔对斯密定理两难困境和报酬递增的处理，是提出了外部规模经济的概念，并将外部规模经济等同为报酬递增。他指出，产业集群形成的原因是为了获取外部规模经济提供的利益，这种利益包括提供协同创新的环境、共享辅助性工作的服务和专业化劳动力市场、平衡劳动需求结构和方便顾客等，即产业集群有利于技能、信息、技术和新思想在集群内企业之间的传播与应用，由此促进了区域经济发展。

杨格的经典论文《报酬递增与经济进步》提出重视分工、交易费用和市场范围的关系，重新阐述了斯密关于分工与市场规模的思想，其要点包括：①有保证的收益递增依赖于渐进的劳动分工；②劳动分工与市场规模相互作用，彼此增进；③需求和供给是劳动分工的两个侧面。他用三个概念来描述分工，分别是个人专业化水平、间接生产链条的长度、链条上每个环节中产品种类数。专业化经济与外部规模经济流派认为，规模经济只有在专业化分工的基础上才能出现，不进行专业化分工，仅有生产要素投入的增加或单个工厂或产业部门的规模扩张并不会提高生产率。此外，还提出了动态均衡和迂回生产等概念。

---

① 我们在第一章第二节"基本概念"中研究表明，产业集聚作为产业集群的初级形态，两者是有联系的。

20 世纪 50 年代，数学家发展了线性规划和非线性规划等方法，给处理分工与专业化问题提供了强有力的实证分析工具。80 年代以来，以杨小凯为代表的一批经济学家用超边际分析和其他非古典数学规划方法，将古典经济学中关于分工和专业化的高深经济思想形式化，发展出新兴古典经济学，使经济学的研究对象由给定经济组织结构下的最优资源配置问题，转向技术与经济组织的互动关系及其演进过程的研究。新兴古典经济学关于专业化分工和报酬递增的核心思想是制度变迁和组织创新对分工深化有着决定性的影响。而能否实现高水平分工则与交易效益有关；分工和专业化水平决定着专业知识的积累速度和人类获得技术性知识的能力，决定报酬递增。分工的深化取决于交易费用与分工收益的相对比较，呈现出一个自发演进的过程。因此，通过大量的关于分工组织的试错实验，人们可以获得更多关于分工组织的制度性知识，从而选择更有效的分工结构，改进交易效率，提高分工水平，从而获得技术性知识的能力提高，形成内生技术进步和经济发展。

通过理论回顾，借鉴前人的研究成果，从专业化分工的视角来考察当代产业集群，汪斌和董赟（2005）认为，产业集群的形成是专业化分工的产物，是人们为降低专业化分工产生的交易费用和获取由分工产生的报酬递增的一种空间表现形式。产业集群的发展是一个渐进累积和自我增强的系统演化过程，其自增强动力机制源于专业化分工产生的报酬递增。

3. 价值链理论

1985 年，迈克尔·波特提出"价值链"（value chain）概念，形象地用"链"来形容企业内部与价值创造相关的活动间的关系。他指出价值链是指各种创造价值的环节通过相互联系形成的链状结构，包括企业的五项基础性活动和四项辅助性活动（图 1-6）。

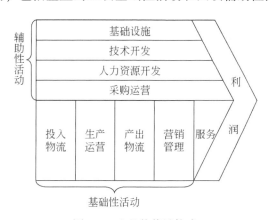

图 1-6　企业价值链构成

价值链的各环节之间相互关联，相互影响。一个环节经营管理的好坏可以影响到其他环节的成本和效益。例如，如果多花一点成本采购高质量的原材料，生产过程中就可以减少工序，少出次品，缩短加工时间。虽然价值链的每一环节都与其他环节相关，但是一个环节能在多大程度上影响其他环节的价值活动，则与其在价值链条上的位置有很大的关系。根据产品实体在价值链各环节的流转程序，企业的价值活动可以被分为上游环节和下游环节两大类。在企业的基本价值活动中，材料供应、产品开发、生产运行可以被称为上游环节，成品储运、市场营销和售后服务可以被称为下游环节。上游环节经济活动的中心是产品，与产品的技术特性紧密相关；下游环节的中心是顾客，成败优劣主要取决于顾客特点。不管是生产性还是服务性行业，企业的基本活动都可以用价值链来表示，但是不同的行业价值的具体构成并不完全相同，同一环节在各行业中的重要性也不同。例如，在农产品行业，由于产品本身相对简单，竞争主要表现为价格竞争，一般较少需要广告营销，对售后服务的要求也不是特别强烈，与之相应，价值链的下游环节对企业经营的整体效应的影响相对次要；而在许多工业机械行业和其他技术性要求较高的行业，售后服务往往是竞争成败的关键。

最初应用于企业的价值链模型被称为企业价值链，之后逐渐推广至产业和全球范围，形成产业价值链和全球价值链等概念。产业价值链理论研究的是更宏观层面上的价值活动构成形式。在产业竞争的更广泛范围内，不仅包括企业之间的竞争，还包括产业间的竞争、企业集群之间的竞争以及全球范围内企业的竞争等。产业价值链运用了价值链思想，以产业链为基础，分析了影响价值创造的核心因素的各个环节。

聚焦于制造业与生产性服务业的关系，价值链理论认为产业之间存在前后关联性，生产性服务业提供的知识、技术等生产要素可以对制造业产生前向溢出和后向激励的作用，从而使两个产业之间形成价值链匹配和产业关联。

4. 关联法则

贺灿飞和朱晟君（2020）在大量理论和实证研究的基础上提出基于认知邻近的"关联法则"。在企业尺度上，关联法则是指一个企业或区域进入（或退出）某项经济活动的概率，是该企业或地区拥有的基于相关知识基础的经济活动的函数，在区域尺度上则表示区域发展某项经济活动的概率与区域现有经济活动的关联程度有关（图1-7）。

关联法则是从演化经济地理学的视角出发认为地区新生产业与原有产业之间存在着相似的产业基础，即存在一定的认知邻近性，其特点是从关联角度阐述了区域产业发展与布局动态。同时，关联法则的补充研究表明，关联性较强的产业更容易发生知识溢出的现象，而这类知识溢出促进了企业产品的多样化，因此这类产业的集聚更容易提高各自的生产率和创新能力，实现产品和服务水平的升级，从而推动区域经济发展。

从制造业与生产性服务业的关系来看，两个产业之间存在着相似的产业知识基础，并遵从原有产业基础进行衍生的趋势，认知邻近性使得两个产业之间有着较强的产业关联，因此较容易产生集聚。其次，作为新知识、新技术的载体，生产性服务业的进入可以引起地方破坏性创新，避免区域产业路径发生锁定，提升了制造业和区域的发展水平和创新能力。

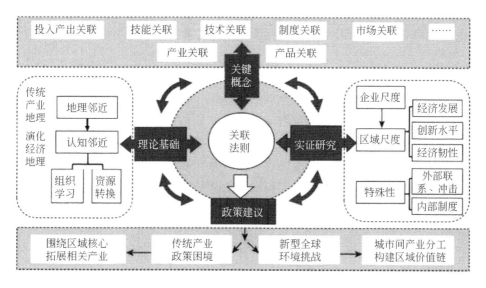

图 1-7　关联法则的分析框架

资料来源：贺灿飞和朱晟君，2020

5. 工业化阶段理论

钱纳里利用第二次世界大战后发展中国家 1960～1980 年的历史资料，根据人均国内生产总值（GDP）将工业化发展过程划分为六个阶段：经济欠发达阶段、工业化初期阶段、工业化中期阶段、工业化后期阶段、后工业化社会和现代化社会阶段（表 1-5），不同阶段的转换都是通过产业结构转化来推动的。

表 1-5　钱纳里工业化阶段理论及其对应的制造业与服务业关系

人均 GDP 变动范围（1964 年美元）	发展阶段	产业结构	制造业和服务业关系
100～200	经济欠发达	以农业为主	无
200～400	工业化初期	以农业为主向以现代化工业为主转变	较弱
400～800	工业化中期	制造业内部由轻工业向重工业迅速增长转变，第三产业开始迅速发展	制造业拉动服务业
800～1500	工业化后期	第一、第二产业协调发展，第三产业持续高增长	服务业推动制造业
1500～2400	后工业化社会	制造业从资本密集型产业为主导转向技术密集型产业为主导	互动发展
2400 以上	现代化社会	第三产业开始分化，知识密集型服务业开始分离，并居于主导地位	两业融合

由于在工业化不同阶段，制造业与生产性服务业的发展水平存在差异，二者的关联关

系有所区别。

在工业化初期阶段，制造业对生产性服务业的需求十分有限，相关服务主要在制造业企业内部提供，发展程度较低，规模较小，因此与制造业互动较弱。

在工业化中期阶段，重工业成为工业发展的核心，开始拉动生产性服务业发展，但对其需求程度依然有限，因此两个产业互动关系仍较弱。

在工业化后期阶段，随着知识和技术密集型产业替代传统产业成为经济发展的重点，其对生产性服务业的需求快速上升并促进生产性服务业比重不断上升，经济重心从制造业转换到服务业，因此服务业对制造业的推动提升至主导地位。

在后工业化社会阶段，技术密集型高端制造业对生产性服务业需求较大，从而为生产性服务业提供良好平台，而成熟的生产性服务业反过来又为高端制造业发展提供支撑，两者呈现相互吸引、相互促进的互动关系。

在现代化社会阶段，制造业与生产性服务业的融合是经济发展的必然趋势，通过技术创新和政策支持，可以促进两者的深度融合，推动制造业的创新升级和价值链升级。

第四节　研究框架

1. 研究方法

制造业集聚和产业关联是一个经典的命题，已有大量文献对其识别方法、影响机制和区域效应等进行了深入研究。但由于集聚和关联的复杂性和学术研究的多重假设，目前已有研究成果仍无法较好地应对现实问题。同时，随着数据获取途径的增多和计算能力的提升，制造业集聚和产业关联研究的深度和广度需要进一步探索，既需要充分归纳已有成果，又需要利用新技术新方法实现创新，因此本书的研究方法包括：

（1）定量与定性相结合的研究方法

本书运用定量分析与定性分析相结合的方式，深入探讨了京津冀地区制造业集聚和产业关联的关系。在定量研究方面，利用 DO 指数、核密度分析、蒙特卡罗仿真模拟、空间统计分析等方法，定量刻画了京津冀地区制造业集聚的强度和范围；利用计量回归模型，分析了京津冀地区制造业集聚的影响因素和作用机制，揭示了影响因素的尺度效应和距离衰减规律。在定性研究方面，综合京津冀三省市内部和三省市之间制造业与生产性服务业的互动关系分析结果，将其与当前学术界对两个产业关系的主流观点对比发现，京津冀地区制造业与生产性服务业相互促进、共同发展的局面已经初步形成，处于学术界普遍认为的四个（需求主导、供给主导、互动、融合）阶段中的第三个阶段。

（2）归纳与演绎相结合的研究方法

归纳与演绎是逻辑思维的两种方式，归纳是从个别到一般，演绎是从一般到个别，从而逐步深入地探索和验证科学问题。在归纳方面，国内外已有大量研究成果是开展一般规律总结的基础，如在利用 DO 指数开展制造业集聚强度和范围的研究中，根据发达国家和地区的实践，采用 1/4 区域直径，即 196km 作为判断距离区间的上限，有效揭示了京津冀地区制造业集聚特征和演化规律。在演绎方面，根据距离衰减规律，通过对电子设备制造业、运输设备制造业、家具制造业、仪器仪表制造业等不同行业的定量识别，表明短距离（50km 以内，平均值为 40.3km）集聚是京津冀地区制造业集聚的重要特征。

（3）理论与实践相结合的研究方法

既要通过归纳和演绎的方法发现科学规律，又要瞄准现实问题，切实解决制造业集聚与产业关联的现实问题。在理论研究方面，通过对京津冀地区制造业与生产性服务业关联和互动关系的定量化研究，揭示了从业人员数量、市场化水平、地区经济发展水平等对制造业与生产性服务业关联发展的影响，揭示了循环累积机制、择优选择机制、区位邻近机制在其中发挥的作用，丰富了产业关联研究的理论基础。在实践研究方面，通过联立方程的实证研究表明，分权化阻碍了京津冀地区制造业水平的提升，通过列举国务院批准设立的 7 个国家级经济技术开发区和高新技术产业开发区的主导产业类型和同构化特征，验证了分权化导致的政府治理碎片化、地方保护主义等对制造业发展的负面影响。

2. 技术路线

本书研究的技术路线图如下（图 1-8）：

全书遵循"特征—分异—机制—关联"的研究思路。首先，利用 DO 指数识别了京津冀地区制造业集聚的特征（强度和范围），以及在三个时点（2004、2008 和 2013）的分布格局和演变过程；其次，分析了制造业集聚在不同区域（北京、天津、河北）、不同产业（二位数和三位数行业）、不同企业（规模、性质、年龄）的异质性；再次，利用 Hurdle 模型，从资源禀赋、集聚经济、政府行为、全球化等方面构建了指标体系，分析了京津冀地区三位数制造业在集聚形成阶段和集聚提升阶段的影响因素、作用机制，以及影响因素的尺度效应和距离衰减规律；最后，从三省市内部和三省市之间两个维度、推力和拉力两个方面分析了制造业与生产性服务业的关联程度和方向，并利用联立方程模型分析了产业关联的影响因素和作用机制。结合以上研究结论和基本判断，提出了未来的研究方向，并对促进京津冀地区制造业集聚和产业关联提出了政策建议。

3. 特色与创新

本书的特色与创新之处可以概括为以下三点：

（1）突出地理学的研究特色

地理学（geography）是研究地球表层空间地理要素或者地理综合体空间分布规律、时

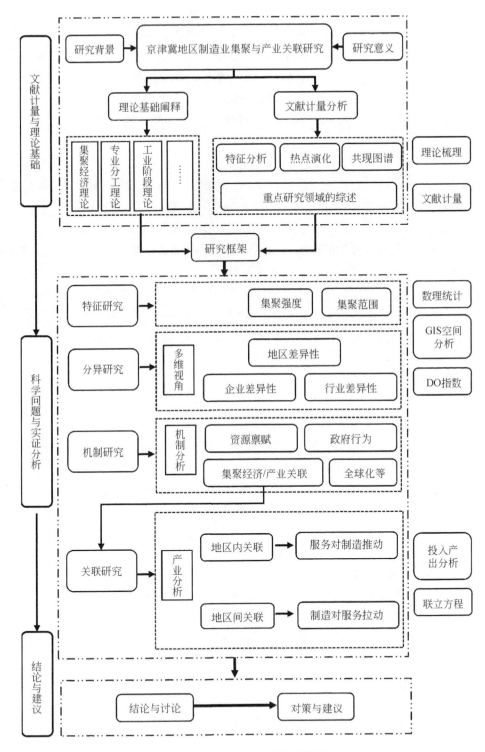

图 1-8 本书研究的技术路线图

间演变过程和区域特征的一门学科，是自然科学与社会科学的交叉，具有综合性、交叉性和区域性的特点。在综合性方面，我们在作用机制的研究中尽量选择多样化的指标，反映各个指标综合作用下的效果。如在集聚形成机制的研究中，从资源禀赋、集聚经济、政府行为和全球化四个方面选择 11 个指标进行定量分析，揭示不同因素在集聚形成和集聚提升不同阶段的作用大小和显著性程度。在交叉性方面，我们利用管理学和产业经济学的概念，分析了京津冀地区制造业与生产性服务业的关联程度和方向，区分其所处的发展阶段，如供给主导型、需求主导型、互动型、融合型，为促进制造业与生产性服务业关联和互动发展水平提供理论和实践指导。在区域性方面，在识别出制造业空间分布形态（集聚、分散、随机）后开展了差异性研究，不仅关注集聚特征在地区间（北京、天津、河北）的差异性，而且进一步揭示了集聚特征在行业间（二位数行业和三位数行业）和企业间（规模、性质、年龄）的差异性，为提出更有针对性的政策建议提供了科学基础。

（2）将学术前沿与现实需求相结合

集聚是经济活动最突出的地理特征之一，也是经济地理学的核心问题。但是集聚是否存在阶段性以及不同阶段集聚的影响因素是否存在差异性，这在传统经济学侧重微观机制分析的固有框架下，特别是马歇尔外部性三要素的机制检验中没有给予很好的回答。我们的研究表明，根据集聚强度和形态可以将集聚分为集聚形成阶段和集聚提升阶段，不同阶段的影响因素存在差异性和距离衰减规律，如政策因素只在集聚提升阶段才发挥显著作用，这与波特等对美国硅谷和意大利 Modena 机械制造企业的集聚研究结论一致，即在集聚初期政策并没有多大作用。集聚一旦形成，政策才开始发挥作用。同时，京津冀协同发展是国家战略，但产业协同发展的效果并不理想，这不仅与京津冀三省市之间产业梯度差大、创新链和产业链不匹配等有关，而且与京津冀地区内部和地区之间制造业与生产性服务业关联度低有关。本书利用投入产出分析方法，定量揭示了京津冀地区制造业与生产性服务业的关联程度和影响机制，回应了学术界关于制造业与生产性服务业之间的四个不同观点，给出了京津冀地区所处的发展阶段，体现了科学研究与现实需求的结合。

（3）大数据和新方法的应用

2012 年以来，大数据（big data）一词越来越多地被提及，人们用它来描述和定义信息爆炸时代产生的海量数据，并命名与之相关的技术发展与创新。最早提出大数据时代到来的是全球知名咨询公司麦肯锡，麦肯锡称："数据，已经渗透到当今每一个行业和业务职能领域，成为重要的生产因素。人们对于海量数据的挖掘和运用，预示着新一波生产率增长和消费者盈余浪潮的到来。传统企业数据作为大数据的重要类型之一，已经在客户群体细分、模拟现实环境、加强部门联系、降低服务成本等方面发挥了重要作用。"本书利用全国三次经济普查数据，以及在河北获得的 2023 年工商注册企业法人单位数据开展了制造业企业集聚研究，提高了传统经济地理学的研究精度。与此同时，在 20 世纪 50 年代计量革命的推动下，空间数据统计分析方法形成了空间点模式分析、面数据统计学、地统计学 3 个分支。空间分布模式是空间数据统计分析最重要的研究内容，包括集聚、离散、随机三种模式。根据集聚经济研究方法的发展脉络，陈建军和陈怀锦（2017）将其分为三代集聚指数，EG 指数、基尼系数等前两代集聚指数都存在可塑性面积单元问题（modifiable areal unit problem，MAUP），2005 年 Duranton 和 Overman 提出了 DO 指数，解决了 MAUP 问题，引起经济学、地理学和管理学的广泛关注，但受数据获取难和计算量大等影响，直到 2014 年才在国内得到首次应用。本书利用该方法研究了京津冀地区制造业集聚的时空演化特征、差异性，及其形成机制，填补了国内城市群地区研究的空白，丰富了经济地理学的传统技术方法。

第二章 | 文献计量分析和综述

知识图谱分析基于文献计量理论与方法，通过大量文献的引证关系构建知识网络，多维提取特征信息，能够直观、快速地让读者掌握某一主题的发展脉络和研究热点。知识图谱一般有科研合作网络、共被引网络、关键词共现网络等。本书的研究综述主要从文献计量分析入手，进一步分析制造业集聚与产业关联的研究进展，并对已有研究提出评述。

第一节 制造业集聚的文献综述

本节使用知识图谱方法梳理产业集聚的研究现状，并从产业集聚识别方法、集聚格局现状、集聚影响机制三个方面总结已有研究的发展脉络和最新进展。

1. 文献计量分析

研究采用陈超美教授团队开发的 CiteSpace 软件进行知识图谱分析，分析数据来源于中国知网（https://www.cnki.net/）和 Web of Science（WOS）（http://apps.webofknowledge.com/）文摘数据库。

（1）数据检索

中国知网数据库提供中文文献，检索式：SU=（集聚+地理集中）*制造业，共获取2868篇学术期刊论文。WOS数据库提供英文文献，选择其中的核心合集数据库，检索式：(TS=（（" spatial concentration" OR " geographical concentration" OR agglomeration *）AND (industry * OR manufacture *)）) AND 文献类型：（Article OR Review），并将主题类别限制为经济学、地理学、区域科学、城市研究、管理学和发展研究等，共获取2770篇学术期刊论文。

根据发文量，制造业集聚研究大致经历了三个阶段（图2-1）。

第一阶段为缓慢增长阶段（1996～2001年）。20世纪90年代初，克鲁格曼的系列文章建立起新经济地理学的研究框架，产业集聚这一传统命题再次受到广泛关注。这一阶段年均发文量30篇，基本为英文文献。

第二阶段为快速增长阶段（2002～2013年）。这一阶段年均发文量约210篇，其中中文文献增速明显高于英文文献。

第三阶段为平稳增长阶段（2014～2020年）。这一阶段年均发文量约410篇，各年发文有增有降，其中2019年增长最多，达到559篇，2020年开始增长有所放缓。

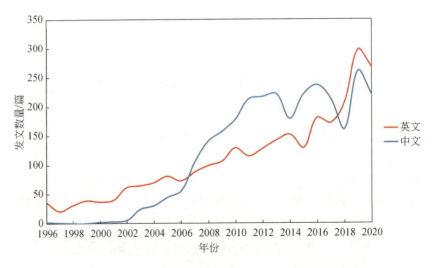

图 2-1　1996～2020 年产业集聚研究的中文/英文的发文量

发文量的阶段变化说明该主题研究较为成熟，已经形成固定的研究团体。在产业集聚研究领域，国内重要学者有贺灿飞、何骏、梁琦、陈建军、赵伟、纪玉俊、韩峰、范剑勇等，国外重要学者有 Combes、Fujita、Puga、Duranton、Boschma、Behrens 等。

（2）文献共被引网络

共被引网络反映了文献之间的引证关系，根据出现频次（frequency）、中介中心性（centrality）、突发性（burstness）可以识别出重要文献。图 2-2 展示了产业集聚英文文献共被引网络，网络中有两个明显的集聚团体，一个是以 Fujiga 等（2001）、Ellison 和 Glaeser（1997）等为代表的早期研究集聚团体，另一个是以 Ellison 等（2010）、Combes 和 Gobillon（2015）为代表的前沿研究集聚团体。Menzel 和 Fornahl（2010）、Martin 和 Salomon（2003）、Boschma（2005）等在两个集聚团体中间发挥了链接作用。

Duranton 等（2005）开发了 DO 指数对英国制造业集聚有了更精准的识别，Ellison 等（2010）在此基础上分析了美国制造业共同集聚。Boschma（2005）提出认知邻近性、组织邻近性、社会邻近性、制度邻近性、地理邻近性促进了创新和相互学习。

图 2-3 是制造业集聚中文文献共被引网络，形成了以金煜等（2006）、范剑勇（2006）、路江涌和陶志刚（2006）等为核心的早期研究集聚团体，以及杨仁发（2013a）、张可和汪东芳（2014），范剑勇等（2004）等为核心的前沿研究集聚团体。其中，金煜等（2006）、范剑勇（2006）、路江涌和陶志刚（2006）等早期研究集聚团体主要刻画了中国产业集聚格局并解释其形成过程，杨仁发（2013a）、范剑勇等（2014）、张可和汪东芳（2014）等前沿研究集聚团体探讨了产业集聚对地区工资差距、企业全要素生产率、环境污染的影响。

图 2-2　1996～2020 年产业集聚英文文献共被引网络

网络参数含义，节点大小反映被引频率，节点年轮颜色表示被引年份，宽度表示该年被引次数，最外圈紫色表示中介中心性较高；连线颜色表示共被引时间，粗细表示频率；颜色从深紫色到浅黄色表示文献时间从远到近，下同

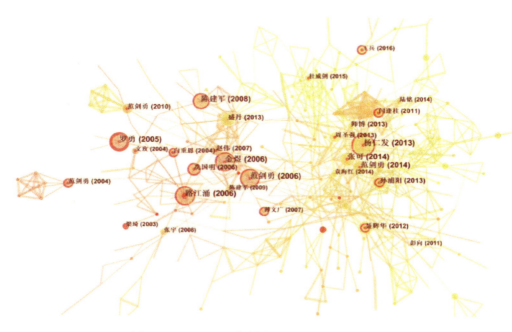

图 2-3　1999～2020 年制造业集聚中文文献共被引网络

中文文献共被引网络基于中文社会科学引文索引（CSSCI）数据库

（3）关键词共现网络

关键词共现网络反映了关键词受关注的程度，结合时间维度，可以进一步帮助厘清研究主题的发展历史和前沿热点。图 2-4 和图 2-5 分别展示了制造业集聚的中文关键词共现网络和英文关键词共现网络，根据网络中节点大小和联系程度，可以将研究主题概括为 4 个方面：①制造业集聚的识别方法；②制造业集聚的影响因素和机制分析；③制造业与服务业协同/共同集聚；④制造业集聚的正负效应。

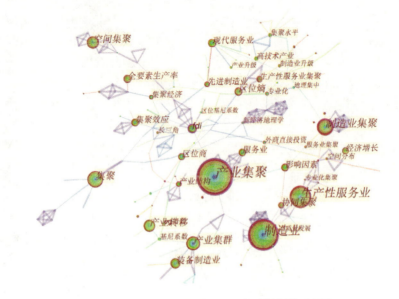

图 2-4　制造业地理集聚中文文献关键词共现网络

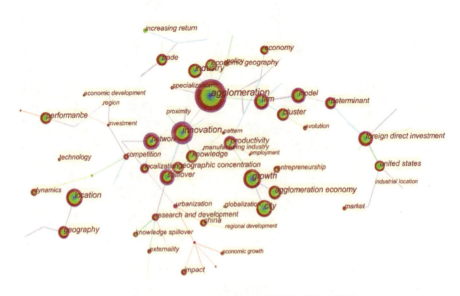

图 2-5　制造业地理集聚英文文献关键词共现网络

从时间线看，早期以集聚方法和影响因素研究为主。识别方法从早期的区位熵、基尼系数、EG 指数到中期的 K 函数、DO 指数等，产业集聚识别的准确性和客观性有了很大提升。影响因素也从基本的自然资源禀赋、交通成本、规模经济等到知识溢出、外商直接投资、政策制度等。研究中期以制造业影响因素和机制分析为主，空间尺度精细、模型指标严谨、研究区域丰富是主要发展趋势，并且对传统理论有了新认识。研究后期以制造业集聚效应、制造业与服务业协同/共同集聚为主，并且出现了新方向，如制造业集聚对全要素生产率的影响、制造业集聚带来的环境负效应、制造业集聚与区域经济发展的关系、生产性服务业与制造业协同/共同集聚等。

综合文献计量分析可以发现，英文文献多关注制造业集聚的机制与理论发展，特别强调知识溢出、竞争、创新等；中文文献多关注方法应用和问题解决，如制造业升级、协同/共同集聚、产业转移等。本书主要针对制造业集聚的识别方法、集聚格局、影响机制作后续综述。

2. 产业集聚识别方法的研究综述

根据空间是否划分单元将产业集聚测度方法分为离散空间下的聚类指数法（基于区域单元的集聚系数）和连续空间下的距离指数法（基于地理距离的集聚系数），两者在空间属性、数据要求、估计结果等方面存在较大差异。离散空间下的聚类指数法多用来刻画特定空间单元的产业集聚强度，连续空间下的距离指数法侧重产业集聚的空间范围。

（1）离散空间下的产业集聚识别方法

这类方法一般将研究区域按照行政边界划分为若干个单元，研究单一空间尺度下产业集聚的程度。该类方法的优势在于计算简单，方便解释和比较，主要经历了三次优化（表 2-1）。

表 2-1　离散空间下产业集聚测度方法的三次优化

方法	优点	缺点	代表文献
赫芬代尔系数、赫希曼-赫芬代尔系数、胡佛系数	不同地理单元比较	无法比较不同产业	Bai 等（2004）；Fan 和 Scott（2003）
区位基尼系数	不同产业、不同地理单元比较	产业集中度/企业规模干扰	Krugman（1991b）；贺灿飞和谢秀珍（2006）；贺灿飞和朱晟君（2007）
EG 指数、MS 指数、Devereux 指数、EGspat 指数	模型推导，有参考基准，考虑集中度	数据要求高，计算复杂	Ellison 和 Glaeser（1997）；Maurel 和 Sedillot（1999）；Guimaraes 等（2011）

第一次优化是赫芬代尔系数（Herfindahl index）、赫希曼-赫芬代尔系数（Hirschman-Herfindahl index）等，主要通过各区域某产业的产值或就业比重来构建系数，突出产业在不同区域集聚程度的差异，但是无法比较不同行业之间的集聚差异。

第二次优化是区位基尼系数（locational Gini coefficient），突出产业之间集聚程度的差异，使用十分广泛。虽然区位基尼系数能够比较不同产业的集聚程度，但是未考虑企业规模的影响。某些区域可能存在几个大规模企业，其就业或产值规模占比极高，区位基尼系数计算结果将高估产业集聚程度。

第三次优化是 EG 指数（Ellison-Glaeser index）、Devereux 指数、MS 指数（Maurel-Sedillot index）、EGspat 指数等，以 EG 指数为代表，主要是基于企业区位选择视角。该类方法的基本假设是企业选择某个区位是因为自然资源优势或是企业地理邻近会带来某种效益。该类方法从理论上根据概率模型推导产业集聚系数，通过引入赫芬代尔系数控制产业集中度（企业规模）的部分影响，较为严谨客观，但是计算复杂，数据需求量大。

整体上看，第一类方法较为简单，能够快速对比不同研究单元产业集聚的差异，但仍存在四个问题：

一是集聚程度必须依赖一个空间尺度，比如省级、市级、县级等，不同尺度之间的系数无法比较。另外，研究单元一般基于行政单元划分，导致结果可能受历史和政治等主观因素影响。

二是任何空间单元划分方式都会产生虚假的相关性，即可塑性面积单元问题（MAUP）。

三是当本地化产业跨越行政边界时，基于行政单元的计算容易低估集聚程度，并且行政边界区域可能是经济活动异常活跃的空间。

四是不具有显著性检验。某些企业在空间上的集聚可能只是偶然结果，并非因为企业间的紧密联系。

对此，Combes 和 Overman（2004）提出了产业集聚的测度方法应该具备五个准则：①能在不同行业间进行比较；②控制产业总体集聚影响；③控制产业集中度影响；④不同空间尺度的改变不会影响估计结果；⑤能够对估计结果进行显著性检验。EG 指数能够满足前三个准则，但是对后两个准则无能为力。

（2）连续空间下的产业集聚识别方法

第二类方法基于距离，利用企业点数据，能够测度连续空间下的产业集聚程度，不再局限于单一地理尺度。该类方法能够客观、精细地刻画产业集聚，但数据要求高、计算量大。该类方法主要有两个方向：一个是基于 K 函数（Ripley's K function），之后学者们提出了 L 函数、D 函数、M 函数；另一个是基于 DO 指数（表 2-2）。

表 2-2　基于连续空间下的两类测度方法

方法	应用领域	优点	缺点	代表文献
K 函数、L 函数、M 函数	生态学	有效解释集聚影响因素	集聚现象刻画模糊	Marcon 和 Puech（2003）；Albert 等（2012）
DO 指数	社会经济	精细刻画集聚现象	集聚现象解释不清晰	Duranton 和 Overman（2005）；Koh 和 Riedel（2014）

  K 函数在生态学领域应用广泛，但在经济地理学领域应用很少。Marcon 和 Puech（2003）较早使用该方法研究法国制造业的集聚现象。该方法通过计算每个公司点在给定圆形半径 r 范围内其他公司点的平均数量，并与基准进行比较，从而识别出产业真实的集聚程度。K 函数方法本质上是估计给定距离内的累积密度函数。Marcon 和 Puech（2010）拓展了 K 函数，克服了产业总体集聚、行业集中度问题，提出相对测量方法——M 函数。

  DO 指数构建思想是估计同一行业内成对企业点之间距离的分布，并与假设相同企业数量且满足随机分布的情况对比，从而测度产业集聚程度。DO 指数本质上是估计距离的概率密度函数，具体公式见本书第三章。DO 指数自提出后受到学者的关注，特别是在制造业集聚的国别研究中得到一定应用。表 2-3 列出了基于 DO 指数方法研究产业集聚的典型文献。

表 2-3 应用 DO 指数测度产业集聚的典型文献

文献	作者（年份）	研究区域	时间范围	行业精度	研究主题	分析视角
中文文献	袁海红等（2014）	北京市	2010	四位数	制造业集聚	—
	李佳洺等（2016）	杭州市	2013	三位数	制造业、服务业集聚	企业规模
	张延吉等（2017）	北京市朝阳区	2010	四位数	流动商贩空间分布	正规商业分布
	张延吉等（2017）	北京市	2008	三位数	生产性服务业集聚及影响因素	知识溢出
	陈柯等（2018）	中国	2003/2007/2011	二位数、三位数、四位数	制造业集聚	—
	王庆喜和胡志学（2018）	长三角地区	2005	二位数	研发企业集聚与知识溢出强度	知识溢出
	邵朝对等（2018）	中国	2008	三位数	制造业集聚	外部性
	孟美侠等（2019）	中国	2003/2007/2012	三位数	开发区政策影响中国工业	开发区政策
	陈柯等（2020）	中国	2003/2007/2012	三位数	制造业集聚影响因素	政府行为
	韩清等（2020）	中国	2003—2009/2011	三位数	工业产业协同集聚	外部性、自然资源
英文文献	Duranton 和 Overman（2005）	英国	1996	三位数、四位数、五位数	制造业集聚	企业规模、行业精度
	Klier（2005）	美国	2003	—	汽车供应制造业集聚	距离、新企业
	Marcon 和 Puech（2010）	巴黎（法国）	1996	二位数	DO 指数、M 指数比较	
	Nakajima 等（2012）	日本	2006	四位数	制造业、服务业集聚	—
	Barlet 等（2013）	法国	2005	四位数	服务业	大企业、新企业
	Koh 和 Riedel（2014）	德国	1999	四位数	制造业、服务业集聚	平均年限、高资质、手工作业、研发人数、管理者人数

文献	作者（年份）	研究区域	时间范围	行业精度	研究主题	分析视角
英文文献	Behrens 和 Bougna（2015）	加拿大	2001/2005/2009	四位数、六位数	制造业集聚	小企业、年轻企业、出口企业
	Brakman 等（2017）	中国	2002/2008	四位数	制造业集聚	企业所有权性质、企业规模、新企业
	Laajimi 等（2020）	萨赫勒地区（突尼斯）	2017	二位数	制造业集聚	出口企业、企业所有权性质

2005 年 DO 指数被提出以来，该方法测度产业集聚的文章并不多见，分析其原因：一是数据获取难度大；二是数据处理对于计算能力要求高。因此，这些文献研究区域多为国家，时间范围多为某一年，研究主题以制造业集聚为主。尽管部分文献从规模、性质、年龄、出口程度等视角比较了制造业集聚的企业异质性，但多数研究对于产业集聚的解释依然集中于外部性、资源禀赋、政策等方面。国内最早的相关研究是袁海红等（2014）测度了北京的制造业集聚，之后陆续出现一些对中国或城市内部制造业、服务业的研究成果。对比国外，国内研究更偏向于 DO 指数的应用，对其可靠性、适用条件、参数设置等缺乏深入的探索，在方法创新上存在一定不足。

综上，第二类方法能够较为客观和精细地刻画产业集聚现象，是目前产业集聚研究的前沿。Marcon 和 Puech（2010）研究指出，两类基于地理距离的测度方法对经济活动的区位探索均有效，且存在互补性。M 函数（基于 K 函数改进）更适合解释产业集聚，DO 指数在不同尺度上的集聚测度更为准确。

3. 制造业集聚格局的研究综述

工业革命以来，全球制造业经历了从欧美发达国家向亚洲国家和地区转移的过程，本节从国际、中国、京津冀地区三个空间尺度，回顾了已有文献对制造业集聚格局的研究进展情况。

（1）主要发达国家制造业的集聚格局

制造业集聚与工业时代相伴生，很早就被学者关注。随着时间的推移，不同国家制造业集聚既有产业发展的共性，又有各自的个性。不同国家制造业集聚的行业比例、集聚范围、集聚强度有较大差异，而在行业异质性方面又具有一定的相似性。

Ellison 和 Glaeser（1997）开发了 EG 指数对美国 1987 年 459 个四位数制造业行业开展了研究，结果表明大多数行业集中度较低，高地理集中度的行业主要是烟草、纺织和皮革行业，在造纸、橡胶、塑料以及金属制品行业较为罕见，并且制造业行业在州、区尺度比县尺度的集聚强度更高。

Duranton 和 Overman（2005）研究了 1996 年英国四位数制造业行业，结果表明 52%

的行业发生集聚，集聚范围主要发生在 50km 内。在行业异质性方面，纺织、餐具、图书和录音等制造业集聚程度高，与食品相关或运输成本高或高度依赖自然资源的行业呈现分散状态（表 2-4）。在企业异质性方面，小规模企业可能是本地化和分散化的主要驱动力。

表 2-4　英国最集聚与最分散的制造业行业前 10 位

集聚行业			分散行业		
SIC92	行业	集聚强度	SIC92	行业	分散强度
2214	录音资料出版	0.470	1520	鱼和鱼产品的加工和保存	0.200
1711	棉型纤维的制备和纺丝	0.411	3511	船舶的建造和修理	0.113
2231	录音复制	0.403	1581	面包新鲜糕点和蛋糕的制造	0.094
1760	针织和钩编织物的制造	0.321	2010	木材的锯铣和刨削浸渍	0.082
1713	精纺类纤维的制备和纺丝	0.319	2932	其他农林机械	0.067
2861	餐具制造	0.314	1551	乳制品和奶酪制造的操作	0.064
1771	针织和钩编袜子的制造	0.290	1752	绳索麻绳和网的制造	0.062
1810	皮衣制造	0.203	3615	床垫制造	0.050
1822	其他外衣的制造	0.181	1571	农场动物饲料生产	0.049
2211	图书出版	0.178	2030	建筑木工和细木工制造	0.047

注：SIC92 为英国的标准行业分类系统，1992 年修订

资料来源：Duranton and Overman，2005

Albert 等（2012）利用 K 函数研究了 2007 年西班牙两位数制造业行业，发现 78% 的行业存在集聚，集聚范围上限为 100km。在行业异质性方面，受自然资源和市场需求影响，食品、饮料、木材加工、非金属矿物制品业分散强度高；受历史趋势影响，纺织业、皮革业的集聚强度高；受专业化劳动力影响，印刷记录媒介复制、化学原料化学制品业的集聚强度高；受知识溢出影响，电气机械、电子设备、仪器制造业的集聚强度高。在企业异质性方面，集聚行业的企业规模小于分散行业。

（2）中国制造业的集聚格局

随着中国在世界生产网络的地位不断提升，制造业集聚研究日益受到关注。He 等（2007）利用基尼系数对 2004 年中国制造业集聚进行了研究，结果表明集聚程度高的行业大多传统产业、资本密集型和技术密集型产业，如文化教育体育用品、皮革毛皮制品、计算机电子设备、服装业、家具制造、电气机械、仪器仪表制造、塑料、化学纤维制造；分散强度高的行业大多运输成本高或与医药相关，包括医药、有色冶金、饮料、化工、非金属矿产品、食品、烟草、运输设备制造。Brakman 等（2017）利用 DO 指数研究了 2002～2008 年中国四位数制造业行业，结果表明中国制造业集聚程度在提高，集聚行业比例从 2002 年的 73% 上升至 2008 年的 81%，集聚发生在较小范围（0～250km）。其中，纺织业、电气机械制造业、专用设备制造业集聚强度高；食品制造、饮料制造、医药制造、木

材加工和黑色金属冶炼加工业分散强度高。陈柯等（2018）研究表明 2011 年中国只有 65% 的制造业行业在空间上集聚，集聚范围大多在 200km 以内。

中国制造业集聚除了行业异质性外，还存在区域异质性。贺灿飞和谢秀珍（2006）发现中国制造业高度聚集在珠三角、长三角和环渤海地区，在华北、东北、四川、两湖地区有一些连片分布。罗勇和曹丽莉（2005）研究表明江苏、广东、山东、浙江、上海的制造业集中度很高，是制造业的主要集聚区，河南、辽宁、河北、福建是制造业集聚的第二层次，西部地区远远落后。武前波等（2011）对 2005~2008 年中国制造业 500 强企业地理集中度的研究表明，制造业趋于向沿海地区集中，而沿海地区内部极化和扩散现象并存。李金华（2019）研究表明中国高端制造业显著集聚在东部沿海地区，特别是江苏、上海、广东等省市。中国制造业在沿海地区集聚与经济全球化和政策因素等关系紧密。

20 世纪 90 年代以来中国制造业集聚呈现上升趋势，但也有学者指出 20 世纪 80 年代中期以来制造业趋于分散，原因可能是在经济转型背景下制造业从中西部地区集聚转向东部沿海地区集聚引起的短暂"均衡"分布。

（3）京津冀地区制造业的集聚格局

京津冀地区是中国重要的制造业集聚区，但集聚水平弱于长三角和珠三角地区。马国霞等（2011）指出京津冀都市圈制造业产业链的空间集聚度低于长三角地区，其中技术密集型产业链的空间集聚度较低，而资源密集型产业链的空间集聚度较高。周伟等（2020）补充指出劳动密集型制造业集聚程度最高，资本密集型和技术密集型产业处于中高集聚水平。杜传忠等（2013）从制造业与生产性服务业耦合协同角度的研究表明，京津冀地区耦合协调度水平低于长三角地区，并且制造业竞争力也有明显差距。整体来看，京津冀地区制造业集聚呈现逐年上升的趋势，资本密集型和技术密集型的产业集聚程度上升明显，劳动密集型产业的变化趋势不明显。

京津冀地区制造业集聚中心位于中南部的北京、天津、廊坊等地，东南和西北方向有增强的趋势，南部城市集聚范围较小，北部城市集聚范围较大。2001~2009 年京津冀地区制造业逐渐形成以北京高端技术密集型制造业为主，天津资本和技术密集型产业并举，河北以劳动密集型和资本密集型产业为主，兼顾技术密集型产业的差异化、梯度化的区域分工格局。李国平和张杰斐（2015）研究表明，整体格局下，制造业从京津两市向河北沿海的唐山、秦皇岛和冀中南地区扩散。

4. 产业集聚的影响因素研究综述

已有研究主要从产业（industrial）、区域（regional）、时间（temporal）三个维度理解产业集聚现象。产业维度主要从产业或企业本身寻找集聚原因，区域维度主要从区位条件解释经济活动的空间非均衡现象，时间维度主要从历史偶然、循环累积、发展阶段阐释集聚的动态过程。产业与区域维度的关系类似于供需关系，某时间截面下的产业集聚格局即是两者达到的均衡状态。在实证研究中，三个维度往往相互交叉，大致可以归纳为资源禀赋、集聚经济、制度政策、全球化和其他因素五个方面（图2-6），相关研究的典型文献见表2-5。

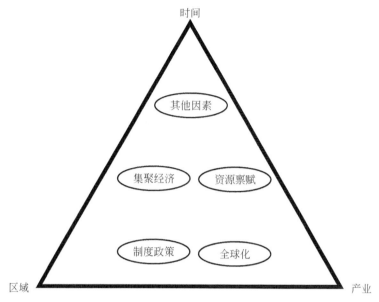

图2-6 产业集聚的影响因素分析框架

表2-5 产业集聚的影响因素的典型文献

因素	相关理论	因子	指标	典型文献	影响
资源禀赋	比较优势、区位论	资源投入强度、资源环境承载力	各资源投入强度、资源条件、环境容量	Kim（1995）；Kim（1999）；刘汉初 等（2020）；Glaeser 和 Kohlhase（2004）	+
集聚经济	内部规模经济、本地化经济、城市化经济	内部规模经济、本地化经济（专业化劳动市场、中间产品市场、知识技术溢出）、城市化经济（城市规模、基础设施）	企业规模、劳动力密度、产业联系、中间商品投入强度、技术研发水平、城市人口、人口密度、城市化水平、基础设施水平	Braunerhjelm 和 Johansson（2003）；Duranton 和 Overman（2005）；Midelfart-Knarvik 等（2000）；贺灿飞和谢秀珍（2006）；尹希果和刘培森（2014）；纪玉俊和李志婷（2018）	+/-
制度政策	新产业区、增长极	产业政策、开发区政策、地方保护主义	是否重点发展、国有资本比重、政策支持力度、开发区数量	Bai 等（2004）；路江涌和陶志刚（2007）；He 等（2008）；Ashton（2008）；陈曦等（2018）	~
全球化	贸易理论、全球生产网络	经济全球化、对外贸易	外商直接投资	梁琦（2003）；Gao（2004）；Ge（2009）；冼国明和文东伟（2006）	+
市场因素	新贸易理论、新经济地理	市场结构、市场一体化、市场规模、市场潜力	市场规模、一体化水平、国内国外市场	Otsuka（2008）；范剑勇和谢强强（2010）；赵伟和张萃（2009）；汪浩瀚和徐建军（2018）	~

因素	相关理论	因子	指标	典型文献	影响
交通运输	区位论、新经济地理	运输成本、交通设施	运输方式、交通基础设施水平	Alonso-Villar 等（2004）；李雪松和孙博文（2017）；唐红祥（2018）	+

注："+"表示正向效应，"−"表示负向效应，"～"表示效应不确定

（1）资源禀赋

不同产业在资源投入强度上的差异是影响集聚的基本因素，而不同区域由于资源禀赋差异吸引了不同的产业集聚。Kim（1995）对美国 1860～1987 年产业集聚的研究表明，规模经济、自然资源投入强度能够解释产业集聚的长期趋势。随着交通和通信技术的发展，自然资源的影响不断减弱。Glaeser 和 Kohlhase（2004）研究发现，20 世纪以来商品运输成本已经下降了 90% 以上，制造业区位不再受消费者和供应者的驱动，一般位于中等密度的区域。技术研发、高素质劳动力等知识性投入对产业集聚的影响越来越重要。贺灿飞和朱晟君（2007）对北京制造业集聚的研究表明，教育水平、技术水平、能力水平较高的劳动力和高素质的劳动力市场能够显著促进产业集聚。刘汉初等（2020）研究表明，资源环境承载力显著影响了珠三角制造业的空间格局及其变动，并且对劳动密集型、资本密集型、技术密集型产业的影响有差异性。

（2）集聚经济

集聚经济主要包括内部规模经济、本地化经济、城市化经济，是影响产业集聚的核心因素。

内部规模经济常以企业规模反映。Kim（1995）研究表明，内部规模经济对美国 1860～1987 年制造业集聚具有显著影响。Holmes 和 Stevens（2002）利用区位熵对美国产业专业化的测度研究表明，产业集聚区的企业一般比在区域外的企业规模更大，但不同制造业之间差异很大。Braunerhjelm 和 Johansson（2003）利用 EG 指数对瑞典的研究表明，企业规模和初始集中度对产业集聚具有正向影响。Duranton 和 Overman（2005）利用 DO 指数对英国制造业的研究表明，小企业可能是产业集聚或分散的主要驱动力。

本地化经济多从专业化劳动市场、中间商品市场、知识溢出解释产业集聚机制。实证研究中很难直接量化这三个方面，多以企业劳动力密度、产业联系、技术研发水平等间接测度。专业化劳动力市场能够节约企业搜寻特定人才和劳动力的成本，这一点与劳动力资源投入强度类似。Kim（1999）、贺灿飞和朱晟君（2007）分别研究了劳动力数量和质量对产业集聚的影响。中间产品市场能够提供多样化商品，减少企业寻找中间商品的成本。Amiti（1999）利用基尼系数研究了欧盟国家制造业地理集中度，结果表明产业中间投入强度与地理集中度为正相关关系。知识溢出促进创新活动发生。Alonso-Villar 等（2004）研究西班牙制造业表明行业技术水平越高，集聚越强。Jaffe 等（1993）首次使用专利数据

测度知识溢出，证明其对产业集聚的重要性。但也有学者研究发现知识溢出并没有对产业集聚产生促进作用，如贺灿飞和谢秀珍（2006）认为空间单元过大是可能原因，Braunerhjelm和Johansson（2003）也发现知识密集对产业集聚没有显著影响。

城市化经济常以城市规模、人口密度、城市化水平、基础设施完善度等指标反映。城市化经济能够促进产业间交流合作。但大城市也存在土地价格偏高、污染严重、竞争激烈等问题。贺灿飞和朱晟君（2008）指出经济发展水平、城市化水平、基础设施差异是安徽大多数产业较江苏更为集聚的原因。郭琪等（2014）研究表明城市化经济带来的制造业集聚有利于企业家创业。尹希果和刘培森（2014）研究表明中国省际城市化与制造业集聚之间存在倒N形关系，城市化对制造业集聚的拥挤效应比促进效应出现得更早。孙威等（2020）以人口密度为代理变量，研究发现城市化经济对柳州汽车制造业企业的空间布局影响并不显著。还有一部分研究表明城市化与制造业集聚的相互影响，如纪玉俊和李志婷（2018）认为制造业集聚可以正向促进城市化，而城市化对制造业集聚在一定程度上具有抑制作用，从而能够推进制造业集聚后的再扩散。

（3）制度政策

制度政策是国家、政府对产业发展实施调控的主要手段。制度变化是理解中国产业集聚的重要视角，特别是改革开放以来经济制度的转变。不同区域和不同阶段的产业对政策激励的敏感程度也不同。长期以来，在以GDP为政绩考核的影响下，中国地方政府的产业政策一般以设立各类产业园区为主要形式。陈柯等（2020）认为开发区政策对制造业集聚水平的影响具有复杂性，若产业政策有较多国家重点产业导向和高利润导向，则可能出现产业同构化问题；若产业政策与地方经济优势相符合，则有利于促进集聚。孟美侠等（2019）的研究表明，开发区政策抑制了产业集聚，导致目标行业在整体空间上分散。贺灿飞等（2010）、路江涌和陶志刚（2007）认为地方保护主义和产业政策趋同，造成区域间、行业间的恶性竞争，不利于产业集聚。国有资本占比、利润税收率等间接反映了产业受保护的程度，如Bai等（2004）研究表明中国国有企业占比高的产业和利税率高的产业均较为分散。

（4）全球化

全球化对中国制造业集聚格局影响巨大，常以外商直接投资（foreign direct investment，FDI）反映。贺灿飞和谢秀珍（2006）研究表明FDI占比高、全球化水平高的行业更加集聚，认为经济全球化促进了中国产业集聚水平的提升。冼国明和文东伟（2006）发现，随着中国对外开放程度加深，FDI和对外贸易对产业集聚的推动作用变得更加显著，制造业越来越集中在沿海少数省份。Ge（2009）研究发现1985~2005年中国产业集聚程度上升，出口导向型和外商投资型产业的集聚程度高于其他类型的产业，认为全球化引起的产业集聚导致区域不平等。Gao（2004）研究发现，中国出口和FDI对区域工业增长具有强烈的正向作用。梁琦（2003）验证了FDI对中国产业集聚的正向作用，进一步指出FDI更能促进资本密集型和技术密集型产业集聚。许德友和梁琦（2011）认为，对外贸易是塑造中国产业格局的重要力量。黄玖立和李坤望（2006）研究指出，由于在对外贸易上的天然地理优势和由此获得的各种优惠政策，20世纪80年代和90年代中国的产业越来越集中在东部少数省份。不仅在中国，Sjoberg和Sjoholm（2004）对印度尼西亚制造业的集聚研究也表明，贸易自由化对产业集聚有促进作用。

（5）其他因素

影响产业集聚的其他因素还包括市场、交通运输、历史偶然和循环累积等。

市场因素通过结构、规模、一体化水平、供需关系、潜力等影响制造业集聚。Otsuka（2008）研究了日本新企业区位选择的影响因素，表明新企业主要受市场准入（market access）、劳动力成本、集聚经济等影响。范剑勇和谢强强（2010）利用投入产出表验证了本地市场效应的存在，并且该效应不仅能够促进产业集聚，还会扩大地区间收入差距。范剑勇（2004）、赵伟和张萃（2009）均认为市场一体化与制造业集聚存在倒U形关系，并实证研究指出当前中国市场一体化水平仍较低，制造业集聚还处在上升阶段。汪浩瀚和徐建军（2018）证实了省域内的市场潜力对制造业集聚有直接促进作用，省域间的国内市场潜力和国外市场潜力对制造业集聚有空间溢出效应。

交通运输因素通过运输成本、基础设施等影响产业集聚。Alonso- Villar等（2004）对西班牙制造业地理集中的研究表明，运输成本可能导致某些行业向客户和供应商靠近。李雪松和孙博文（2017）以京广高铁沿线城市为样本，发现高铁开通对站点城市制造业的集聚效应分为集聚加速阶段、集聚弱化阶段、扩散阶段。唐红祥（2018）对2003～2011年西部地区制造业集聚的研究发现，交通基础设施对制造业集聚具有促进作用，并存在明显的行业差异性，劳动密集型行业获得的促进作用最大，技术密集型行业获得的促进作用最小。董洪超等（2019）基于空间杜宾模型研究发现，交通运输对制造业、生产型服务业、传统服务业具有显著的空间集聚效应。

第二节　产业关联的文献综述

为深入研究制造业与生产性服务业之间的联系，需要对两者的研究进展进行综述。本节主要从文献计量分析、产业关联的理论研究、产业关联的实证研究三个方面展开。

1. 文献计量分析

采用陈超美教授团队开发的CiteSpace软件（版本：5.7. R2）进行知识图谱分析，它主要基于共引分析理论和寻径网络算法对特定领域的文献进行计量，数据来源为中国知网（https://www.cnki.net/）和Web of Science（WOS）（http://apps.webofknowledge.com/）文摘数据库。

（1）数据整理

在中国知网数据库中设置检索条件为"篇名"或"关键词"或"摘要"中含"生产

性服务业"或"生产者服务业"或"服务化"或"服务型"和有关"制造业"的文章，检索式为 TI =（'制造业'+'工业'）*（'生产性服务业'+'生产者服务业'+'服务化'+'服务型'）OR KY =（'制造业'+'工业'）*（'生产性服务业'+'生产者服务业'+'服务化'+'服务型'）OR AB =（'制造业'+'工业'）*（'生产性服务业'+'生产者服务业'+'服务化'+'服务型'），并将来源期刊类别限定为 SCI 来源期刊、EI 来源期刊、北大核心、CSSCI、CSCD，共得到检索结果 2616 条（检索时间：2022 年 11 月 29 日）。其中 CiteSpace 识别 2602 条，最早文献出现在 1992 年。

在 WOS 数据库中设置检索条件为主题包含"制造业"或"工业"和"生产性服务业"或"服务化"的文章，检索式为 TS =（（manufacture * OR industry *）AND（"producer service *" OR（servitization OR servitisation OR servicizing OR servicising OR servicisation OR servicization）））），选择论文、综述论文和在线发表，共得到检索结果 1335 条，其中 CiteSpace 识别 1332 条，最早文献出现在 1995 年。

图 2-7 为 CNKI 和 WOS 数据库发文量随年份变化情况。由图可知，国内外有关制造业与生产性服务业的关联研究在 20 世纪 90 年代处于平稳发展阶段，2000 年之后开始迅速增长，特别是中文文献的增长速度尤为明显。总体来看，该领域研究至今仍处于高速增长阶段，说明制造业与生产性服务业的关联研究一直是学术界的热点问题。

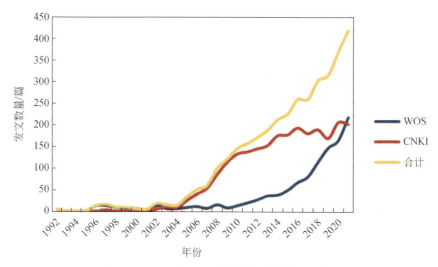

图 2-7　CNKI 和 WOS 发文量随年份变化情况

（2）关键词共现关系分析

关键词共现关系用来测度关键词之间的亲疏关系，如果两个关键词在同一篇文献中出现，则在关键词共现图中两个节点之间就存在一条连线，边的权重等于两个关键词共现的次数，节点大小代表关键词的词频，节点外环如果有紫色圆圈，则表示该节点有较高的中心度，体现该词在这个领域的重要作用。

从 CNKI 相关文献的关键词共现关系图看（图 2-8），国内有关制造业和生产性服务业关联研究的知识图谱结构非常紧凑，基本围绕制造业与生产性服务业的产业关系和空间关系两个维度展开。其中，产业关系在早期主要关注两个产业的产业结构和产业关联，近年来逐渐趋向产业融合、制造业服务化、影响因素等主题；空间关系的研究主要关注两个产业的空间集聚、共同集聚以及生产性服务业集聚对地区经济发展、制造业效率提升的影响等主题。

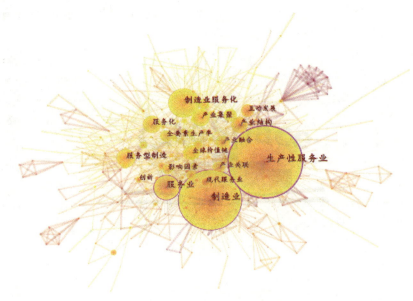

图 2-8　CNKI 相关文献关键词共现关系图

WOS 数据库相关文献关键词共现分析结果如图 2-9 所示，关键词共现关系图随时间变化趋势较明显，producer service、growth、firm 等词节点中心颜色较深且外围颜色较浅，说

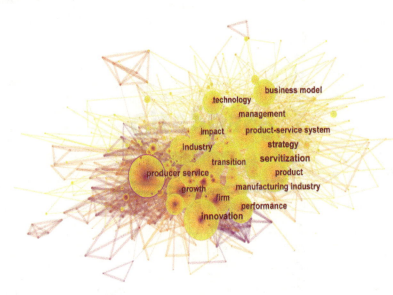

图 2-9　WOS 相关文献关键词共现关系图

明这些关键词在文献中出现的年份较早并且一直都是研究的热点主题，而 servitization、strategy、product 等词的节点中心颜色较浅，说明这些词成为研究热点的时间较晚。总体来看，国外文献早期主要关注制造业和生产性服务业的发展、增长和创新等内容，近年来服务化、战略、产品、管理等内容逐渐成为研究热点。

（3）关键词突现分析

关键词突现分析由 CiteSpace 的 Burst detection 功能来完成，能够探测某一关键词在某一时段引用量有较大变化的情况。中文文献关键词突现分析结果显示，现代服务业、生产性服务业、制造业服务化、协同集聚、全球价值链、技术创新等词的突现强度较高，也是未来一段时间国内该领域研究的前沿内容（图 2-10）。

图 2-10　CNKI 相关文献关键词突现分析结果

WOS 相关文献关键词突现分析结果显示（图 2-11），location、regional development、product、offering、transition 等词的突现强度较高，而 transition、competitive advantage、digital transformation 等词的突现时间较晚，说明企业转型、竞争优势、数字化转型等主题是近年来国外该领域的研究热点，也是未来的研究前沿。

图 2-11　WOS 相关文献关键词突现分析结果

2. 产业关联的理论研究

该部分主要从产业关系演变和产业途径两个层面对制造业与生产性服务业关联的理论研究进行文献综述。两个产业关系演变的主流观点主要有需求主导论、供给主导论、互动论、融合论四种，而两个产业关联的主要途径可以分为生产性服务业外部化和制造业服务化两种。

（1）制造业与生产性服务业关系演变

学术界针对制造业与生产性服务业的关联关系进行了广泛讨论。随着经济发展阶段不同，产业关联的主流观点主要有需求主导论、供给主导论、互动论、融合论四种。

需求主导论认为，制造业是生产性服务业的基础，只有工业化和城市化达到较高水平才能对第三产业产生需求，生产性服务业的发展须依靠制造业。Guerrieri 和 Meliciani（2004）研究发现，一个国家或地区发展有竞争力的服务经济，如金融、通信、商业服务等的能力取决于制造业结构，因为部分制造业是这些服务业的最终使用者。

供给主导论认为，制造业发展以生产性服务业发展作为保障，生产性服务业竞争力不足将阻碍制造业效率和竞争力的提高，从而阻碍区域经济发展，如金融服务业等制造业无法在企业内部提供的生产性服务对制造业发展的促进作用更大。

互动论认为，随着制造业与生产性服务业的发展，两个产业的互联互通逐渐显现，学术界对两个产业的关系认识逐渐转向互动论。Francois（1990b）、Guerrieri 和 Meliciani（2005）、席强敏和罗心然（2017）提出制造业与生产性服务业是相互支撑、互利共生的（图2-12），两个产业的相互支撑对区域经济发展和就业率提升有重要作用。但是，部分学者研究发现，当前两者之间存在显著的非对称互动关系。高觉民和李晓慧（2011）、唐晓华等（2018）研究发现，制造业对生产性服务业的拉力显著大于生产性服务业对制造业的推力，任皓等（2017）、高素英等（2021）认为生产性服务业对制造业的推动作用强于制造业对生产性服务业的拉动作用。

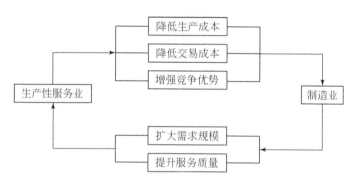

图2-12 制造业与生产性服务业的互动发展机理

资料来源：席强敏和罗心然，2017

融合论认为，随着信息技术广泛应用于生产制造环节，制造业与生产性服务业的边界越来越模糊，两者之间呈现融合发展的趋势。由此，作为制造业与生产性服务业未来的发展方向，融合论得到学术界的热议。Goe（2002）认为制造业与生产性服务业将通过信息产业进行产业间的互补和延伸，实现产业间的交互融合。杨仁发和刘纯彬（2011）从产业演变视角出发，认为两个产业的关系经历了分立、互动、融合三个阶段，逐渐由松散趋向密切。其中，制造业与生产性服务业的融合发展主要依托于价值链的双向渗透、延伸与重组，该过程包括价值链的分解和重构两个阶段。在价值链分解阶段，两个产业原有的链式结构分解为价值活动单位，形成混沌的价值活动网络。在市场选择过程中，散落的价值链条被截取出来，按照一定的联系进行价值系统重构，形成新的融合型产业价值链，有利于提升产业竞争力，促进产业升级。因此，从产业关系演进趋势来看，产业融合是产业关联越来越深化并实现交互融合的高级形态（图2-13）。

（2）生产性服务业外部化

已有研究多以生产性服务外部化为切入点，探究制造业与生产性服务业社会分工、提高生产率与地区经济发展水平的关系问题，古典经济学的分工理论、新制度经济学的交易

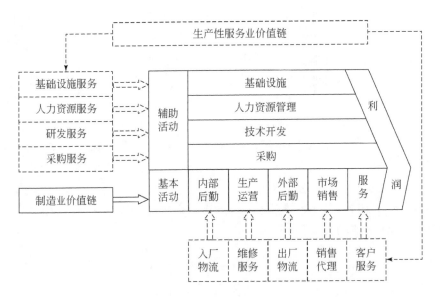

图 2-13　制造业与生产性服务业融合价值链过程模型

资料来源：杨仁发和刘纯彬，2011

成本理论、产业集群理论等为这一路径分析提供了理论支撑。

　　基于古典经济学分工理论解释产业关联。从古典经济学的分工理论出发解释制造业与生产性服务业的互动协调关系，是该领域研究中最常见的途径。Grubel 和 Walker（1989）运用生产迂回学说阐述了两个产业的关联关系，认为生产性服务业的中间投入增加了产品生产的迂回程度，通过将人力资本和知识资本导入生产过程，促进制造业生产力水平的提升。刘明宇等（2010）基于迈克尔·波特对企业活动的分类，将生产性服务业外部化分为价值链基本活动的外包和支持性活动的外包两类，用嵌入性概念分析两个产业间的价值链关系。他认为从企业基本活动中分离出来的生产性服务业关系性地嵌入制造业价值链，从而保持生产经营活动的连续性和协调性，这使企业能够低成本、高效地交换信息，通过生产性服务业的规模经济效应提高生产效率；从支持性活动中外包的服务业则结构性地嵌入制造业价值链，依靠自身专业化技能，通过迂回生产间接提高企业支持性部门的人力资本水平，促进企业资源配置效率的提升。这有助于提升制造业企业的竞争力，激励制造业企业专注核心能力，促进服务进一步外部化。制造业的升级使其对生产性服务业的需求不断扩大，刺激生产性服务业分工水平和专业化程度不断提高，由此形成制造业升级、服务外包、生产性服务业升级和嵌入的循环累积因果，形成两个产业协同演进（图 2-14）。

　　在以上理论阐述的基础上，部分学者尝试借助数理模型，深入分析劳动分工在生产性服务业外部化中的作用。早期由 Ethier（1982）利用 D-S 垄断竞争模型建立生产函数，通过数理推导发现了新产品的引进对提高厂商效率的促进作用。因此，在欠缺比较优势和资源禀赋的国家，增加中间投入品的种类能够内生出新的比较优势。Markusen（1989）在 Ethier（1982）研究的基础上将生产性服务业以中间产品的形式引入模型，提出资本密集型中间产品和知识密集型生产性服务业具有规模报酬递增的特性，这类中间产品和服务的

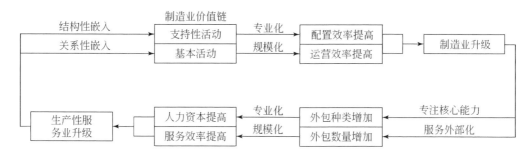

图 2-14　产业升级过程中制造业和生产性服务业的关联

资料来源：刘明宇等，2010

国际贸易有收益递增的特点，即中间产品的国际贸易带来的收益要高于仅有最终产品的贸易带来的收益。Francois（1990a）指出生产性服务业使生产中劳动分工的增加成为可能，因为专业化带来的收益增加取决于服务业的扩大。因此，第二次世界大战后贸易自由化带来的市场一体化和贸易机会的扩大促进了生产性服务的扩张。这一路径在实证层面也得到许多学者的验证，如顾乃华等（2006a）、江静等（2007）。

基于新制度经济学交易成本理论解释产业关联。罗纳德·科斯（Ronald H. Coase）在《企业的性质》一书中提出交易成本，探讨了企业产生的原因和企业的边界问题，他认为企业的边界在于企业内部组织交易的成本等于通过市场交易的成本。奥列佛·威廉姆森（Oliver Williamson）在罗纳德·科斯的基础上将交易成本区分为事先的交易成本和事后的交易成本。但是，无论何种交易成本，交易成本理论探讨的是企业应该自己生产产品，还是去市场购买产品。学者在交易成本理论的基础上解释生产性服务业外部化的途径，认为第二次世界大战后在西方国家服务业快速发展的基础上，生产性服务业开始从企业内部分离出来，成为独立的市场主体，究其本质是因为生产性服务业的外部交易成本低于内部组织成本。Daniels（1986）、Bhagwati（1984）、Goe（1990）等从交易成本的角度阐述了生产性服务业外部化的内在机理。Goe（1990）认为生产性服务业外部化是由几种需求驱动的，其中最明显的是减少成本的需求。一方面，将间接生产活动从制造业企业外部化，可以减少工资、福利和资本需求等间接费用；另一方面，对特定间接生产活动的专业知识的需求，通过从生产者服务公司购买服务，可以更快、更容易地满足对间接生产活动专业知识的不断变化的需求。陈宪和黄建锋（2004）研究指出，分工产生的收益大于交易费用是这一演进趋势得以实现的内在机理。刘志彪（2006）也提出，基于成本-效率因素的考虑是制造商强化专业化分工、把生产性服务业外包或外部化的重要原因。

基于竞争力视角解释产业关联。竞争力视角也为生产性服务业外部化提供解释，如Coffey 和 Bailly（1991）、Illeris（1989）等认为，企业会通过服务业外包将企业的优势资源集中在竞争优势最强的环节，从而分散风险、提升企业效率和核心竞争力，由此促进生产性服务业的外部化。Coffey 和 Bailly（1991）在总结促使企业从外部购买服务而不从内部提供的因素时提出，组织竞争战略起到了重要作用。由于维持一个小规模和高度集中的人力资源有一定的经济和组织优势，企业偏向于从外部购买自身不具备优势的服务，从而维持其在核心功能上的竞争力。此外，服务业外部化同时转移了由于部分服务的不稳定需求而产生的风险，从而能够使企业避免不必要的风险。当然，出于竞争优势而产生生产性服务业外部化通常是管理学和经济学领域学者采用的解释途径。

但与竞争促进生产性服务业外部化这一观点不同的是，迈克尔·波特于 1990 年在《国家竞争优势》一书中提出，企业越来越多地从生产性服务业环节而不是从加工制造环节获得竞争优势，即竞争优势逐渐从"微笑曲线"的中间向两端转移。在这一趋势下，有部分工业企业在提供产品时，延伸其产业链，开始提供成套解决方案，甚至从工业企业转向服务型企业。顾乃华（2010）认为，服务外包与工业企业服务化是互不冲突的两种趋势。由此可以判断，制造业与生产性服务业的关系并不仅存在生产性服务业外部化这一条途径，制造业服务化也是两个产业发生关联的重要路径。

（3）制造业服务化

制造业服务化是实现制造业与生产性服务业关联的另一条重要途径，但相比于生产性服务业外部化，制造业服务化的研究存在缺乏理论支撑和分析手段单一等问题。由于制造业服务化是一个多学科交叉的研究领域，尽管已有研究从不同理论视角进行了阐述，但仍缺乏强大的理论基础。Rabetino 等（2018）提出大多数文章没有从基础理论中建立起理论框架，更多地是结合以往服务化相关研究的论点。在分析手段方面，当前制造业服务化的研究主要采用描述性案例分析法。因此，相关研究较多停留在制造业服务化的概念、动因、影响因素、绩效效应、实现路径等方面。

早期由 Vandermerwe 和 Rada（1988）、White 等（1999）、Reiskin 等（2000）提出服务化（servitization、servicizing）概念，之后的相关研究主要关注制造业服务化战略的动因、制造业服务化的绩效效应、促进制造业服务化的策略和路径选择等企业微观层面。制造业企业主要是为了满足顾客需求、创造竞争优势、增加经济效益等目的采取服务化战略，相应地，研究表明制造业服务化显著提高了企业生产效率，促进了产业转型升级和价值链升级。

3. 产业关联的实证研究

已有研究从理论上分析了制造业与生产性服务业的关系和演变，但这需要通过实证研究和案例研究等进行深入分析，更好地理解两个产业在实践中的表现形式。

（1）京津冀地区的产业关联研究

京津冀地区产业的良性互动、协调发展，对于推进京津冀地区产业协同与建设国际化城市群具有重要意义。孙威和毛凌萧（2018）研究发现 2006 年以来京津冀一体化与产业结构调整成为京津冀协同发展研究的重要方向之一，相关研究主要聚焦于从经济层面和产业层面探究区域经济一体化、区域分工、产业链、区域间经济联系等。综合来看，京津冀地区制造业与生产性服务业的关联研究可以归纳为产业联系、产业联系与空间区位结合研究两个视角。王朝阳和夏杰长（2008）、杜传忠等（2013）、杜君君等（2015）、高素英等（2021）在产业联系视角的研究发现，服务增强、知识区与产业区互动、产业集群政策等会促进区域融合、机制创新和区域产业竞争力提升。席强敏和罗心然（2017）、赵景华等（2018）、金浩和刘肖（2019）等从产业和空间区位结合角度分析了京津冀地区制造业与生产性服务业的协同特征，发现京津冀地区两个产业的产业关联度较高，但空间协同集聚度较低，并且产业联系不是推动空间集聚的唯一因素。

此外，杜君君等（2015）、李宁和韩同银（2018）、叶绿来（2018）关注到京津冀地区产业关联的区域差异性，认为北京和天津两地互动水平较高，而与河北产业耦合协调度有待提升。席强敏和罗心然（2017）、金浩和刘肖（2019）、刘肖和金浩（2021）关注到产业关联的行业差异性，普遍认为知识密集型和技术密集型制造业与生产性服务业的互动水平仍较低。

（2）产业关联的影响因素

制造业和生产性服务业的互动发展过程受到产业内部因素和外部因素的共同影响，但已有研究大多从产业融合视角对影响两个产业关联的因素进行较为广泛的研究。基于产业关联的理论研究可知，产业融合是关联的高级形态，因此产业融合的影响因素分析一定程度上可以为产业关联的影响因素分析提供参考。王成东等（2015）、王小波（2016）、闻乃荻和綦良群（2016）、桂黄宝等（2017）的研究表明，市场能力、人力资本、研发水平、政府政策等因素在产业融合中发挥了重要作用。李宁和韩同银（2018）研究认为，促进京津冀地区两个产业协同发展的因素包括市场规模、人力资本、技术进步、外商直接投资，而市场化程度和环境水平起阻碍作用。总体来看，可以将制造业与生产性服务业关联的影响因素归纳为产业自身因素、生产要素投入、外部环境三个维度（图 2-15）。产业自身因素包括产业规模、生产效率、技术创新能力，生产要素投入包括物质资本、劳动投入、技术投入，外部环境包括城市化、市场化、制度。

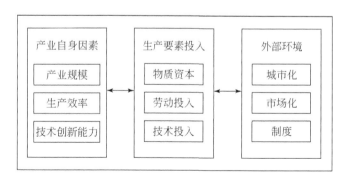

图 2-15　产业关联的影响因素分析框架

产业关联的实证研究通常采用回归分析法，但也有学者对此进行改进从而结合了回归分析与主成分分析法。王成东等（2015）利用 SFA 方法和 Cobb-Douglas 生产函数构建影响因素的评价模型，王小波（2016）运用联立方程模型分析相关影响因素，张欣钰

（2018）利用灰色关联度模型和结构方程研究影响因素。近年来学者们开始运用空间杜宾模型（SDM）研究两个产业的耦合协调度及其影响因素，并考察空间溢出效应。

（3）国内外其他地区的实证研究

国内外学者在超国家、国家、国家内部区域、省市等尺度，从生产性服务业对制造业发展的单向推动作用，以及制造业与生产性服务业的双向互动两个视角进行大量的实证研究（表2-6）。研究视角上，已有研究多集中于生产性服务业促进制造业发展的单向影响，有关两个产业双向互动的研究则多利用耦合协调度等方法，研究尺度多集中于国家尺度和省市尺度。

表2-6 国内外有关制造业与生产性服务业关系的相关文献

	超国家尺度	国家尺度	国家内部区域	省市
单向影响	Guerrieri 和 Meliciani（2004）；程大中（2008）；Francois 和 Woerz（2008）；Falk 和 Peng（2013）；任皓等（2017）；Qiu 和 Gong（2021）	Hansen（1990）；江静等（2007）；冯泰文（2009）；顾乃华（2010）；Mariotti 等（2013）；盛丰（2014）；席强敏等（2015）；Yang 等（2018）；Yu 等（2022）；Herrero 和 Rial（2023）		Macpherson（1997，2008）；刘佳等（2021）
双向联系	Park（1989）；华广敏（2015）	陈宪和黄建锋（2004）；王金武（2005）；刘书瀚等（2010）；高觉民和李晓慧（2011）；张亚军（2014）；王正新等（2017）；唐晓华等（2018）；张虎和韩爱华（2019）	杜传忠等（2013）；李宁和韩同银（2018）；高素英等（2021）	邱灵等（2008）；胡晓鹏和李庆科（2009）；孔令夷和邢宁宁（2019）

在单向影响方面，国内外相关研究均表明生产性服务业对制造业出口增长、生产效率提高、产业升级具有显著的促进作用。生产性服务业外部化不仅帮助企业降低风险，使企业专注于核心技术，还能随着自身规模的扩张提升效率，降低制造业的生产成本，提升制造业的竞争力。但是，针对此过程中的中介变量的研究表明交易成本的中介效应相比生产制造成本的中介效应更显著。

在双向联系方面，国内外学者基于不同的空间尺度探讨了两个产业的互促作用。部分研究认为，制造业与生产性服务业之间的协调水平较高，呈现相互影响、相互作用、共同发展的内在联系。从细分行业的关系来看，制造业对生产性服务业的需求在不断提升，而生产性服务业对制造业中技术密集型行业的中间投入在不断上升。整体上看，两个产业之间的互促关系并不对称，但究竟是制造业对生产性服务业的拉动作用更大，还是生产性服务业对制造业的推动作用更大，研究结果并未达成一致。有研究表明，无论在超国家尺度和国家尺度，还是在城市尺度，制造业与生产性服务业之间并未形成良好的互动关系，主要表现为生产性服务业对制造业的推动作用明显，而制造业对生产性服务业的拉动作用不显著，制约因素有产业结构不合理、生产性服务业发展缓慢、缺乏良性互动的机制和平台等。

第三节　总结和评述

工业时代以来，制造业集聚更为普遍与强烈，受到学术界的广泛关注。马歇尔于1890年最早提出产业区域概念，描述了产业集聚现象。之后，产业地理集中、产业空间、新产业区、产业集群等概念和理论不断涌现，丰富了这一空间非均衡现象的内涵。

1. 制造业集聚的研究评述

集聚识别是产业集聚研究的首要问题。目前主要有两大类方法构建集聚系数：一类是基于区域单元；另一类是基于地理距离。基于区域单元的集聚系数最先被提出，依赖不同的行政单元的面状数据，能够比较单一尺度下的产业集聚程度。基于地理距离的集聚系数以距离的统计推断为核心，基于企业点数据，能够测度不同空间尺度的产业集聚。第一类方法的优势在于计算简单，便于解释。第二类方法优势在于：①多个空间尺度可以进行比较；②不受行政单元的限制；③控制产业全局分布的影响；④给出显著性检验。尽管近年来基于地理距离的方法应用逐渐增多，但文献数量依然低于第一类方法，主要原因有两方面：一是数据获取难；二是计算工作量大。目前，国内外已有学者使用该方法对英国、法国、日本、美国、德国、中国等国家的制造业集聚进行了测度和比较，研究结果在精确性和客观性上都有明显提高，但也存在以下问题：①主题固定，多为制造业的集聚测度，缺乏计量模型的解释；②研究区域多为国家或城市内部，缺乏城市群地区的考察；③研究时间多为一年，缺乏长时间序列的产业集聚动态比较；④判断空间形态全局区间设定多由主观确定，缺乏规范标准。随着数据获取途径增多和处理能力提升，基于距离的方法和应用研究会越来越多。

产业集聚格局和异质性分析是基础性工作。制造业集聚存在区域异质性，如英国、加拿大、日本的制造业集聚比例约为50%，低于法国（63%）、德国（71%）、中国（65%）。制造业集聚多发生在短距离，且在不同国家之间存在较大差别。制造业集聚存在行业异质性，如纺织业、皮革业等传统行业和知识密集型行业的集聚程度高，与食品业相关或运费较高或对资源依赖性强的行业倾向于分散。制造业集聚存在企业异质性，已有研究多考虑企业规模、企业性质、企业年龄等，但这些方面依然存在争议。

影响机制是产业集聚研究的核心内容。已有研究从产业、区域、时间三个维度理解产业集聚，并将影响因素归纳为资源禀赋、集聚经济、制度政策、全球化、其他因素五个方面。中国制造业集聚是在资源环境和历史发展基础上，主要由经济全球化、制度政策转变和集聚经济等共同决定。目前，产业集聚的影响机制研究已经较为成熟，但仍存在以下问题：①多基于行政单元测度结果建立计量模型，存在可塑性面积单元等问题；②默认各行业都会发生集聚，没有充分考虑产业的空间形态（集聚/分散/随机）；③直接将众多影响因素纳入模型，忽略了不同空间尺度下影响因素的差异性；④影响机制强调区域和产业两个层面，缺乏长时间的观测和对比分析。

总体来说，产业集聚作为经济地理学的经典命题，国内外已有大量研究成果。随着研究的深入，传统集聚识别方法的弊端越发明显，解释力越发不足。基于地理距离的测度方法具备多个优势，对制造业集聚特征（强度、范围）的刻画更为丰富和精确。但由于数据获取难、计算量大等原因，相关研究仍较少，且研究区域多为国家或城市内部，缺乏城市群地区的实证研究。产业集聚的影响机制研究已经很深入，但缺乏对基于距离的测度方法的回归模型验证，并且没有严格区分产业的空间形态。同时，影响机制的讨论没有充分关注空间尺度的影响。在全球制造业转移和京津冀协同发展战略的背景下，京津冀地区作为中国制造业集聚的重要区域，如何精确刻画制造业集聚格局并解释其形成机制，亟待给予科学回答。

2. 产业关联的研究评述

当前针对制造业和生产性服务业的关联研究，无论在理论层面还是在实践层面都已较为深入。关联法则、古典分工理论、价值链理论等都为制造业与生产性服务业的关联研究提供了理论支撑。

在发展关系研究方面，制造业与生产性服务业的关系可以归纳为需求主导论、供给主导论、互动论、融合论四类（图2-16）。可见，当前有关制造业与生产性服务业的关联研究成果丰硕。在两个产业关联途径的研究方面，逐渐形成生产性服务业外部化和制造业服务化两条途径。其中，针对生产性服务业外部化的研究比较成熟，而制造业服务化的研究仍主要集中在概念辨析、服务化途径和策略等层面，且研究方法多以定性研究为主。

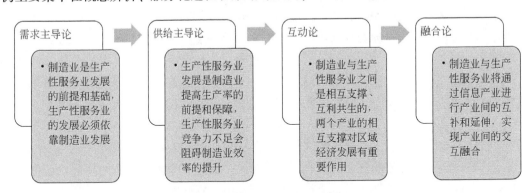

图 2-16 制造业与生产性服务业关系的主流观点

实证分析层面的研究主要从制造业与生产性服务业的单向影响和双向互动两个视角出发，从超国家、国家、区域、省市级尺度探讨两个产业的关联关系。在单向影响视角，研究普遍验证了生产性服务业对制造业的促进作用。在双向互动视角，相关研究对于不同空间尺度下两个产业间是否形成良性互动，以及制造业对生产性服务业的拉动作用更大，还是生产性服务业对制造业的推动作用更大尚未形成一致结论。有关京津冀地区产业关联的研究主要从制造业与生产性服务业的产业联系、产业联系和空间区位相结合的视角展开。此外，研究已在京津冀地区产业关联存在行业和区域差异性上达成共识，但是具体在哪些行业、哪些区域两个产业的关联程度更强仍存在分歧。同时，产业关联的影响因素分析是该领域研究的重要方向。根据已有研究，可以将产业关联的影响因素概括为产业自身、生产要素、外部环境三个维度，不同维度之间通过交叉互动，共同决定了制造业与生产性服务业的关联关系。

总体上，当前关于制造业与生产性服务业的关联研究已经较为成熟，但仍然存在以下几点问题：

一是制造业与生产性服务业关联的已有研究主要集中在产业间的单向联系研究，更关注生产性服务业对制造业发展的推动作用和影响程度，缺乏从制造业生产过程和运行机理角度对生产性服务业的拉动作用的深入理解。同时，对两个产业的双向作用，即生产性服务业对制造业的推动作用和制造业对生产性服务业的拉动作用的共同关注较少。

二是国内外相关研究较多在国家尺度展开，针对地区层面和区域差异性方面的研究相对较少。有关京津冀地区产业关联的研究成果较多集中在单一产业的转型升级、空间协同和区域协同问题，针对不同产业在城市群层面的互动发展的研究较少。

三是在为数不多的有关京津冀地区产业关联的研究中，在为数不多的有关京津冀地区产业关联的研究中，学者们对产业关联在行业和区域上的差异性仍存在意见分歧。

京津冀产业协同发展是促进京津冀协同发展的关键，而产业间和产业内不同部门间的关联和互动是产业协同发展的主要表现。在全球制造业回流与国内构建"双循环"新发展格局的背景下，探究京津冀地区制造业与生产性服务业的互动关系，准确把握产业发展的客观规律显得尤为重要。鉴于此，本书将立足已有研究和统计数据，以京津冀地区为研究区域，综合运用投入产出法和联立方程模型，分析京津冀地区两个产业的互动关系，定量比较谁对谁的作用更大，这种作用在产业内部、区域之间存在怎样的差异性，以及产业关联受到哪些因素的影响等一系列问题。

第三章 研究方法与数据处理

通过文献综述和方法比选，我们最终确定使用 DO 指数研究京津冀地区制造业集聚，这种方法需要使用的是企业数据，我们通过公开渠道获取了三省市三次经济普查的企业数据。同时，基于马歇尔外部性三要素的机制检验，我们深入研究了产业关联对制造业集聚的影响，并进一步利用投入产出方法分析了两个产业在省市内部和省市之间、产业内部和产业之间的关联程度、影响机制等问题，这种方法需要使用投入产出表，本书主要使用三省市公开发布的地区内投入产出表，以及三省市与中国科学院地理资源所联合编制的京津冀地区间投入产出表。

第一节 研究方法

本章使用 DO 指数测度产业集聚，使用核密度函数和时空扫描统计分析法描述产业的空间分布特征。

1. DO 指数

DO 指数是一种连续空间下测度产业集聚的方法，主要优势在于控制产业整体分布的影响，能够开展多个尺度的比较，并且给出显著性检验结果。DO 指数满足了良好集聚系数具备的 5 个条件。DO 指数的核心思想是比较行业内实际企业点对距离的概率密度与随机分布下的情形，判断和测度行业的空间形态。

（1）DO 指数的计算步骤

第一步，核密度函数估计。由于现实世界的复杂性，直接计算企业点之间的平均欧氏距离会造成结果的低估。采用核密度函数平滑能够较好地应对该问题。假设 n 家企业均属于 A 行业，则有 $n(n-1)/2$ 的双向地理距离，核密度函数估计公式为

$$\hat{K}_A(d) = \frac{1}{n(n-1)h} \sum_{i=1}^{n-1} \sum_{j=i+1}^{n} f\left(\frac{d - d_{i,j}}{h}\right) \tag{3-1}$$

式中，d 为企业间距离；$d_{i,j}$ 为企业 i 和企业 j 间的距离观测值；核密度 f 采用高斯核密度函数；h 为带宽，设置参照 Silverman（1986）的方法。

第二步，反事实实验构建。DO 指数的一大优势是能够与随机分布的情形做比较，从而识别行业 A 是集聚还是分散。因此，构建如下反事实实验：每年所有制造业企业位置信息组成集合 S，从中随机无放回抽取 n 个数据作为行业 A 企业空间分布的模拟，并根据公

式（3-1）计算核密度值。重复该过程 1000 次（实验结果表明 500 次以上模拟结果已经稳定）。

第三步，局部置信区间带构建。对于给定距离 d，通过反事实实验获得行业 A 的 1000 个核密度值，选取 5 分位点和 95 分位点作为置信区间的下限和上限，分别表示为 $\underline{K}_A(d)$ 和 $\bar{K}_A(d)$。所有距离上置信区间形成一个完整的置信区间带。通过比较样本企业核密度函数估计值与上下限的关系，判断在该距离 d 上行业 A 的空间分布形态：若 $\hat{K}_A(d) > \bar{K}_A(d)$，空间形态为集聚；若 $\hat{K}_A(d) < \underline{K}_A(d)$，空间形态为分散；若估计值在上下限之间，空间形态为随机。根据分位数确定置信水平为 95%。局部集聚指数（$\gamma_A(d)$）和分散指数（$\varphi_A(d)$）计算公式分别为

$$\gamma_A(d) \equiv \max(\hat{K}_A(d) - \bar{K}_A(d), 0) \tag{3-2}$$

$$\varphi_A(d) \equiv \max(\underline{K}_A(d) - \hat{K}_A(d), 0) \tag{3-3}$$

第四步，全局置信区间带构建。局部置信区间只能判断给定距离上的空间集聚，即使随机分布行业也可能在某些距离上呈现集聚或分散，为此需要设定一个判断空间形态的全局区间。在此基础上，构建全局置信区间带。全局置信区间基于多个距离上局部极值的插值获得，置信水平控制为 95%。本文判断空间形态的全局区间设定为 0～196km，具体说明参见下文。将全局置信区间上限和下限分别表示为 $\bar{\bar{K}}_A(d)$ 和 $\underline{\underline{K}}_A(d)$，若 $d \in [0, 196]$，$\hat{K}_A(d) > \bar{\bar{K}}_A(d)$ 成立，则表示行业 A 具有全局集聚特征。全局集聚指数（$\Gamma_A(d)$）计算公式为

$$\Gamma_A(d) \equiv \max(\hat{K}_A(d) - \bar{\bar{K}}_A(d), 0) \tag{3-4}$$

行业 A 具有全局分散特征需要具备两个条件，一个条件是在 0～196km 没有表现出集聚，另一个条件是存在 $d \in [0, 196]$，$\hat{K}_A(d) < \underline{\underline{K}}_A(d)$ 成立。全局分散指数（$\Psi_A(d)$）计算公式为

$$\Psi_A(d) \equiv \begin{cases} \max(\underline{\underline{K}}_A(d) - \hat{K}_A(d), 0) & \text{如果} \sum_{d=0}^{d=196} \Gamma_A(d) = 0 \\ 0 & \text{其他} \end{cases} \tag{3-5}$$

为了方便说明，图 3-1 展示了四个典型行业的空间形态曲线。塑料制品业（图 3-1（a））和体育用品制造业（图 3-1（b））均为全局集聚，前者集聚范围为 0～165km，后者集聚范围为 0～196km；谷物磨制（图 3-1（c））为全局分散，有色金属铸造（图 3-1（d））为随机分布。

在计算 DO 指数的基础上，为了比较不同行业集聚/分散的强度差异，每一行业分别累加所有距离上的指数，用于表征行业 A 在 0～196km 上的集聚强度 Γ_A、分散强度 Ψ_A，公式分别为

$$\Gamma_A = \sum_{d=0}^{d=196} \Gamma_A(d) \tag{3-6}$$

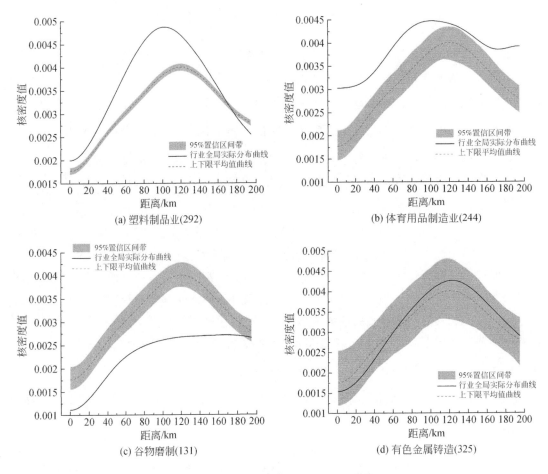

图 3-1　四个典型行业的空间形态曲线

$$\Psi_\Lambda = \sum_{d=0}^{d=196} \Psi_\Lambda(d) \tag{3-7}$$

为了比较不同空间尺度下制造业集聚/分散指数的差异性，每一观测距离（d_k）分别对所有行业的集聚/分散指数求和，用于表征各空间尺度下制造业的集聚指数 $\Gamma(d_k)$、分散指数 $\Psi(d_k)$，公式分别为

$$\Gamma(d_k) = \sum_\Lambda^M \Gamma_\Lambda(d_k) \tag{3-8}$$

$$\Psi(d_k) = \sum_\Lambda^M \Psi_\Lambda(d_k) \tag{3-9}$$

式中，M 为共有考察行业个数；d_k 为某一观测距离，也指某一空间尺度。

为了比较不同年份或不同区域或其他情形下的制造业集聚强度，对平均集聚强度作如下定义：所有行业在 0～196km 上集聚强度的平均值，随机分布、分散分布的行业集聚强度为0。

本书 DO 指数运算采用 R 语言 dbmss 程序包（Marcon et al.，2015），该程序包主要针对距离集聚系数开发。相关命令将判断集聚/分散的全局区间均分为 512 份，结果返回每一份距离上的核密度值进行比较判断。为了简化计算，本书基于 512 个离散距离上的结果展开进一步研究。

（2）判断空间形态的全局区间

需要说明的是，并非任意距离 d 上的集聚/分散都有意义。由于模型本身特点，总能找到在某距离上行业 A 表现为集聚，但超远距离上的集聚实际上脱离了现实情况。因此，合理设定判断空间形态的全局区间（$[0, d_0]$）显得格外重要。一般来说，全局区间总是从 0 开始，重点关注的是区间上限 d_0。由于主观设定等原因，区间上限 d_0 设定在学术界一直存在争议。Duranton 和 Overman（2005）研究英国制造业时采用所有企业点对距离的中位数 180km。陈柯等（2018）研究中国制造业采用 200km，参考学者的经验设置。Brakman 等（2017）对中国制造业研究采用所有点对距离的中位数 900km。Koh 和 Riedel（2014）研究德国制造业时采用点对距离的中位数 312km。Behrens 和 Bougna（2015）对加拿大制造业研究时采用 800km，主要依据经验推断该区间是邻近城市产业互动的大致范围。

尽管比较通用的做法是将所有点对中位数作为全局区间，但可能存在两个问题：一是对于地域广阔的国家，该做法确定的 d_0 偏大，这可能造成集聚行业比例被高估；二是不同时期的点对中位数可能有差异，这一定程度上限制了比较，特别是对于长时间序列的产业集聚研究。此外，这种方法也无法直接使用同一个经验区间，毕竟不同国家和地区的空间范围差别很大，例如，同一个全局区间对于北京（1.64 万 km^2）和河北（18.88 万 km^2）而言，其产业发生集聚的差异巨大。

因此，本书建议使用研究区域最长直径的 $1/n$ 作为全局区间的上限 d_0，这在一定程度上可以缓解空间范围差异带来的影响，并且使得不同研究区域能够进行产业集聚比较。当然，这也可能会受到区域形状等的影响，需要进一步探讨。本书使用 1/4 区域直径，也就是 196km 作为判断空间形态全局区间的上限。除上述原因外，也是为了方便与已有研究对话，如 Duranton 和 Overman（2005）对英国制造业的研究就采用了该方法。

2. 核密度空间分析

核密度空间分析（kernel density estimation，KDE）是一种非参数的概率密度估计方法，用于对空间点数据的分布模式进行平滑估计。其基本原理是，在每个观测点周围放置一个核函数（kernel function），并通过所有核函数的叠加计算局部概率密度，最终形成一个连续的密度分布曲面。相比传统的直方图方法，核密度估计避免了由于固定网格划分导致的分类误差（binning bias），能够更直观地呈现点数据的空间分布特征。因此，在城市规划、社会经济分析、犯罪地理学、生态环境研究等领域得到广泛应用。

核密度估计中，核函数决定了如何对周围数据点进行加权。常见的核函数包括高斯核

（Gaussian kernel）、均匀核（uniform kernel）、双权重核（biweight kernel）和四次核（quartic kernel）等。其中，高斯核能够提供最为平滑的密度曲面，而四次核在地理分析中应用广泛，能够较好地平衡局部细节与整体趋势。本研究采用四次核密度函数（quartic kernel），以提高分析的稳定性和精确度。参考 silverman（1986）的做法，结合四次核的密度估计公式如下：

$$\hat{\lambda}_h(p) = \frac{1}{h^2} \sum_{i=1}^{n} \left[\frac{3}{\pi} w_i \left(1 - \frac{(p - p_i)^2}{h^2} \right)^2 \right] \tag{3-10}$$

式中，p 为待估计点；p_i 为 p 点周边圆形区域内的第 i 个制造业企业的位置；n 为圆形区域内点的总数；h 为带宽，决定了核函数的平滑程度；w_i 为点 p_i 处的权重值，本书均设为1。

带宽（h）的选择是核密度估计中的关键问题，直接影响密度估计的平滑程度。较小的带宽会导致密度估计局限于局部区域，可能导致过拟合；较大的带宽则会导致估计结果过于平滑，掩盖数据的局部特征。常见的带宽选择方法包括 Silverman 的经验法则（rule-of-thumb）、交叉验证（cross-validation）和插入法（plug-in）。本研究采用 Silverman 的"经验法则"进行带宽选择，以确保分析结果的科学性和合理性。

核密度估计在地理空间分析中的应用极为广泛。例如，在城市研究中，可用于分析人口密度、商业设施的空间分布，以优化公共资源配置；在犯罪分析中，核密度估计可用于识别犯罪高发区域（crime hotspots），辅助警务资源调配；在生态环境研究中，常用于分析污染物扩散模式、生物多样性分布等。此外，该方法还可拓展至时空核密度估计（spatiotemporal KDE，ST-KDE），用于分析数据的时空演化，如交通事故的时空分布模式或传染病传播路径。近年来，随着计算能力的提升和大数据分析技术的发展，核密度估计方法进一步融合了自适应带宽核密度估计（adaptive bandwidth KDE，AB-KDE），使得带宽能够根据数据的局部特征动态调整，提高对空间异质性的刻画能力。此外，多尺度核密度估计（multi-scale KDE）逐渐受到关注，该方法能够在不同的空间尺度上计算密度分布，以揭示数据的层级结构和跨尺度特征，广泛应用于城市扩张分析、土地利用模式识别等领域。

此外，贝叶斯核密度估计（Bayesian KDE）正在成为空间统计领域的新兴趋势，通过引入先验信息和不确定性分析，提高小样本或数据噪声较高情况下的估计精度。此外，结合机器学习和深度学习的智能核密度估计（intelligent KDE）方法正在兴起，例如通过卷积神经网络（CNN）和图神经网络（GNN）优化空间密度预测，提高在大规模动态数据分析中的适用性。这些前沿技术不仅拓展了核密度估计的应用范围，也使其在智能城市、精准公共安全管理、环境风险预测等领域展现出更大的潜力。

本书采用 ArcGIS Pro 软件进行核密度估计的计算和可视化，以制造业企业的空间分布为研究对象，在精准刻画制造业的集聚特征的基础上，揭示其空间聚集模式，并基于自然、经济、社会、制度的综合框架探讨其形成机制。

3. 时空扫描统计分析法

1995 年美国哈佛大学教授 Kulldorff 和 Nagarwalla 针对集聚问题提出了一套扫描检测的

方法，但是这种方法只能进行单纯的空间扫描。1997 年 Kulldorff 等在原来空间扫描的基础上引入时间变量又发展出时空扫描统计量（spatial-temporal scan statistics）的方法。具体做法如下：

首先，确立完整的研究区域，在该区域内随机选择一个空间单元作为圆柱体窗口底面的中心。其次，不断扩大圆柱体底面的半径，改变扫描区域大小，同时圆柱的高度也不断随时间的变化而升高，直到达到扫描窗口所设定的上限（图 3-2）。这一扫描过程将在每个研究区域内不断重复进行。最后，根据扫描窗口内外的实际发生数和预期发生数，构造检验扫描统计量的对数似然比（log likelikood ratio，LLR），再利用 LLR 对窗口内的异常值进行扫描探测。

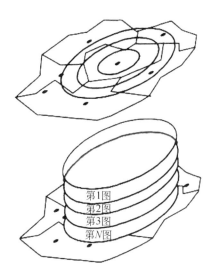

图 3-2　时空扫描统计量原理图

资料来源：王培安等，2012

产业集聚的扫描统计分析一般使用纯空间扫描分析，用于检测空间上的聚集性。本书研究选用的是泊松分布模型，具体的建模过程如下：

令 n_z 代表扫描窗口 Z 区域中的实际企业数，m_z 代表扫描窗口 Z 中的总企业数，$\mu(Z)$ 是根据无效假设得到的 Z 中的预期企业数。同时，令所有区域 G 中总企业数为 n_G，所有区域总企业数为 m_G，所有区域预期企业数为 $\mu(G)$。

$$\mu(Z) = \frac{n_G}{m_G} \times m_z \tag{3-11}$$

$$\mu(G) = \sum \mu(Z) \tag{3-12}$$

进一步建立扫描窗口的对数似然函数值：

$$L(Z) = \frac{e_G^{-n}}{n_G!} \times \left[\frac{n_Z}{\mu(Z)}\right]^{n_Z} \left[\frac{n_G - n_Z}{\mu(G) - \mu(Z)}\right] n_G - n_Z \prod_{x_i \in Z} \mu(x_i) \tag{3-13}$$

$$L_0 = \frac{e^{-n_G}}{n_G!} \times \left[\frac{n_G}{\mu(G)}\right] \prod_{x_i \in Z} \mu(x_i) \tag{3-14}$$

式中，$L(Z)$ 是时空扫描窗口中 Z 的似然函数值；L_0 是基于无效假设得到的似然函数值，因此根据公式（3-13）和（3-14）可以得到式（3-15）：

$$\frac{L(Z)}{L_0} = \frac{\left[\dfrac{n_Z}{\mu(Z)}\right]^{n_Z}\left[\dfrac{n_G - n_Z}{\mu(G) - \mu(Z)}\right]^{n_G - n_Z}}{\left[\dfrac{n_G}{\mu(G)}\right]^{n_G}} \tag{3-15}$$

对式（3-15）取对数，可得对数似然比 LLR

$$\text{LLR} = n_Z \lg\left[\frac{n_Z}{\mu(Z)}\right] + (n_G - n_Z)\lg\left[\frac{n_G - n_Z}{\mu(G) - \mu(Z)}\right] - n_G \lg\left[\frac{n_G}{\mu(G)}\right] \tag{3-16}$$

则时空扫描窗口 Z 中最大的似然率可以表示为

$$\text{maxLLR} = \frac{\max[L(Z)]}{L_0} = \max\left[\frac{L(Z)}{L_0}\right] \tag{3-17}$$

使用对数似然比衡量集聚的强度。其数值越大，表示集聚强度越大。对 LLR 基于自然断点法分为 5 个级别，衡量集聚强度。

4. 投入产出法

投入产出法是以经济学原理中的一般均衡理论为基础，反映国民经济各部门产品的生产与消耗联系的方法。投入产出法起源于 20 世纪 30 年代，20 世纪 50 年代之后各个层次的空间投入产出模型开始涌现。投入产出模型可以归纳为两类：第一类是以单一国家或地区为研究对象的模型，包括国家和地区投入产出模型；第二类是以多个国家或地区为研究对象的模型，包括国内投入产出模型、多区域投入产出模型、地区间投入产出模型、国家间投入产出模型。

（1）单一地区投入产出分析

投入产出表包括中间使用、最终使用、中间投入、增加值四个部分。利用投入产出表不仅可以分析生产性服务业的产出规模、发展速度，还能通过计算直接消耗系数、完全消耗系数、中间需求率、中间投入率、影响力系数、感应度系数等分析某一产业特性及其与其他产业的关联等问题。

A. 基本模型

为分析京津冀三省市制造业与生产性服务业发展现状和关联特征，采用投入产出分析法基本模型中的中间需求率和中间投入率指标。

中间需求率（h_i）是指国民经济各产业对第 i 产业产品的中间需求量与第 i 产业产品的总需求量的比值。一个产业的中间需求率越高，说明该部门越具有原料产业的性质，这个产业的发展更多依靠中间需求；而中间需求率越低，说明这个产业的发展更多依靠最终需求。

中间投入率（k_j）是指国民经济中第 j 产业的中间投入与总投入的比值。某一产业的中间投入率越高，该产业对其他部门的生产驱动力越强，附加值越低，该产业就是低附加值、高带动能力的产业；反之，则是高附加值、低带动能力的产业。

中间需求率（h_i）的计算公式为

$$h_i = \sum_{j=1}^{n} X_{ij} \Big/ \Big(\sum_{j=1}^{n} X_{ij} + Y_i \Big) \tag{3-18}$$

中间投入率（k_j）的计算公式为

$$k_j = \sum_{i=1}^{n} X_{ij} \Big/ \Big(\sum_{i=1}^{n} X_{ij} + N_j \Big) \tag{3-19}$$

式中，下标 i、j 为产业部门；$\sum_{j=1}^{n} X_{ij}$、Y_i 分别为国民经济各行业对第 i 产业的中间需求和最终需求；$\sum_{i=1}^{n} X_{ij}$、N_j 分别为国民经济中第 j 产业的中间投入和增加值。

B. 特定产业分析

在制造业与生产性服务业的互动中，制造业通过消耗生产性服务业的中间投入来拉动生产性服务业发展，因此可以利用生产性服务业（被制造业消耗）的中间需求来反映制造业对生产性服务业的拉动作用。生产性服务业则通过对制造业投入人才、资本、服务等中间产品提升制造业生产率，从而推动制造业发展。因此，可以利用制造业（受生产性服务业）的中间投入率反映生产性服务业对制造业的推动作用。相关指标的具体含义与计算公式如下：

特定产业中间需求率（h_{i-j}），i 产业的需求率指 i 产业被 j 产业消耗的部分（x_{ij}）与 i 产业总产出的比值，该指标可以反映制造业各部门与生产性服务业各部门之间的影响力关系。计算公式如下：

$$h_{i-j} = x_{ij} \Big/ \Big(\sum_{j=1}^{n} X_{ij} + Y_i \Big) \tag{3-20}$$

式中，$\sum_{j=1}^{n} X_{ij}$、Y_i 分别为国民经济各行业对第 i 产业的中间需求和最终需求，i 产业的中间需求率越大，则 i 产业的发展越依赖于 j 产业的中间消费。

特定产业中间投入率（k_{j-i}），j 产业的投入率指 j 产业受 i 产业的中间投入（x_{ij}）所占 j 产业总投入的比率。计算公式如下：

$$k_{j-i} = x_{ij} \Big/ \Big(\sum_{i=1}^{n} X_{ij} + N_j \Big) \tag{3-21}$$

式中，$\sum_{i=1}^{n} X_{ij}$、N_j 分别为国民经济中第 j 产业的中间投入和增加值。该值越大，说明 j 产业对 i 产业投入的依赖程度愈强，同时表示 i 产业的影响力越大。

（2）地区间投入产出分析

随着区域经济甚至世界经济一体化的发展，地区间和国家间的投入产出模型也迅速发展起来，艾萨德（Isard，1951）扩展了投入产出分析方法，提出了地区间投入产出模型（inter-regional input-output model，IRIO）。地区间投入产出模型相比传统投入产出模型包含内容更多，不仅包括产品在单一地区部门间的流动，而且包括各部门产品在不同地区间的流动情况。

在多区域投入产出分析中，本书在李晓和张建平（2009）研究的基础上定义并构建了地区间中间需求率、地区间中间投入率指标，用以分析地区间产业关联的中间需求和中间投入的数量关系。地区间中间需求率是指一个地区的某一产业生产过程中作为中间产品为另一地区产业所需求的量占其总中间需求量的比重。地区间中间投入率是指一个地区的某一产业在生产过程中为生产单位产值的产品从另一地区产业购进的量占其总中间投入量的比重。

地区间中间需求率（h_i^{rs}）的公式为

$$h_i^{rs} = \frac{\sum_j x_{ij}^{rs}}{\sum_s \sum_j x_{ij}^{rs}} \tag{3-22}$$

地区间中间投入率（k_j^{rs}）的公式为

$$k_j^{rs} = \frac{\sum_i x_{ij}^{rs}}{\sum_r \sum_i x_{ij}^{rs}} \tag{3-23}$$

式中，x_{ij}^{rs}为地区间投入产出表第一象限的元素，表示地区间和产业间由于生产技术联系而产生的分配和消耗量，上标 r、s 代表地区，下标 i、j 代表产业部门；$\sum_j x_{ij}^{rs}$为 r 地区 i 产业受 s 地区产业消耗的中间需求量；h_i^{rs}为地区间中间需求率，反映了 r 地区 i 产业受 s 地区产业的需求拉力；$\sum_i x_{ij}^{rs}$为 s 地区 j 产业受 r 地区产业的中间投入；k_j^{rs}为地区间中间投入率，反映了 s 地区 j 产业受 r 地区产业的供给推力。

5. 联立方程模型

作为现代服务业，生产性服务业为制造产出提供高附加值的中间投入品，从而提高制造业的生产效率与竞争力。制造业生产则为生产性服务业提供发展平台，从而提升其产出效率及规模。由此，制造业与生产性服务业呈现了相互支撑、互为因果的互动发展趋势。除了能够利用投入产出法分析两个产业间的互动关系，还可以通过计量经济学中的联立方程模型来检验两个产业之间的互动效应。

联立方程模型（simultaneous equations model，SEM）是计量经济学中用于描述多个经济变量之间相互依赖关系的核心工具。与单一方程模型不同，联立方程模型通过一组相互关联的方程来刻画经济系统中变量之间的双向或多向因果关系。这种模型适用于分析内生性问题，即某些解释变量与误差项相关的情况，从而避免普通最小二乘法（OLS）估计中的偏误。联立方程模型在经济学的多个领域中得到广泛应用，例如宏观经济政策分析、产业经济学、金融学以及国际贸易等。

（1）识别与估计

联立方程模型的基本形式由多个结构方程组成，每个方程代表一个经济行为或市场机制。这些方程通常包括内生变量（由模型内部决定）和外生变量（由模型外部给定）。由于内生变量的存在，联立方程模型能够更准确地反映经济系统中的复杂互动关系。然而，这种复杂性也带来了识别和估计上的挑战。为了确保模型参数的可识别性，需要满足一定的阶条件（order condition）和秩条件（rank condition）。

1）方程识别的阶条件：模型中一个方程式可识别的必要条件是 $K-M \geq G-1$，其中 K 为模型中的变量总数（内生变量+外生变量），M 为该方程中所包含的变量数目，G 为模型中方程个数（即内生变量个数）。

2）方程识别的秩条件：在一个有 G 个内生变量的 G 个方程的模型中，其中任何一个方程是可识别的充要条件是，模型中不包括在这个方程中的所有变量的系数矩阵的秩等于 $G-1$。

此外，模型的估计通常依赖于工具变量法（Ⅳ）、两阶段最小二乘法（2SLS）、三阶段最小二乘法（3SLS）或广义矩估计（GMM）等高级计量技术。

1）两阶段最小二乘法（2SLS）：通过工具变量法消除内生性偏误。首先，使用外生变量对内生变量进行回归，得到预测值；然后，用预测值替代内生变量进行第二阶段的回归。

2）三阶段最小二乘法（3SLS）：在 2SLS 的基础上进一步考虑方程之间的相关性，提高估计效率，适用于多个方程之间存在相关性（如共同的随机冲击）的情况。

3）广义矩估计（GMM）：适用于更复杂的模型结构，通过最小化样本矩条件与理论矩条件之间的差异来估计参数，能够处理异方差性和序列相关性。

（2）基本模型示例：产业间联系的联立方程模型

以产业间联系为例的联立方程基本模型包含两个方程，分别描述两个相关产业的生产行为及其相互依赖关系。假设经济中存在两个产业：产业 A 和产业 B，产业 A 的生产依赖于产业 B 的产出，而产业 B 的生产也依赖于产业 A 的产出。这种相互依赖关系可以通过以下联立方程模型来描述：

$$Y_A = \alpha_0 + \alpha_1 Y_B + \alpha_2 K_A + \alpha_3 L_A + \mu_1 \tag{3-24}$$
$$Y_B = \beta_0 + \beta_1 Y_A + \beta_2 K_B + \beta_3 L_B + \mu_2 \tag{3-25}$$

式中，Y 为产业的产出量；K 为产业的资本投入；L 为产业的劳动投入；μ 为随机误差项；下标 A 和 B 表示产业部门 A 和 B。模型中，Y_A 和 Y_B 都是内生变量，因为它们由模型内部决定并互相影响。而 K_A、L_A、K_B 和 L_B 是外生变量，由模型外部给定。由于内生变量的存在，直接使用 OLS 估计会导致偏误，因此需要采用工具变量法或两阶最小二乘法（2SLS）进行估计。

该模型反映了产业 A 和产业 B 之间的相互依赖关系。例如，产业 A 可能是原材料供应商，其产出 Y_A 直接影响产业 B 的生产；而产业 B 可能是制造业，其产出 Y_B 反过来有影响产业 A 的需求。这种双向关系在现实经济中非常常见，尤其是在产业链紧密相关的行业中。

联立方程模型在产业经济学中具有重要的应用价值。例如，可以用于分析上下游产业之间的联动效应、评估产业政策的效果，或者研究技术创新在产业链中的扩散机制。通过捕捉产业间的复杂关系，联立方程模型能够为政策制定者提供科学的分析工具。然而，模型的构建和估计需要谨慎处理识别问题、内生性问题以及数据质量问题。通过合理选择估计方法并结合经济理论，联立方程模型能够为经济现象的解释和预测提供有力支持。

第二节　数据来源与处理

本书的分析数据主要来自全国三次（2004 年、2008 年、2013 年）经济普查、河北省工商注册法人单位数据（2023 年），以及北京、天津、河北 2007 年投入产出表、2017 年投入产出表，北京、天津、河北三省市统计部门与中国科学院地理资源所联合编制的 2017 年京津冀地区间投入产出表。

1. 经济普查数据

本书数据为京津冀三省市 2004 年、2008 年、2013 年三次经济普查的工商注册企业数据，共计 41.4 万条，每一条数据包含企业地址、所属行业、机构代码、法人代表、成立时间、登记注册类型、营业收入、从业人员等信息。2004~2013 年京津冀地区制造业企业数量从 92739 家增加至 172462 家，增长 86.0%（表 3-1）。其中，河北制造业企业数量占比始终超过 50%，2013 年共有 93765 家，比重为 54.4%；北京制造业企业数量占比从 2004 年 26.05% 下降至 19.03%；天津制造业企业数量占比从 20.54% 上升至 26.60%。京津冀地区制造业重心逐渐向河北、天津转移。

与国家统计局公布的经济普查统计数据相比，本书 2004 年、2008 年、2013 年制造业企业数量获取率分别为 78%、100%、100%。可以发现，2008 年、2013 年数据质量较好。尽管 2004 年数据获取不完全，但由于企业数量本身基数大，产业集聚测度依然有效。为提高数据结果的可靠性，后续分析以 2008 年和 2013 年数据为主。数据预处理分为三步：

第一步，根据企业组织机构代码清洗数据。组织机构代码作为国家颁发给依法注册和登记的企事业单位唯一、不变的代码标识，能够有效区分企业。

第二步，通过百度开放平台（http://lbsyun.baidu.com/）提供的地理编码和地点检索服务获取企业的经纬度坐标。地理编码的准确性依赖于给定地址的规范程度和详细程度，对于准确性过低的地址通过地点检索服务获取坐标。地点检索能够较好地处理规范性差的地址。结合两种服务的优势，本书获取坐标过程以地理编码为主，地点检索为辅，流程如图 3-3 所示。综上，乡村企业能精确到村庄，城市企业能精确到街道号牌。

表3-1　北京、天津、河北制造业企业数量　　　　　　　（单位：家）

区域		2004 年		2008 年		2013 年	
本研究收集数据	北京	24158	26.05%	28786	19.41%	32827	19.03%
	天津	19049	20.54%	41305	27.84%	45870	26.60%
	河北	49532	53.41%	78259	52.75%	93765	54.37%
	总数	92739	100.00%	148350	100.00%	172462	100.00%
经济普查统计数据	北京	30869	25.81%	28799	19.41%	33023	19.28%
	天津	30064	25.14%	41354	27.87%	44653	26.08%
	河北	58669	49.05%	78240	52.72%	93568	54.64%
	总数	119602	100.00%	148393	100.00%	171244	100.00%

注：经济普查统计数据来源为国家统计局网站（http://www.stats.gov.cn/）

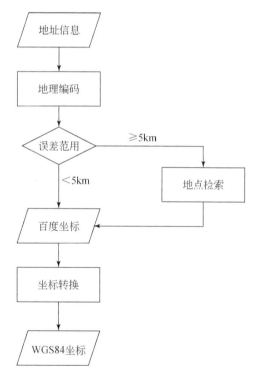

图 3-3　基于百度地图服务的企业点经纬度获取流程图

第三步，利用 ArcGIS 软件实现经纬度坐标的可视化，并根据三省市行政边界再次筛选企业点。经过上述预处理，误差范围大于 5km 的企业点控制在 5% 以下，保证后续分析的准确性。

图 3-4 展示了 2013 年京津冀地区制造业企业点分布，主要集中在京津冀地区中部、南部、东部，特别是北京、天津、廊坊、沧州、衡水、邢台、保定、唐山等城市核心区。

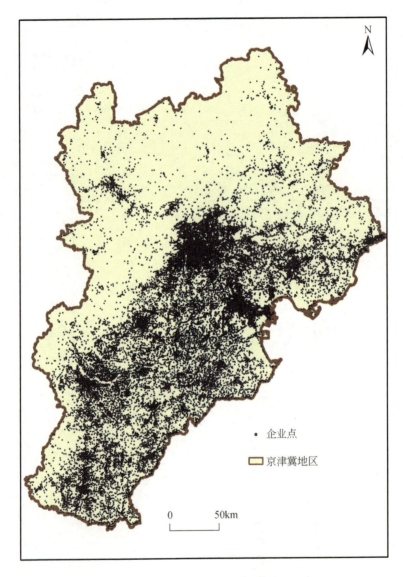

图 3-4　京津冀地区 2013 年制造业企业点分布

本文研究对象为所有制造业行业。参照《国民经济行业分类》，主要包括大类（二位数）和中类（三位数）的行业。2004～2013 年该标准经历了一次调整：2004 年和 2008 年采用《国民经济行业分类》（2002 版）（GB/T 4574—2002），2013 年采用《国民经济行业分类》（2011 版）（GB/T 4574—2011），两个版本的标准变化如表 3-2 所示。

表 3-2　两版国民经济行业分类统一结果

转换方式	GB/T 4574—2002	GB/T 4574—2011
行业合并与拆分	橡胶制品业（29）	橡胶和塑料制品业（29）
	塑料制品业（30）	
	交通运输设备制造业（36）	汽车制造业（36）
		铁路、船舶、航空航天和其他运输设备制造业（37）
内部调整	工艺品制造（421）	工艺美术品制造（243）
	文化、办公用机械制造业（415）	文化、办公用机械制造业（347）
剔除	/	金属制品、机械和设备修理业（43）
	烟草制造业（16）	烟草制造业（16）

注：括号内数字为相应标准分类代码，两位数字和三位数字分别代表大类、中类，下同

2. 投入产出表

投入产出分析采用的数据来自北京、天津、河北的 2007 年和 2017 年投入产出表，以及北京、天津、河北三省市统计部门与中国科学院地理资源所基于详细调查数据联合编制的 2017 年京津冀地区间投入产出表。由于 2011 年国家经济行业分类标准调整，2007 年与 2017 年三省市的投入产出表的部门分类有差异且为 42 个部门的投入产出表，2017 年京津冀地区间投入产出表为 37 个部门的投入产出表。为保持统计口径一致，本书将 2007 年和 2017 年三省市投入产出部门分类合并为 37 个部门（表 3-3）。

表 3-3　京津冀地区间投入产出表的国民经济部门编号及名称

编号	部门名称	编号	部门名称
01	农、林、牧、渔产品和服务	13	金属制品
02	煤炭采选产品	14	通用和专用设备
03	石油和天然气开采产品	15	交通运输设备
04	金属矿采选产品	16	电气机械和器材
05	非金属矿和其他矿采选产品	17	通信设备、计算机和其他电子设备
06	食品和烟草	18	仪器仪表
07	纺织品及其制品	19	其他制造产品和废品废料、金属制品、修理服务
08	木材加工、造纸及文体用品	20	电力、热力的生产和供应
09	石油加工、炼焦产品和核燃料加工品	21	燃气生产和供应
10	化学产品	22	水的生产和供应
11	非金属矿物制品	23	建筑
12	金属冶炼和压延加工品	24	批发和零售

编号	部门名称	编号	部门名称
25	交通运输、仓储和邮政	32	水利、环境和公共设施管理
26	住宿和餐饮	33	居民服务、修理和其他服务
27	信息传输、软件和信息技术服务	34	教育
28	金融	35	卫生和社会工作
29	房地产	36	文化、体育和娱乐
30	租赁和商务服务	37	公共管理、社会保障和社会组织
31	科学研究和技术服务		

根据国家统计局发布的《生产性服务业分类（2019）》，参考胡晓鹏（2008）、顾乃华（2010）、杨仁发（2013a）、高素英等（2021）学者的研究，本书将生产性服务业的研究范围限定在批发和零售，交通运输、仓储和邮政，信息传输、软件和信息技术服务，金融，租赁和商务服务，科学研究和技术服务6个行业（24～25、27～28、30～31）。制造业范围是第二产业中除去采掘业，电力、热力、燃气和水的生产和供应，建筑业以外的其他行业，包括14个行业种类（06～19）。

| 第四章 | 制造业集聚的时空演化特征

本章基于京津冀协同发展战略提出前（2014年）的经济普查企业数据，应用DO指数、核密度分析等方法测度了京津冀地区制造业集聚，从分布、强度、范围三个方面归纳了集聚特征，并对比分析了2004~2013年京津冀地区制造业集聚的演化过程。研究结果表明，2004~2013年京津冀地区已经出现制造业从北京、天津向河北扩散的趋势，特别是一些技术水平较低、劳动力需求较大的制造业，这一现象反映了京津冀地区在去工业化、环境规制趋紧、产业园区整合等作用下的产业空间调整，也为2014年提出京津冀协同发展战略提供了政策依据。

第一节 二位数行业集聚的演化特征

制造业集聚特征归纳为总体情况、集聚强度、集聚范围三个方面，并通过核密度图辅助展示空间分布特征。

1. 制造业集聚的总体演化特征

根据DO指数，我们识别出2004年、2008年、2013年在0~196km范围内具有全局集聚或分散特征的行业数量与比例。2004~2013年京津冀地区制造业集聚的比例从69.0%提升至82.8%（95%置信水平），造纸和纸制品业、黑色金属冶炼和压延加工业、其他制造业、通用设备制造业、废弃资源综合利用业的空间形态从分散转变为集聚，化学纤维制造业从集聚转变为随机（表4-1）。

表4-1 京津冀地区2004年、2008年、2013年集聚、分散、随机分布的行业数量和比例

年份	集聚		分散		随机	
	数量/个	比例/%	数量/个	比例/%	数量/个	比例/%
2004	20	69.0	9	31.0	0	0.0
2008	22	75.9	5	17.2	2	6.9
2013	24	82.8	4	13.8	1	3.3

比较而言，我们计算的集聚比例高于相近年份的英国（52%）、加拿大（52%）、日本（50%）、德国（71%），高于邵朝对等（2018）、陈柯等（2018）、孟美侠等（2019）对中国制造业的研究结果，高于魏海涛等（2020）对长三角地区的研究结果（16%）和袁海红等（2014）对北京的研究结果（40%），而与Brakman等（2017）对中国的研究结

果（77%）相近。对于众多各异的集聚行业比例，在模型方法准确的前提下，京津冀地区制造业集聚比例高的原因主要有三点：

一是该地区制造业在全国具有比较优势，能够不断吸引外部企业和生产要素，因而相比中国和其他国家制造业更为集聚。

二是相比于长三角地区多核心空间结构，该地区北京和天津的地位突出，城市群内部空间结构相对简单，制造业分布具有明确的选择方向。

三是城市内部制造业集聚与区域相比可能存在明显差异，比如集聚范围悬殊等。

制造业集聚比例也会随着空间尺度的变化而变化。首先，各年份集聚行业数量基本满足距离衰减规律（图4-1），表明短距离集聚是制造业发展的重要特征。在中等距离（75~125km）曲线出现反常的"凸起"，这是因为该空间范围内两个及以上中心城市被作为一个区域考察，从而集聚行业数量稍高。其次，2004年数量变化波动性相较2008年和2013年更明显：在短距离（0~50km），2004年集聚行业数量明显低于2008年和2013年；在中等距离（100~125km），2004年集聚数量略高于其他两年；在远距离（150~196km），2004年集聚行业数量又明显低于其他两年。波动性减小说明随着京津冀一体化发展，制造业集聚在各空间尺度的差异逐渐缩小，制造业开始向城市边缘地区蔓延。

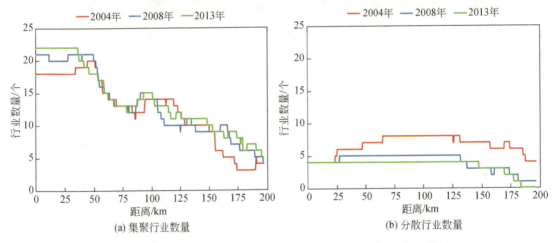

图4-1　京津冀地区各距离上具有集聚/分散特征的制造业行业数量

2. 制造业集聚强度的演化特征

集聚强度反映了制造业对于集聚优势的依赖程度，不同行业的集聚强度差异较大。以2013年为例，电子设备制造业，运输设备制造业，家具制造业，仪器仪表制造业，纺织服装服饰业，皮革、毛皮、羽毛及其制品和制鞋业的集聚强度较高，而农副食品加工业、饮料制造业[①]、非金属矿物制品业的分散强度较高（表4-2）。

---

① 酒、饮料和精制茶制造业简称饮料制造业。

表 4-2 京津冀地区 2013 年制造业行业的集聚/分散强度

分类		行业	集聚强度（Γ）/分散强度（Ψ）
全局集聚行业	高集聚强度	计算机、通信和其他电子设备制造业（39）	0.570
		铁路、船舶、航空航天和其他运输设备制造业（37）	0.545
		家具制造业（21）	0.475
		仪器仪表制造业（40）	0.412
		纺织服装、服饰业（18）	0.376
		皮革、毛皮、羽毛及其制品和制鞋业（19）	0.309
	中集聚强度	其他制造业（41）	0.222
		金属制品业（33）	0.215
		造纸和纸制品业（22）	0.200
		印刷和记录媒介复制业（23）	0.198
		电气机械和器材制造业（38）	0.184
		废弃资源综合利用业（42）	0.165
		有色金属冶炼和压延加工业（32）	0.147
		橡胶和塑料制品业（29）	0.103
		木材加工和木、竹、藤、棕、草制品业（20）	0.101
	低集聚强度	医药制造业（27）	0.094
		文教、工美、体育和娱乐用品制造业（24）	0.089
		专用设备制造业（35）	0.082
		汽车制造业（36）	0.061
		纺织业（17）	0.054
		黑色金属冶炼和压延加工业（31）	0.029
		通用设备制造业（34）	0.026
		石油加工、炼焦和核燃料加工业（25）	0.013
		化学原料和化学制品制造业（26）	0.008
全局分散行业	高分散强度	农副食品加工业（13）	0.331
	中分散强度	非金属矿物制品业（30）	0.279
		酒、饮料和精制茶制造业（15）	0.239
	低分散强度	食品制造业（14）	0.056

注：强度按照"0~0.1、0.1~0.3、0.3以上"标准划分为"低、中、高"三个级别；烟草制品业（16）所属企业数量过少（低于10家），影响估计结果，作剔除处理；化学纤维制品业（28）空间形态为既不集聚也不分散，未在表中列出

京津冀地区技术密集型（电子设备、运输设备、仪器仪表制造业等）和劳动密集型（服装服饰、皮革、家具制造业等）制造业具有较高的集聚水平，而与食品业相关或资源依赖性较强的行业较为分散，几个典型行业的空间分布也支持了这一观点（图 4-2）。

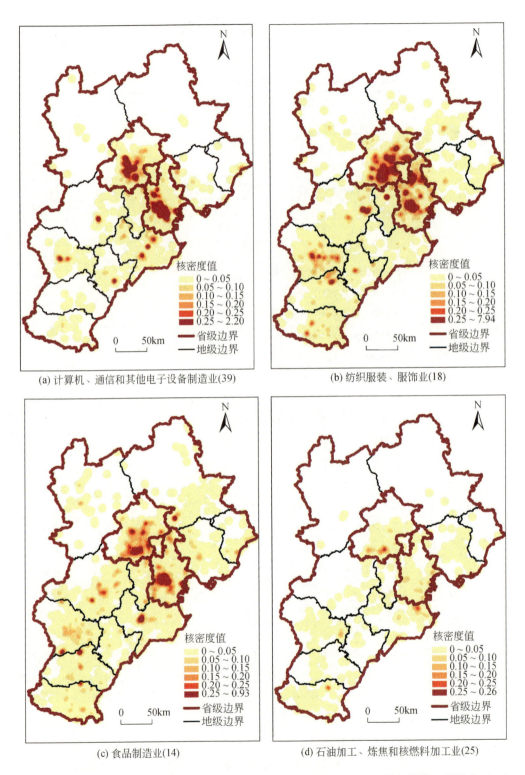

(a) 计算机、通信和其他电子设备制造业(39)

(b) 纺织服装、服饰业(18)

(c) 食品制造业(14)

(d) 石油加工、炼焦和核燃料加工业(25)

图4-2　京津冀地区2013年计算机、通信和其他电子设备制造业（39），纺织服装、服饰业（18），
食品制造业（14），石油加工、炼焦和核燃料加工业（25）的空间分布

从时间演化角度看，2004～2013年京津冀地区制造业的平均集聚强度在减弱。2004年、2008年和2013年制造业平均集聚强度分别为0.181、0.180和0.161。2008～2013年制造业平均集聚强度减小10.5%，而2004～2008年仅减小0.6%。其中，运输设备制造业，仪器仪表制造业，文教、工美、体育和娱乐用品制造业，医药制造业，纺织业，电子设备制造业的集聚强度减小明显。

与集聚比例相似，各年制造业集聚指数随空间尺度变化也基本符合距离衰减规律，而且短距离（0～50km）的衰减速度大于其他空间尺度，说明50km是制造业发展的最适宜边界。另外，2004年集聚指数变化波动性明显大于2008年和2013年：在短距离（0～50km）和中等距离（75～125km），2004年集聚指数明显强于其他两年，而在长距离（150～196km）又弱于其他两年。2013年京津冀地区制造业集聚指数距离衰减较为平缓，甚至在175～196km集聚指数有所增加（图4-3），说明京津冀地区制造业在更广泛的空间尺度都在逐渐发生集聚，各空间尺度的集聚差异在缩小。虽然城市核心区依然是制造业集聚的主要区域，但是边缘区正在逐渐成为制造业集聚的拓展方向。

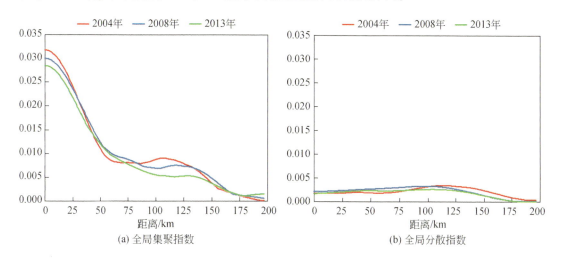

图4-3　京津冀地区各距离上全局集聚指数/分散指数

3. 制造业集聚范围的演化特征

集聚范围是经济活动在空间上能够产生相互作用的区间，其边界与大小是产业集聚区别于随机分布的关键参数，对产业布局有重要意义。集聚指数极大值发生的空间尺度是另一个重要指标，反映产业集聚的最适宜空间尺度。不同制造业行业一般都具有各自的集聚范围和适宜的空间尺度。

以2013年为例，京津冀地区废弃资源综合利用业，纺织业，专用设备制造业，仪器仪表制造业，有色金属加工业，文教、工美、体育和娱乐用品制造业具有两段集聚范围，且第一段基本为短距离（0～50km），另一段多为中长距离（100～196km）（图4-4）。

结合城市直径和相邻城市间距离，具有两段集聚范围说明该行业存在两个以上的集聚

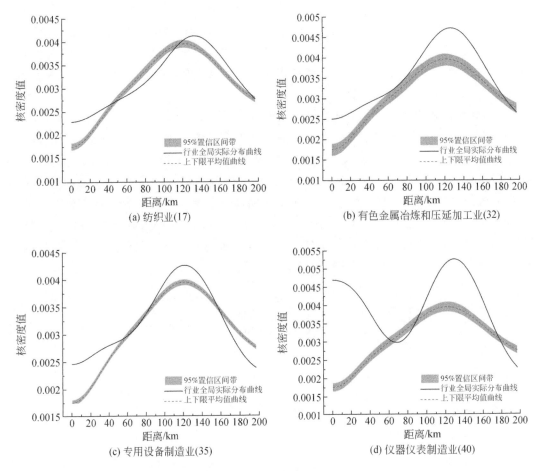

图 4-4　京津冀地区 2013 年纺织业（17）、有色金属冶炼和压延加工业（32）、专用
设备制造业（35）和仪器仪表制造业（40）的空间形态曲线

中心，在京津冀地区多以北京、天津为代表，这一点也得到多个行业分析结果的支持。对于单一集聚范围，多数行业在中短距离（0～100km）集聚，特别是医药制造业，木材加工和木、竹、藤、棕、草制品业，家具制造业，纺织服装、服饰业，皮革、毛皮、羽毛及其制品和制鞋业，运输设备制造业、电子设备制造业等在短距离（0～50km）集聚明显，这些行业多是一些技术密集型和劳动密集型的行业。只有石油加工、炼焦和核燃料加工业表现出典型的长距离（150～196km）集聚的特点。该行业资本密度高、企业规模大且多是国有企业，具有较成熟完备的生产体系，对其他企业的依赖性较低，为了服务更大的市场范围和避免同行业竞争，分布较为分散。另外，集聚范围区间大小平均值为 113.5km，金属制品业、造纸和纸制品业、汽车制造业、电气机械和器材制造业几乎在全局范围内均集聚（表 4-3）。

表4-3 京津冀地区 2013 年各制造业集聚范围及集聚指数极大值发生的空间尺度

行业	首个集聚范围 /km	指数极大值 空间尺度/km	集聚范围 大小/km
废弃资源综合利用业（42）	0.0~36.1	0.0	55.0
黑色金属冶炼和压延加工业（31）	0.0~36.9	0.0	36.9
纺织业（17）	0.0~39.6	0.0	108.0
通用设备制造业（34）	0.0~41.1	0.0	41.1
化学原料和化学制品制造业（26）	0.0~45.4	7.7	45.4
专用设备制造业（35）	0.0~53.0	0.0	118.0
医药制造业（27）	0.0~58.0	0.0	58.0
仪器仪表制造业*（40）	0.0~58.4	0.0	139.1
有色金属冶炼和压延加工业（32）	0.0~61.5	129.1	159.5
木材加工和木、竹、藤、棕、草制品业（20）	0.0~67.6	0.0	67.6
文教、工美、体育和娱乐用品制造业（24）	0.0~78.0	0.0	91.9
其他制造业（41）	0.0~100.7	0.0	100.7
铁路、船舶、航空航天和其他运输设备制造业*（37）	0.0~102.2	0.0	102.2
家具制造业*（21）	0.0~114.2	46.1	114.2
纺织服装、服饰业*（18）	0.0~116.5	0.0	116.5
印刷和记录媒介复制业（23）	0.0~125.7	31.1	125.7
皮革、毛皮、羽毛及其制品及制鞋业*（19）	0.0~148.0	0.0	148.0
计算机、通信和其他电子设备制造业*（39）	0.0~162.6	0.0	162.6
电气机械和器材制造业（38）	0.0~176.8	136.1	176.8
造纸和纸制品业（22）	0.0~178.7	57.3	178.7
橡胶和塑料制品业（29）	39.6~194.5	86.9	154.9
石油加工、炼焦和核燃料加工业（25）	166.4~196.4	196.4	30.0
金属制品业（33）	0.0~196.4	186.4	196.4
汽车制造业（36）	0.0~196.4	90.7	196.4

注：有6个行业空间形态曲线表现为双峰，即存在两个集聚范围，表中只列出第一个范围。行业顺序按照首个集聚范围最远边界大小升序排列。集聚范围大小计算时考虑两个集聚范围的情形。"＊"行业表示具有高集聚强度

　　集聚指数极大值发生的空间尺度多为50km以内，平均值为40.3km（表4-3）。有色金属加工业，电气机械和器材制造业，石油加工、炼焦和核燃料加工业，金属制品业，汽车制造业，橡胶塑料制品业的集聚指数极大值发生的空间尺度多为中长距离（图4-5）。

　　结合时间演化特征的研究表明，2004~2013年京津冀地区制造业集聚范围在扩大。图4-6展示了各行业集聚发生的最大空间尺度和集聚指数极大值所在空间尺度的位序分布。

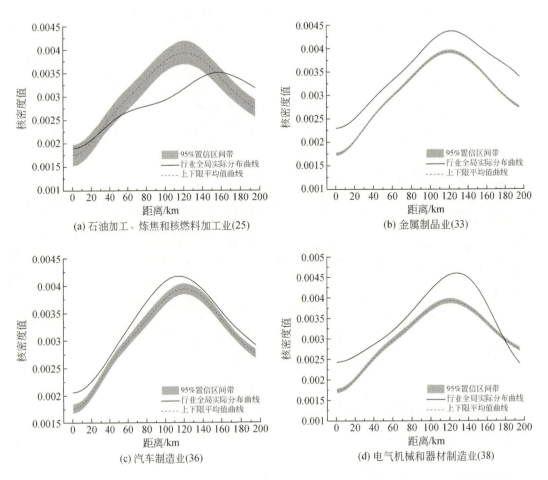

图4-5　京津冀地区2013年石油加工、炼焦和核燃料加工业（25），金属制品业（33），汽车制造业（36），
电气机械和器材制造业（38）的空间形态曲线

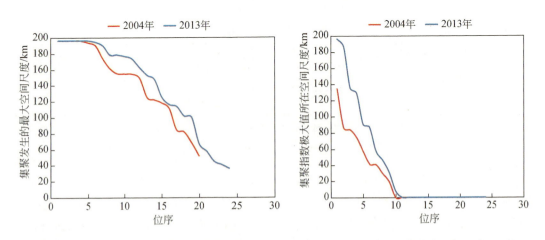

图4-6　京津冀地区制造业集聚发生的最大空间尺度/集聚指数极大值所在空间尺度

2013 年相同位序行业集聚发生的最大空间尺度大于 2004 年，并且集聚指数极大值所在的空间尺度也明显大于 2004 年。集聚指数极大值所在平均空间尺度从 28.4km 提升至 40.3km。这些都说明制造业在向外蔓延，集聚范围在扩大。计算机通信和其他电子设备制造业（图4-7），家具制造业，汽车制造业等集聚范围扩大很明显。

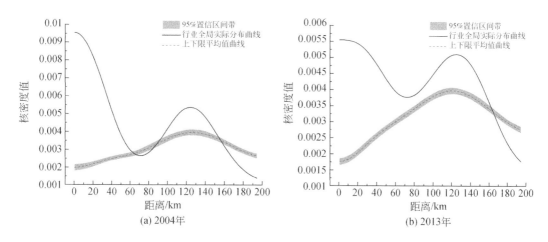

图 4-7 京津冀地区 2004 年和 2013 年计算机、通信和其他电子设备制造业（39）的空间形态曲线

综上所述，京津冀地区制造业的集聚行业数量和集聚指数均随距离呈现衰减规律，短距离（0~50km）是多数制造业集聚发展的适宜范围。2004~2013 年京津冀地区制造业集聚的演化特征表现为：集聚行业数量越来越多，集聚强度逐渐减弱，集聚范围逐渐增大。这些特征表明区域内制造业逐渐从两个中心城市向河北转移，也说明京津冀协同，特别是产业协同开始具备基础和条件，国家在这个时候提出京津冀协同发展战略契合了经济发展的客观规律。

第二节 三位数行业集聚的演化特征

本章第一节主要是基于二位数行业展开的分析，那么这些结论是否适用于更精细的三位数行业呢？本节将针对 2004 年和 2008 年 162 个、2013 年 168 个三位数制造业行业展开进一步分析。需要说明的是，烟叶复烤、卷烟制造、其他烟草制品加工、核燃料加工等行业所属企业数量过少，作剔除处理。

1. 三位数制造业集聚的总体演化特征

根据 DO 指数模型，在 95% 置信水平判断各年制造业三位数行业具有不同空间分布特征的数量与比例。2004~2013 年具有集聚特征的行业从 124 个增加至 129 个，占所有行业的比例先增后减，波动并不明显，维持在 77% 左右（表4-4）。

表4-4 京津冀地区2004年、2008年、2013年集聚、分散、随机分布的行业数量

年份	集聚		分散		随机		行业总数/个	平均集聚强度
	数量/个	比例/%	数量/个	比例/%	数量/个	比例/%		
2004	124	76.5	22	13.6	16	9.9	162	0.254
2008	127	78.4	27	16.7	8	4.9	162	0.241
2013	129	76.8	29	17.3	10	5.9	168	0.200

表4-4 说明制造业空间分布具有选择性，大部分行业在空间上趋于集聚，少部分行业倾向于分散。2004~2013年京津冀地区制造业集聚行业比例平均值为77%，该比例与二位数分类下的计算结果接近，说明该值较准确地反映了京津冀地区制造业的真实情况。但从时间演化上看，2004~2013年三位数行业的集聚比例较平稳，并没有表现出二位数行业集聚比例增加的趋势，可能原因是部分相同二位数行业下的三位数行业空间形态有差异，基于二位数行业的总体分析结果无法展现出来。

2. 三位数制造业集聚强度的演化特征

根据公式（3-6）计算各行业集聚强度，并依据定义计算各年制造业平均集聚强度。2004~2013年制造业的平均集聚强度持续降低，从0.254减小至0.200，下降约21.1%。各行业集聚强度分布具有长尾效应，大部分行业（约75%）集聚强度低于0.4，分散强度分布较均匀（图4-8）。相比二位数分类结果，三位数分类下的行业集聚强度更精细，平均集聚强度更大，但2004~2013年强度依然呈减弱趋势。

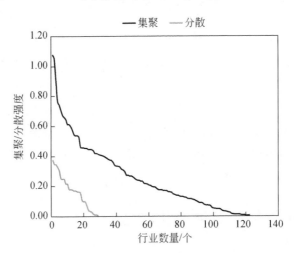

图4-8 京津冀地区2013年三位数制造业行业集聚/分散强度的分布

同时，大部分三位数行业与二位数行业表现为相似的空间形态（表4-5）。有13个二位数集聚行业所属的三位数行业也呈现集聚形态。另外，在集聚强度上也有相似，例如自

行车制造（376）、摩托车制造（375）与上一级铁路、船舶、航空航天和其他运输设备制造业（37）具有极高的集聚强度。但也有少部分三位数行业与上一级的二位数行业表现出较大差异，如竹藤家具制造（212）表现为分散，而木质家具制造（211）和其他家具制造（219）表现为高度集聚。非金属矿物制品业（30）表现为中等分散，而陶瓷制品制造（307）表现为中等集聚。

表 4-5　二位数与三位数制造业行业的集聚关系比较（2013 年）

	行业名称	所属三位数行业总数量	各空间分布形态行业数量			集聚行业比例/%
			集聚	分散	随机	
18	纺织服装、服饰业	3	3	0	0	100
19	皮革、毛皮、羽毛及其制品及制鞋业	5	5	0	0	100
23	印刷和记录媒介复制业	3	3	0	0	100
24	文教、工美、体育和娱乐用品制造业	6	6	0	0	100
25	石油加工、炼焦和核燃料加工业	2	2	0	0	100
27	医药制造业	7	7	0	0	100
29	橡胶和塑料制品业	2	2	0	0	100
33	金属制品业	9	9	0	0	100
37	铁路、船舶、航空航天和其他运输设备制造业	7	7	0	0	100
38	电气机械和器材制造业	8	8	0	0	100
40	仪器仪表制造业	5	5	0	0	100
41	其他制造业	3	3	0	0	100
43	金属制品机械和设备修理业	7	7	0	0	100
34	通用设备制造业	9	8	1	0	89
39	计算机、通信和其他电子设备制造业	8	7	0	1	88
21	家具制造业	5	4	0	1	80
31	黑色金属冶炼和压延加工业	5	4	1	0	80
36	汽车制造业	5	4	1	0	80
17	纺织业	8	6	0	2	75
22	造纸和纸制品业	3	2	0	1	67
35	专用设备制造业	9	6	3	0	67
30	非金属矿物制品业	9	5	4	0	56
20	木材加工和木、竹、藤、棕、草制品业	4	2	2	0	50
26	化学原料和化学制品制造业	8	4	4	0	50
28	化学纤维制造业	2	1	0	1	50
32	有色金属冶炼和压延加工业	6	3	1	2	50
42	废弃资源综合利用业	2	1	1	0	50

续表

行业名称		所属三位数行业总数量	各空间分布形态行业数量			集聚行业比例/%
			集聚	分散	随机	
14	食品制造业	7	3	3	1	43
13	农副食品加工业	8	2	5	1	25
15	酒、饮料和精制茶制造业	3	0	2	1	0

2004~2013 年京津冀地区大部分三位数行业的集聚强度在降低,行业之间强度差异在缩小,极差从 1.22 变为 1.08。根据集聚强度排名（表 4-6）,2004 年航空航天器制造、电子计算机制造、自行车制造、装订及其他印刷服务活动、其他电子设备制造等集聚强度高;2013 年金属丝绳及其制品制造、自行车制造、摩托车制造、文化办公用机械制造、金属家具制造等行业集聚强度高。

表 4-6　京津冀地区 2004 年、2008 年和 2013 年集聚强度排在前 10 位的三位数制造业行业

行业	2004 年	行业	2008 年	行业	2013 年
航空航天器制造	1.22	皮革鞣制加工	1.09	金属丝绳及其制品制造	1.09
电子计算机制造	1.12	自行车制造	1.07	自行车制造	1.06
自行车制造	1.10	其他未列明制造业	0.94	摩托车制造	0.90
装订及其他印刷服务活动	1.07	航空航天器制造	0.92	文化、办公用机械制造	0.78
其他电子设备制造	1.01	船舶及浮动装置制造	0.90	金属家具制造	0.74
船舶及浮动装置制造	1.01	装订及其他印刷服务活动	0.84	电子元件制造	0.71
通用设备制造	0.92	电子计算机制造	0.80	皮革制品制造	0.69
专用仪器仪表制造	0.91	电子元件制造	0.75	航空航天器及设备制造	0.66
皮革鞣制加工	0.90	医疗仪器设备及器械制造	0.75	毛皮鞣制及制品加工	0.66
生物生化制品制造	0.83	金属家具制造	0.74	皮革鞣制加工	0.65

注：全局总集聚强度理论取值范围为 0~1,为简化计算,本书直接将 512 个离散距离上的结果相加,其结果扩大为原来的 2.63 倍

整体上看,2004~2013 年集聚行业变化不大,多为技术密集型和劳动密集型制造业。这一结论与二位数行业分类的结果一致,进一步说明行业生产要素密集度与空间形态存在强相关性。

3. 三位数制造业集聚范围的演化特征

对于三位数制造业,依然从集聚范围和集聚指数极大值所在空间尺度分析制造业集聚的空间特征。2013 年共有 129 个行业在 0~196km 发生集聚,其中 89 个行业仅有一段集聚范围,39 个行业有两段集聚范围,有且仅有 1 个行业（橡胶制品业）有三段集聚范围（图 4-9）。

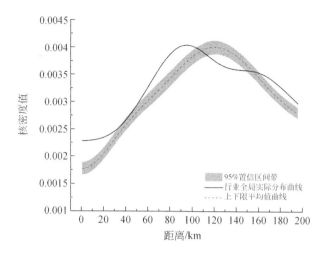

图 4-9 京津冀地区 2013 年橡胶制品业（291）的空间形态曲线

约有 65% 的集聚行业在 0~80km 范围内集聚，第一段集聚范围区间平均为 75km。拥有两段集聚范围的行业多属于电子设备制造业，电气机械和器材制造业，仪器仪表制造业，皮革、毛皮、羽毛及其制品和制鞋业等，第二段集聚范围区间平均大小为 43km。总的集聚范围区间平均大小为 89km。三位数集聚行业第一段集聚范围、第二段集聚范围和总集聚范围的区间大小相比二位数集聚行业（分别为 99km、57km 和 114km）均要小。原因可能是精细的行业分类更能识别行业内企业间紧密的联系。约有 74% 的行业集聚指数极大值所在空间尺度在 0km，仅有 10% 的行业该值超过 50km，平均空间尺度仅为 15km，这进一步说明制造业在短距离集聚的特点。

从时间演变角度看，2004~2013 年京津冀地区三位数制造业呈现集聚范围缩小趋势。2013 年集聚发生的最大空间尺度在位序 60~100 小于 2004 年，并且这一特征在集聚指数极大值所在空间尺度指标更加明显（图 4-10）。

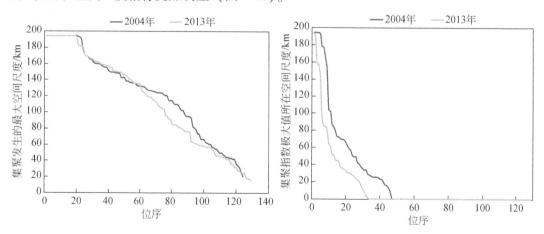

图 4-10 京津冀地区 2013 年三位数制造业集聚发生的最大空间尺度和集聚指数极大值所在空间尺度

2013 年集聚指数极大值所在空间尺度平均值为 15km, 远小于 2004 年的 27km。可以发现, 三位数制造业集聚范围变化与二位数制造业的结果刚好相反。可能的解释是, 尽管同属于一个二位数行业, 但部分三位数行业空间形态差异依然明显, 这一点在集聚强度中也有体现。因此, 二位数行业内大多数企业间可能并没有很强的联系, 而三位数分类更精确地识别出企业间联系。也就是说, 京津冀地区 2004~2013 年制造业集聚范围在扩大, 其中也伴随着三位数行业集聚范围的缩小过程, 整体的集聚效益在提升。当然, 这需要更多的证据支持。

第三节　小　　结

尽管我们已经发现二位数制造业的集聚行业数量和集聚指数随距离衰减, 但局限于二位数行业分类, 本节针对三位数行业展开论述。制造业集聚与距离的关系如图 4-11 展示。

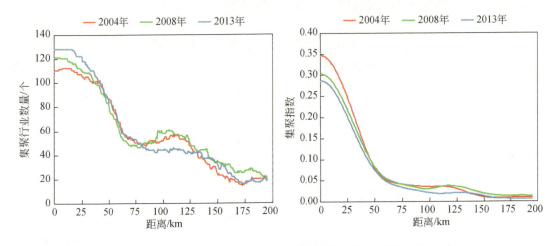

图 4-11　京津冀地区各距离上的集聚行业数量/集聚指数

集聚行业的数量和集聚指数在 0~50km 范围内随着距离增大而迅速衰减, 在 50~196km 下降平缓, 并且在 110km 处两者均有一个"凸起", 特别是在 2004 年和 2008 年表现更为明显。0~50km 是企业沟通与产业关联最频繁、最高效的范围, 比如知识技术学习、中间产品运输、劳动力人才共享等活动, 而在更大距离上交通运输成本是发生联系的主要限制因素。同时, 将距离与现实地理空间对应, 集聚行业数量与集聚指数随距离的变化恰好反映出产业集聚从单一城市内部到多个城市之间的演变过程。0~50km 是城市内部产业发展的核心区域, 各种要素集聚带来巨大的外部性收益。110km 接近两个城市间的距离, 凸起是因为在该距离上两个城市间的产业集聚高于城市内部边缘区的集聚, 这间接说明城市间的产业联系。

本章研究表明:

1) 2004~2013 年京津冀地区制造业集聚行业数量从 20 个增加至 24 个, 比例从 69.0% 提高至 82.8%。制造业集聚多发生在 0~50km 的短距离范围。针对三位数制造业,集聚行业数量比例约为 77.2%。

2）2004～2013 年京津冀地区制造业集聚强度在减弱，从 0.181 下降至 0.161，下降幅度达到 11.0%。其中，技术密集型和劳动密集型制造业集聚强度较高，而与食品业相关或资源依赖性较强的行业分散强度较高。

3）2004～2013 年京津冀地区二位数制造业的集聚范围在扩大，集聚指数极大值发生的平均空间尺度从 28.4km 提升至 40.3km。

上述二位数行业的特征分析结果在三位数分类下依然较稳健。

第五章　　制造业集聚的异质性分析

异质性分析的概念最早可以追溯到统计学的早期发展，但其在实证研究中的广泛应用则始于近几十年。随着数据科学和统计方法的不断进步，研究者们开始意识到，仅仅依赖于总体平均效应可能无法全面反映真实情况，而异质性分析则为深入探索不同子群体之间的差异提供了有力工具。近年来，随着机器学习和数据挖掘技术的发展，异质性分析的方法和手段也得到极大丰富和拓展。本章将主要基于区域、行业、企业三个维度开展异质性分析，旨在探讨不同样本在制造业集聚特征方面的差异性表现。

第一节　　区域维度的异质性分析

产业发展需要特定空间，不同空间由于在经济、社会、文化、历史等方面存在差异从而形成各具特色的产业体系。本节主要从两个层次解析京津冀地区制造业集聚的区域异质性：一是基于京津冀整体的制造业集聚异质性；二是基于省市的制造业集聚异质性。

1. 基于京津冀整体的制造业集聚异质性

本节研究方法上的改进在于 DO 指数计算第二步的反事实实验模拟，其随机采样仅在该行业的所有企业位置信息中进行，而非所有行业的企业中。该处理在于控制行业间的差异，深入比较行业在不同区域形成的空间形态差异。也就是说，区别于第四章强调行业间的差异，本节更关注区域层面的差异。

研究结果表明，2013 年 100% 的行业在北京和天津发生集聚，而在河北发生集聚的行业比例仅为 79.3%。各行业在北京和天津的集聚范围几乎均为 0~100km，集聚指数极大值发生在 50km 附近，而在河北的集聚范围小且可能存在多段。图 5-1 展示了三省市汽车制造业的空间形态曲线。北京和天津的分布曲线呈现倒"U"形，而河北表现出一定的复杂性，具有三段集聚范围（0~12km、52~70km、141~196km）。北京行业集聚的平均强度为 1.70，略高于天津的 1.68，而河北的平均集聚强度仅为 0.09，仅纺织业，皮革、毛皮、羽毛及其制品和制鞋业，木材加工业，文教、工美、体育和娱乐用品制造业的集聚强度相对较高（图 5-2），并且大多数行业的集聚范围为远距离（150~196km）。

上述特征的主要原因在于北京和天津属于城市范畴，而河北属于区域范畴，因而城市内部的产业空间形态与区域内多城市组合下的空间形态显然是有差异的。一般而言，城市的空间范围不会超过 200km，并且多围绕一个中心发展，而以省份为代表的区域空间范围多超过 500km，且存在多个相互协作的发展中心。因此，行业在城市内部表现得更为集聚，倒"U"形特征明显，而在省域内表现出复杂的空间形态。

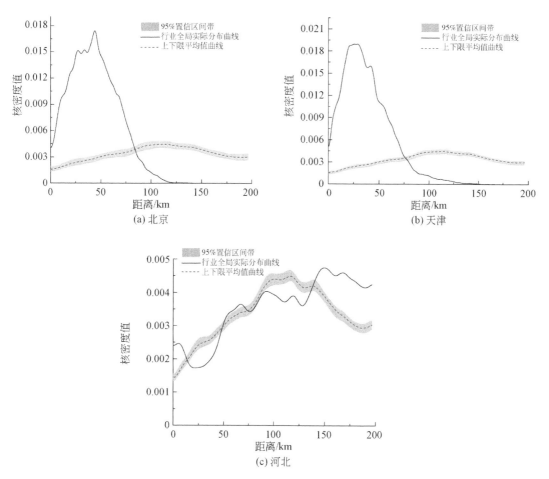

图 5-1　北京、天津、河北 2013 年汽车制造业的空间形态曲线

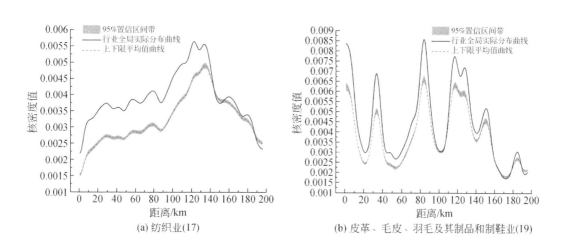

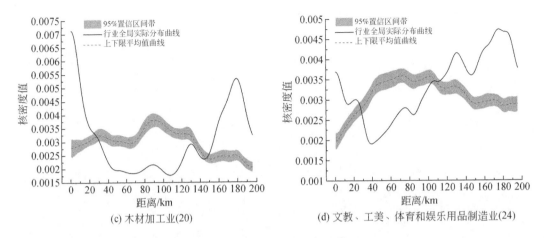

(c) 木材加工业(20)

(d) 文教、工美、体育和娱乐用品制造业(24)

图 5-2　河北 2013 年纺织业（17），皮革、毛皮、羽毛及其制品和制鞋业（19），木材加工和木、竹、藤、
棕、草制品业（20），文教、工美、体育和娱乐用品制造业（24）的空间形态曲线

2. 基于省市的制造业集聚异质性

　　研究结果表明，如果依然基于京津冀地区比较制造业集聚的区域异质性，则会存在一个先验性的不足，即三省市的空间范围差别过大，这可能导致产业在城市内相比省域内更集聚。例如，汽车制造业在北京和天津的集聚范围不超过 80km，而在河北的 150km 范围依然有联系（图 5-1）。因此，本节进一步在控制空间范围干扰下比较制造业集聚的区域异质性。具体方案是分别针对三省市展开计算，判断空间形态的距离区间上限（d_0）则根据研究区的空间范围分别设定。本研究将其设为空间范围最大距离的 1/4，所以北京、天津、河北的距离区间上限分别为 52km、47km、196km。该方案类似于针对不同空间范围的区域使用不同的"尺子"去测度产业集聚。必须指出，尽管该方法能够解决不同研究区域产业集聚无法比较的问题，但其合理性值得探讨。表 5-1 统计了北京、天津、河北不同行业的企业数量。

表 5-1　北京、天津、河北 2004 年、2008 年和 2013 年不同行业的企业数量

（单位：家）

行业		2004 年			2008 年			2013 年		
		北京	天津	河北	北京	天津	河北	北京	天津	河北
13	农副食品加工业	617	459	3441	723	1182	4740	904	952	3799
14	食品制造业	804	507	1232	822	951	2068	935	882	2158
15	酒、饮料和精制茶制造业	324	195	672	308	259	1103	382	222	1122
16	烟草制品业	1	2	4044	2	1	4	1	1	4
17	纺织业	626	774	1071	580	1313	4529	438	978	5152
18	纺织服装、服饰业	1378	819	869	2000	1871	1682	2622	1487	1967

续表

	行业	2004 年			2008 年			2013 年		
		北京	天津	河北	北京	天津	河北	北京	天津	河北
19	皮革、毛皮、羽毛及其制品和制鞋业	166	176	985	173	311	1624	236	341	3707
20	木材加工和木、竹、藤、棕、草制品业	443	267	1064	592	541	1415	872	693	1580
21	家具制造业	892	280	2104	1142	768	1492	1357	798	1296
22	造纸和纸制品业	679	688	1403	811	1294	2411	888	1289	1858
23	印刷和记录媒介复制业	1045	600	737	1433	992	2036	1529	1247	2663
24	文教、工美、体育和娱乐用品制造业	623	576	260	630	1657	1198	726	1347	2162
25	石油加工、炼焦和核燃料加工业	202	83	2812	169	151	395	193	182	482
26	化学原料和化学制品制造业	1887	1555	259	1795	2624	4599	1873	2604	5206
27	医药制造业	410	171	66	483	364	488	539	427	722
28	化学纤维制造业	32	26	3475	28	51	174	30	54	223
29	橡胶和塑料制造业	1204	1379	8223	1449	2748	5475	1593	2727	6688
30	非金属矿物制品业	2085	874	1115	2156	1739	11210	2510	2124	9856
31	黑色金属冶炼和压延加工业	200	300	626	129	856	1479	328	1317	3062
32	有色金属冶炼和压延加工业	199	244	3479	206	451	1209	240	570	1246
33	金属制品业	2798	2265	5247	2902	5468	6980	3750	6619	11697
34	通用设备制造业	1801	2239	1824	2603	4837	9916	2892	5677	9587
35	专用设备制造业	1601	1043	803	2036	2591	3633	2247	3886	5948
36	汽车制造业	344	443	1001	566	862	1703	721	1088	2339
37	铁路、船舶、航空航天和其他运输设备制造业	504	959	1589	599	2199	1704	201	1591	1064
38	电气机械和器材制造业	1181	967	268	1758	1991	3079	1924	2449	4743
39	计算机、通信和其他电子设备制造业	1018	451	256	1303	1397	616	1119	1784	931
40	仪器仪表制造业	808	472	445	1051	858	593	1025	885	822
41	其他制造业	246	210	161	273	630	426	245	701	595
42	废弃资源综合利用业	39	25	3441	63	326	277	72	373	472

表5-2展示了2004年、2008年、2013年三省市制造业在各自范围内呈现集聚、分散、随机分布的行业数量和比例（95%置信水平）。其中，2013年北京、天津、河北分别有15个、16个、23个行业集聚，11个、12个、5个行业分散，3个、1个、1个行业随机分布。河北有更多的集聚行业，特别是在京津两市表现为分散的纺织业、橡胶与塑料制品业、造纸和纸制品业等在河北发生集聚。这一结果与基于京津冀整体的制造业集聚异质性结论相反，原因是本节三省市判断空间形态的距离上限不同，而考察京津冀地区整体时三省市的区间相同。另外，针对这一结果，本研究认为可能的原因：一是北京和天津在城市有限空间内只能发展若干个高级主导产业，而河北各城市空间充足，多个产业能够错位发

展，形成地方特色，比如保定高阳被称为纺织之乡、安国被称为药都。二是一些低端产业从两个核心城市向河北转移，比如纺织业。2008~2013年北京的纺织业企业数量减少142家，天津减少335家，而河北则增加624家。

表5-2 北京、天津、河北2004年、2008年、2013年集聚、分散、随机分布的行业数量和比例

区域		集聚		分散		随机		平均集聚强度
		数量/个	比例/%	数量/个	比例/%	数量/个	比例/%	
2004年	北京	19	65.5	3	10.3	7	24.1	0.387
	天津	17	58.6	10	34.5	2	6.9	0.448
	河北	25	86.2	4	13.8	0	0.0	0.159
2008年	北京	20	69.0	5	17.2	4	13.8	0.412
	天津	20	69.0	6	20.7	3	10.3	0.654
	河北	25	86.2	4	13.8	0	0.0	0.181
2013年	北京	15	51.7	11	37.9	3	10.3	0.324
	天津	16	55.2	12	41.4	1	3.4	0.551
	河北	23	79.3	5	17.2	1	3.4	0.168

在时间变化上，2004~2013年三省市集聚行业数量均在减少，分散行业数量均在增加，并且2008年前后两阶段可能存在相反的变化趋势，这可能意味着政策发生了较大变化。具体来看，北京的农副食品加工、造纸和纸制品业、化学原料和化学制品制造业、橡胶和塑料制品业、非金属矿物制品业、汽车制造业；天津的纺织服装、服饰业，橡胶塑料制品业；河北的农副食品加工业、其他制造业从集聚转变为分散。

表5-3 北京、天津、河北制造业行业的集聚、分散强度（2013年）

集聚/分散	北京		天津		河北	
	行业代码	集聚强度	行业代码	集聚强度	行业代码	集聚强度
全局集聚行业	39	1.994	42	4.421	19	0.824
	40	1.959	40	2.240	17	0.535
	18	1.430	39	1.952	38	0.369
	23	0.752	38	1.377	32	0.303
	37	0.670	37	1.100	28	0.292
	21	0.638	35	1.070	33	0.291
	35	0.509	31	0.735	36	0.289
	20	0.463	34	0.591	29	0.281
	25	0.400	27	0.560	20	0.273

集聚/分散	北京		天津		河北	
	行业代码	集聚强度	行业代码	集聚强度	行业代码	集聚强度
全局集聚行业	19	0.366	23	0.557	27	0.233
	31	0.065	41	0.335	37	0.216
	33	0.064	36	0.316	24	0.213
	32	0.039	26	0.249	39	0.205
	38	0.028	24	0.216	21	0.125
	27	0.026	33	0.182	18	0.077
			32	0.084	22	0.077
					31	0.075
					40	0.052
					26	0.039
					25	0.036
					23	0.030
					34	0.017
					42	0.009
全局分散行业	15	1.216	13	2.188	15	0.340
	30	0.619	15	1.010	30	0.332
	13	0.617	18	0.903	13	0.297
	29	0.602	22	0.612	35	0.122
	41	0.464	30	0.587	14	0.109
	26	0.270	25	0.480		
	22	0.188	14	0.386		
	36	0.138	17	0.320		
	14	0.064	21	0.191		
	17	0.059	19	0.064		
	34	0.018	29	0.037		
			20	0.018		

注：行业代码与名称对应参见表5-1

三省市在集聚强度上表现出强烈的区域异质性。首先，天津制造业的集聚强度最高，北京次之，河北最低。2013年北京、天津、河北制造业的平均集聚强度分别为0.324、0.551、0.168（表5-2）。2004~2013年三省市制造业平均集聚强度均经历了先增加后减小的过程，若仅比较2004与2013年，天津、河北制造业集聚强度分别增加23.0%和5.3%，而北京减小16.3%。该变化更为精细地刻画了区域内部三省市的制造业集聚与分散过程。2004～2008 年，三省市制造业以集聚为主，天津集聚强度增长达 45.9%；2008～2013 年，三省市制造业有向外分散趋势，北京集聚强度下降 21.3%，这可能受到城市功能去工业化、环境规制趋紧等影响。北京逐步发展高端服务业，天津、河北核心城市，如唐山、石家庄、保定等成为制造业的集聚中心。

其次，三省市行业集聚强度差异很大。北京计算机、通信和其他电子设备制造业（39），仪器仪表制造业（40），纺织服装、服饰业（18）等集聚强度较高；饮料制造业（15）、非金属矿物制品业（30）、农副食品加工业（13）等分散强度较高。天津废弃资源综合利用业（42），仪器仪表制造业（40），计算机、通信电子设备制造业（39）等集聚强度较高；农副食品加工业（13），饮料制造业（15），纺织服装服饰业（18）等分散强度较高。河北皮革、毛皮、羽毛及其制品和制鞋业（19），纺织业（17），电气机械和器材制造业（38）等集聚强度较高；饮料制造业（15）、非金属矿物制品业（30）、农副食品加工业（13）等分散强度较高（表5-3）。可以发现，北京和天津集聚强度较高的行业多为技术密集型，而河北则多为劳动密集型和资本密集型。当然也有一些地方特色的产业具有较高的集聚强度，如北京的纺织服装、服饰业（18），印刷业和记录媒介复制业（23）；天津的废弃资源综合利用业（42）；河北的纺织业（17）等。

三省市制造业的集聚指数均随距离衰减，并且北京和天津的衰减速度高于河北（图5-3）。在 0～20km，天津制造业的集聚指数远高于北京和河北。在时间维度上，2004～2008 年三省市各距离集聚指数均呈增大趋势，2008～2013 年三省市各距离集聚指数变化具有较大差异。北京在短距离（0～17km）集聚指数减小明显，天津（0～7km）和河北（0～35km）集聚指数增大；在中长距离，北京集聚指数增大，而天津和河北集聚指数减小。

综上所述，2004～2008 年三省市制造业集聚水平均提升。2008～2013 年北京制造业集聚水平下降，集聚范围扩大，而天津和河北制造业的集聚水平在短距离提升，在中长距离下降。这一结果与三省市集聚行业数量变化相符合，也为制造业从北京向周边区域转移提供了间接证据。

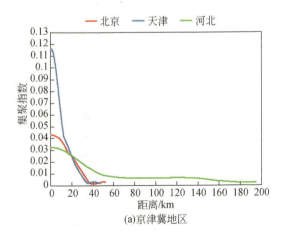

(a)京津冀地区

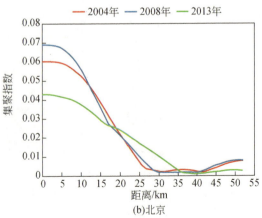

(b)北京

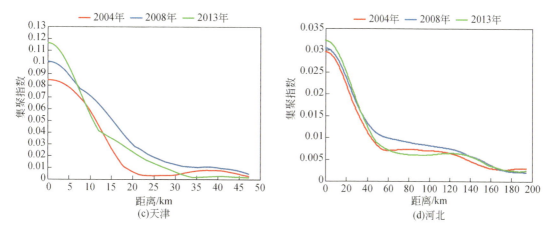

图 5-3　京津冀地区及三省市 2013 年各距离上的集聚指数

第二节　产业维度的异质性分析

通过第四章分析，我们发现在该分类下不管是二位数行业还是三位数行业，京津冀地区约有 76% 的行业空间形态表现为集聚，行业的集聚强度和集聚范围差异明显。同时，通过比较 2013 年各行业的集聚特征，我们得到劳动密集型、技术密集型行业的空间分布更集聚，资源密集型或与食品相关行业更分散的初步结论。本节详细论证不同生产要素密集度的制造业的集聚异质性。

1. 制造业集聚的生产要素密集度特征

2004～2013 年京津冀地区制造业集聚强度较高的行业有计算机、通信和其他电子设备制造业，仪器仪表制造业，纺织服装、服饰业，家具制造业；分散强度较高的行业有非金属矿物制品业、农副食品加工业、饮料制造业、食品制造业（表 5-4）。

由表可知，集聚强度高的行业多是技术密集型和劳动密集型的制造业，两者空间集聚的核心动力分别是技术外部性和金融外部性。分散强度高的行业多是与食品相关或资源密集型制造业，主要受到分散的市场或自然资源地的影响。从演化角度看，京津冀地区大部分行业的集聚强度在降低，行业之间强度差异在缩小，极差从 0.72 变为 0.56。仪器仪表制造业，文教、工美、体育和娱乐用品制造业的集聚强度减小明显；铁路、船舶、航空航天和其他运输设备制造业，家具制造业的集聚强度增加明显。

图 5-4 分别展示了计算机、通信和其他电子设备制造业，纺织服装、服饰业，农副食品加工业，非金属矿物制品业，分别代表技术密集型、劳动密集型、食品相关、资源密集型行业。前两者空间形态为集聚，电子设备制造业表现出明显的双峰结构，这可能与高科技企业集中在若干产业园区有关；纺织服装、服饰业的集聚范围相对小，这可能是因为其所需的劳动力只在大城市较丰富。后两者空间形态为分散，且几乎在 0～180km 均为分散，

一方面在生产端受原料限制，另一方面在消费端受市场需求影响。

表 5-4　京津冀地区 2004 年、2008 年、2013 年制造业集聚和分散强度前 5 名行业

行业	2004 年	强度	2008 年	强度	2013 年	强度
集聚行业	计算机、通信和其他电子设备制造业	0.76	计算机、通信和其他电子设备制造业	0.70	计算机、通信和其他电子设备制造业	0.57
	仪器仪表制造业	0.74	仪器仪表制造业	0.62	铁路、船舶、航空航天和其他运输设备制造业	0.54
	纺织服装、服饰业	0.38	文教、工美、体育和娱乐用品制造业	0.48	家具制造业	0.47
	电气机械和器材制造业	0.34	纺织服装、服饰业	0.42	仪器仪表制造业	0.41
	文教、工美、体育和娱乐用品制造业	0.33	家具制造业	0.30	纺织服装、服饰业	0.38
分散行业	非金属矿物制品业	0.31	非金属矿物制品业	0.36	农副食品加工业	0.33
	农副食品加工业	0.28	农副食品加工业	0.34	非金属矿物制品业	0.28
	黑色金属冶炼和压延加工业	0.20	饮料制造业	0.24	饮料制造业	0.24
	废弃资源综合利用业	0.09	通用设备制造业	0.09	食品制造业	0.06
	饮料制造业	0.07	食品制造业	0.04		

注：2013 年表示分散行业少于 5 个

2. 技术密集型行业

京津冀地区的计算机、通信和其他电子设备制造业，仪器仪表制造业等技术密集型行业在 2004～2013 年表现出较强的空间集聚特征，尤其是计算机和电子设备制造业，集聚模式呈现双峰结构，这可能是北京中关村科技园区和天津滨海新区分别形成了明显的产业聚集中心。这一现象表明，高科技产业的集聚并不仅仅依赖单一城市，而是基于技术外部性和产业链协同，在区域范围内形成多个核心增长极。这种双峰集聚模式在全球科技产业发展的过程中较为常见，如美国硅谷和波士顿 128 号公路沿线的高科技产业带，均依托科技创新中心和产业集群效应实现快速发展。

（1）技术外部性与创新集聚

技术密集型行业的空间集聚受到技术外部性的显著影响，即企业能够从邻近企业的技术创新和知识溢出中受益，从而提升自身的创新能力和生产效率。Marshall（1890）提出的产业集聚理论表明，当企业高度集中在特定区域时，知识、技能和创新成果能够更快传播，促进整个行业的协同发展。这一理论在全球高科技产业集群中尤为明显，例如美国的

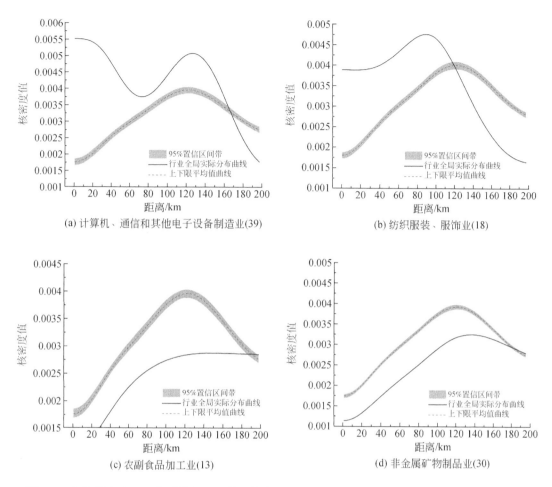

图5-4　京津冀地区2013年计算机、通信和其他电子设备制造业（39），纺织服装、服饰业（18），
农副食品加工业（13），非金属矿物制品业（30）的空间形态曲线

硅谷、日本的筑波科学城等地区，均依托高密度的研发机构和企业网络，形成持续的创新动力。

　　北京的中关村科技园区作为中国最重要的科技创新中心，聚集了大量高科技企业和研究机构，如百度、联想、京东方、小米、华为研究院等，形成了高度发达的技术网络。这些企业不仅依赖于自身的研发能力，也通过与邻近企业、大学和研究机构的互动，提高技术创新效率。此外，北京的高校和科研机构密度全国最高，其中包括清华大学、北京大学、中国科学院等，这些机构在信息技术、人工智能、芯片设计、新材料等领域处于全国乃至全球领先地位。例如，清华大学的微电子研究所长期与华为、中芯国际等企业合作，在高端芯片研发领域发挥了关键作用。此外，北京还建立了一系列科技成果转化平台，如清华科技园、中关村软件园，这些平台不仅促进了学术研究与产业的对接，也加速了科技成果的市场化进程。除了本土企业，北京的高科技产业集群还吸引了大量国际企业设立研发中心。例如，苹果、微软、IBM等跨国公司在北京设立人工智能、量子计算、云计算等前沿技术研发实验室，与本地高校和企业形成紧密的技术合作关系。这种跨国技术合作进一步增强了中关村的技术外溢效应，使其成为连接全球科技创新体系的重要节点。

天津的滨海新区也在电子信息、航空航天和智能制造等领域建立了成熟的产业集群，形成了对北京科技创新的承接和转化能力。例如，天津经济技术开发区（TEDA）吸引了三星、惠普、中芯国际等跨国企业投资设立制造基地，与北京的高端研发形成互补。这种互补关系不仅体现在企业层面，也体现在政策支持和资金流动层面。天津依托滨海新区的自贸区政策和高端制造业支持政策，积极引入外资企业，同时推动本土制造业向智能化、高端化发展。例如，京东方的光电材料与微纳技术主要依赖北京的前沿研发支持，但其核心生产线则设立在天津，形成了跨城市的产业协作体系。这种高度一体化的研发与生产联动模式，使技术外部性在京津冀区域内加速扩散，并进一步强化了高科技产业的集聚优势。

（2）产业链协同与供应链优势

除了技术外溢效应，产业链协同也是推动技术密集型行业集聚的重要因素。高科技产业涉及研发、生产、测试和市场推广等多个环节，各环节的协同效应能够降低成本、提高生产效率，并增强市场竞争力。在京津冀地区，这种协同作用在电子信息、半导体和智能制造等行业表现尤为显著。

北京的中关村科技园区主要承担高科技研发和技术孵化功能，吸引了大量芯片设计、人工智能和智能硬件企业。例如，北京的比特大陆、寒武纪、地平线等企业专注于人工智能芯片的研发，而天津滨海新区则凭借先进制造基地的优势，吸引了中芯国际、华大半导体、京东方显示面板厂等企业，在芯片制造、封测和智能硬件生产等环节形成集聚。这种"北京研发、天津制造"的模式，使得高科技产品能够快速进入量产阶段，提高技术成果的市场转化率，并推动区域产业升级。在半导体产业链方面，北京的清华大学微电子研究所、北京大学信息科学技术学院等科研机构与天津的制造企业建立了深度合作。例如，中芯国际在天津的生产线依赖于北京的芯片设计企业，如华大九天等，为京津两地的半导体全产业链布局提供了基础。此外，北京的集成电路产业基金也在加速天津和河北的半导体产业发展，推动相关企业布局上游材料和设备制造环节，例如河北保定的光刻胶制造基地，填补了部分国内高端半导体材料的供应链缺口。在高端装备制造领域，北京的航天科技集团、商汤科技、旷视科技等企业在航空航天、智能机器人、自动驾驶等领域占据技术高地，而天津滨海新区承担了空客A320总装线、长城汽车天津工厂等关键生产任务。河北的石家庄、保定、廊坊等地则承接了部分智能制造产业链，如保定的长城汽车在新能源汽车和智能驾驶技术方面的突破，使得京津冀地区的产业链协同作用进一步加强。此外，天津滨海新区还与北京的软件企业合作，推动智能制造产业升级。例如，北京的京东物流和达闼科技在天津建立智能机器人生产基地，用于自动化仓储和物流系统的建设。这种跨区域的产业链协同效应，使得京津冀地区在智能制造领域的竞争力大幅提升。

(3) 市场需求与规模经济效应

除了技术外溢效应和产业链协同，市场需求与规模经济效应也是推动技术密集型行业集聚的重要因素。高科技制造业往往依赖于大规模市场需求、高端消费群体和完善的产业配套，以摊薄高昂的研发成本，确保产品的快速迭代和商业化。因此，企业通常倾向于聚集在市场容量大、消费能力强、产业基础完善的地区，以实现生产与销售的高效联动，并增强整体竞争力。

京津冀地区作为我国经济最活跃的区域之一，具备庞大的消费市场和产业支撑，为技术密集型行业的发展提供了优越条件。北京作为全国的科技创新与高端消费中心，不仅汇聚了大量高购买力的消费者群体，同时也拥有丰富的政府采购、企业级市场订单，为高科技产品的市场推广提供了稳定的需求来源。例如，北京的智能硬件、人工智能、5G 通信设备等行业，不仅依赖本地市场需求，也受益于政府在智慧城市、智能交通、数字经济等领域的持续投资，进一步推动了相关产业的扩张。京东、小米等科技企业均依托北京的高端消费市场，实现了前沿科技产品的快速推广和市场渗透。与此同时，天津和河北依托强大的制造能力和现代物流体系，为高科技产业的规模化生产提供支撑。天津滨海新区不仅具备世界级港口与航空物流优势，还能借助自贸区政策吸引国际市场订单，使高端制造企业能够迅速进入全球市场。例如，天津的新能源汽车制造基地已成为多个国际品牌的生产和出口中心，为特斯拉、大众等企业提供高端电动车零部件及整车出口业务。河北的部分城市，如石家庄、廊坊、保定，也在积极发展智能制造和高端装备产业，为整个区域提供完善的产业配套，进一步降低企业的运营成本，提高供应链效率。例如，保定的长城汽车已形成新能源汽车生产集群，并积极推进智能网联汽车的研发，以适应日益增长的市场需求。河北的智能制造产业虽然起步较晚，但近年来已成为京津冀地区重要的产业补充区域，为高科技制造企业提供更多的生产空间和产业配套。

市场需求与规模经济效应的结合，使得京津冀的技术密集型行业形成了高度集聚的发展态势。一方面，企业可以更便捷地获取市场反馈，加快产品优化和升级迭代，同时利用产业集群效应降低生产成本，提高市场竞争力；另一方面，成熟的供应链和市场体系也使得区域内的企业能够更高效地共享资源，增强整体产业的协同发展能力。这种以市场需求驱动的集聚模式，与全球其他高科技产业集群（如硅谷、日本关东地区、德国斯图加特工业区）的发展逻辑高度一致，表明京津冀地区技术密集型产业正朝着更成熟、更具有全球竞争力的方向发展。

3. 劳动密集型行业

京津冀地区的纺织服装、家具制造、玩具制造等劳动密集型行业在 2004～2013 年形成了显著的空间集聚模式，主要集中在北京、天津及河北部分城市。不同于技术密集型产业依赖技术外部性，劳动密集型行业的空间分布更多受到金融外部性、产业链协同和劳动力供给等因素的共同影响。由于该类行业通常资本投入门槛较低、劳动密集度高、产品生命周期短，企业更倾向于在劳动力供应充足、融资环境优越、供应链体系完善的地区聚集，以降低运营成本并增强市场竞争力。

（1）金融外部性与产业融资便利

金融外部性是推动劳动密集型行业集聚的关键动力之一，主要体现在融资可得性和资本流动效率的提升。相比于技术密集型企业，劳动密集型企业通常资本密集度较低，利润率较薄，对短期流动资金依赖性强。在产业聚集区域，银行、风险投资机构和供应链金融公司更倾向于为集群内企业提供低息贷款、信用担保和短期融资支持，从而增强产业整体的资金流通效率。

在京津冀地区，北京作为全国的金融中心，提供了全国最成熟的商业信贷体系，大量银行、风险投资机构、供应链金融公司为服装、家具、玩具等行业提供融资服务。企业在这里可以通过批发市场、产业联盟等方式获得短期融资，以满足生产和市场拓展需求。此外，北京的服装、家具等行业还受益于互联网金融的发展，如京东供应链金融、阿里巴巴小额贷款等，为小型制造企业提供灵活的融资渠道。天津作为京津冀的制造业基地，依托天津滨海新区的自贸区金融政策，为服装、家具等劳动密集型企业提供了出口融资、供应链金融、低息贷款等支持。例如，天津滨海新区的纺织品出口企业可以通过地方政府提供的出口信用保险，获得更低成本的资金支持，从而增强国际市场竞争力。此外，天津的京津冀产业投资基金也重点支持服装制造、家具生产和轻工制造等领域的企业发展，为产业集聚提供了资本支撑。河北的劳动密集型行业同样依赖金融外部性。在河北的沧州、廊坊、保定等地，服装、家具等行业依托本地产业集群的金融支持体系，形成了"银行+企业+市场"的融资模式。例如，河北沧州的明珠服装产业园与多家地方银行和金融机构建立合作，为企业提供小额贷款、设备融资租赁、供应链融资等服务，提升了企业的资金流动性，促进了产业集聚和扩张。

（2）产业链协同与供应链一体化

劳动密集型行业的空间集聚也受到产业链协同的推动。相较于技术密集型行业，劳动密集型行业对原材料供应、生产制造、市场销售的依赖更为紧密，因此企业更倾向于聚集在拥有完整产业链的地区，以降低交易成本、提高生产效率。

在纺织服装行业，北京主要负责品牌设计、市场推广，而天津和河北承担面料生产、服装加工、出口贸易等环节。例如，北京的朝阳、海淀聚集了大量服装品牌公司，如波司登、七匹狼等，而河北的沧州、邢台、石家庄则形成了完整的服装加工基地，天津滨海新区则承担服装的出口和贸易。这种"设计—生产—销售"的产业链分工模式，使整个京津冀地区的纺织服装行业形成了稳固的集聚体系。

在家具制造行业，北京原本是全国重要的家具生产和销售中心，但随着土地和租金成本的上升，生产环节逐步外迁至河北香河、文安、霸州等地。这些地区形成了"木材加工—家具制造—物流配送"的完整供应链，并通过天津港出口至国际市场。例如，霸州的胜芳家具产业园已成为华北地区最重要的家具制造基地之一，吸引了大量国内外订单，并通过天津港出口至东南亚和欧洲市场。

(3) 劳动力供给与成本优势

劳动密集型行业的集聚受到劳动力供给的显著影响，尤其是在低技能岗位需求较高的行业，如服装加工、家具制造和玩具生产。企业通常倾向于布局在人口密集、劳动力充足且工资水平较低的地区，以降低用工成本并保障稳定的劳动力供应。在京津冀地区，由于北京、天津的劳动力成本较高，劳动密集型企业在产业布局时更倾向于将生产环节外迁至河北的二三线城市，以充分利用当地的劳动力资源，同时享受较低的土地和运营成本。

河北作为京津冀地区的人口大省，为劳动密集型行业提供了大量的产业工人。以沧州、廊坊、保定、邢台等地为例，这些城市长期承接京津的产业转移，逐步形成了成熟的服装、家具、玩具等制造业基地。例如，沧州的明珠服装产业园不仅聚集了大量服装加工企业，还吸引了周边农村劳动力进入工厂，为河北服装制造业提供了稳定的劳动力支撑。保定的家具制造业同样受益于本地及周边县市丰富的劳动力资源，使得生产成本相较于北京、天津更加可控。此外，相较于京津，河北的二三线城市人口流动性较小，企业可以通过稳定的劳动合同和社会保障体系降低员工流失率，维持生产连续性，提高整体运营效率。与此同时，河北各地政府积极推动职业技能培训，提高劳动者的就业竞争力，以进一步强化劳动力供给的优势。例如，邢台市政府设立了多个职业技能培训中心，与当地家具制造企业合作，为企业输送熟练的产业工人。这些培训中心不仅帮助劳动者掌握岗位技能，也增强了企业的生产效率和产品质量。此外，随着京津冀一体化进程的推进，北京、天津的部分制造企业采用"总部+生产基地"的模式，在京津保留设计研发和市场推广部门，而将大规模生产线设立在河北，以充分利用当地的劳动力资源和成本优势。例如，部分北京的服装品牌公司在京进行产品设计和品牌管理，而生产加工则外包给河北的制造基地，从而实现区域内的资源优化配置，提高产业协同效应。

4. 与食品相关的行业

京津冀地区的农副食品加工业、饮料制品业、食品制造业在2004~2013年呈现出较强的空间分散性，与技术密集型和劳动密集型行业的高度集聚模式形成鲜明对比。食品相关行业的空间分布不依赖于单一的产业集聚中心，而是受到资源供给、市场需求、物流运输和食品安全监管等因素的共同影响，导致其在区域范围内分散布局。相较于技术外部性和金融外部性对技术密集型和劳动密集型行业的推动作用，食品相关行业的主要动力来源于分散的市场需求和自然资源地的约束。

(1) 自然资源地与原材料供给

食品相关行业的空间分布首先受到自然资源地的制约，特别是在农副食品加工业和饮料制品业中，食品加工企业往往需要靠近农业种植区、畜牧业基地、水产品资源地，以降低原材料的采购和运输成本，同时确保食品的新鲜度和质量。这种特性决定了食品加工业难以像其他制造业那样在某一城市形成高度集聚，而是呈现出分散布局的特征。

河北作为我国重要的农业生产区，其粮食、乳制品、肉类、果蔬等资源丰富，成为京津冀地区食品加工业的主要基地。例如，石家庄、衡水、邯郸等地的小麦种植规模庞大，因此成为面粉加工和方便食品制造的集中区，金沙河面业、今麦郎食品等企业均在此布局，以便就近获取原材料，减少运输成本。同样，河北的张家口、承德因其草原生态环境适宜乳制品产业发展，因此成为三元乳业、蒙牛、伊利等企业的奶源供应地和加工厂所在地，以减少生鲜乳运输过程中的损耗。天津则依托渤海沿岸的水产品资源，形成了特色的水产品加工产业。例如，天津的滨海新区、东丽区聚集了一批水产品冷链加工企业，如天立水产、旺旺集团天津工厂，主要供应北方市场，并通过天津港出口至日韩市场。由于水产品具有较强的地域性，难以长距离运输，因此天津的水产品加工企业必须分散布局在沿海区域，靠近渔业资源，以保证原材料的新鲜度。

此外，京津冀地区的果蔬种植带也影响了食品制造业的空间分布。例如，河北的保定、廊坊等地盛产苹果、梨、葡萄等水果，因此形成了果汁、罐头食品等加工产业。例如，汇源果汁便在河北设有多个生产基地，依托本地果蔬资源进行加工。

这些依托自然资源地布局的产业模式，使食品加工业难以形成单一的集聚，而是分散在多个农业主产区。

（2）市场需求驱动与消费地布局

与大多数制造业不同，食品制造业的分布不仅受原材料的影响，还受到市场需求的强烈驱动。由于食品消费具有较强的地域性和时效性，企业需要靠近主要消费市场，以提高配送效率，减少产品损耗，降低物流成本。这种特性使食品制造业的企业更倾向于临近人口密集的城市布局，而不是在产业园区内高度集中。

北京作为全国消费能力最强的城市之一，是食品制造企业的重要目标市场，食品工业主要集中于品牌食品、高附加值食品和健康食品的生产，而非大规模的初级食品加工。北京的三元食品专注于高端乳制品生产，北京的稻香村、全聚德等食品品牌则依托北京市场进行食品精加工，以满足城市消费者对高品质食品的需求。此外，北京的食品产业也表现出分散化的趋势，如各类中央厨房、生鲜食品配送中心、食品研发中心等均分布于城市周边，以更快响应市场需求。天津作为京津冀地区的重要食品加工和贸易中心，拥有全国领先的食品工业基础，吸引了大量国内外食品企业投资建厂。例如，雀巢、百事可乐、可口可乐、康师傅等跨国食品企业在天津滨海新区设立生产基地，利用天津的现代物流体系、港口贸易优势和消费市场，将产品销往全国乃至全球市场。

此外，天津还形成了休闲食品加工产业链，如旺旺、洽洽等企业均在天津设立了生产工厂，以供应北方市场。河北则承担了食品生产的产业承接功能，主要为北京、天津提供食品供应。例如，保定、邯郸、石家庄等地的食品加工企业以规模化生产为主，主要面向京津市场进行食品供应。今麦郎集团总部设在河北邢台，以方便面、饮料等产品供应全国市场，并依托京津冀地区的物流网络进行产品配送。河北的乳制品、肉类加工企业也大量分布在靠近北京的郊区，如廊坊、承德等地，以便向北京供应新鲜食品。

由于食品行业需要快速响应市场需求，同时确保供应链的稳定性，因此其生产企业的分布不可能完全集中，而是选择贴近消费市场和物流节点，形成多点分布的模式。

（3）食品安全与政策监管

食品行业的空间分布还受到食品安全法规和政策监管的影响。由于食品生产涉及卫生标准、供应链管理、冷链运输、质量监管等因素，政府对食品行业的布局有较严格的要求，使得企业在选址时需要符合相应的政策规范，从而进一步影响了其空间分散性。

北京作为国家食品安全监管的核心区域，对食品制造企业的布局有较高的环境要求。因此，许多食品制造企业的生产环节逐步外迁，北京则主要保留了食品研发、品牌管理和高端食品制造。例如，中粮集团总部设在北京，但其大部分粮油加工厂设在天津和河北。此外，北京的食品供应体系更依赖外地工厂的集中生产和本地的精细化加工，形成了"品牌总部+周边供应链"的产业模式。

天津凭借自贸区优势，成为食品加工和进口食品贸易中心，政府对食品企业的政策扶持力度较大。例如，天津滨海新区设立了食品加工产业园区，吸引了雀巢、百事可乐等跨国食品企业入驻，并提供质量检测、供应链管理、物流配送等支持服务。

河北的食品生产企业则主要依托地方政府的农产品加工补贴、食品产业园区政策，形成了规模化、标准化的食品制造基地。例如，河北的张家口、承德等地设立了乳制品安全监管中心，对奶源、生产、加工、流通全流程进行监管，确保向北京、天津市场供应高品质乳制品。

5. 资源密集型行业

京津冀地区的非金属矿物制品业、黑色金属冶炼和压延加工业等资源密集型制造业在2004~2013年表现出显著的空间分散特征。与技术密集型和劳动密集型行业依赖产业集群和资本流动不同，资源密集型行业的空间布局受到自然资源分布、能源供应、环境监管和交通运输体系等多重因素的影响。由于这类行业高度依赖矿产资源和能源投入，并受限于污染治理及生产成本控制，其选址往往远离大城市和人口密集区域，分布在资源富集地、能源供应便利的地区，同时需要良好的交通运输条件来连接主要市场。因此，京津冀地区的资源密集型制造业呈现出分散化、多点布局、依托资源地和交通枢纽的空间格局。

（1）自然资源分布约束

资源密集型制造业的空间分布首先受到自然资源供给的约束，尤其是原材料的空间分布决定了企业的选址。钢铁、水泥、玻璃等制造业高度依赖矿石、煤炭、石灰石等自然资源，为了降低原材料运输成本，企业倾向于在矿产资源丰富的地区建设生产基地，而非集中在城市中心或经济枢纽。河北作为全国重要的矿产资源大省，拥有丰富的铁矿石、煤炭、石灰石和水泥原材料，成为京津冀地区黑色金属冶炼和非金属矿物制品业的主要生产基地。例如，唐山、邯郸、承德等地因其丰富的铁矿资源，形成了规模化的钢铁冶炼产业集群，首钢京唐公司、河北钢铁集团等大型企业依赖本地及周边的铁矿石供应，有效降低了原材料长距离运输的成本。此外，邯郸的钢铁产业链较为完整，涵盖冶炼、轧钢和金属制品等多个环节，进一步增强了该地区的资源依赖型制造业的集聚效应。

在非金属矿物制品行业，河北的保定、衡水、邢台等地因石灰石资源丰富，发展出了大规模的水泥、玻璃和陶瓷制造产业。保定地区的冀东水泥依托本地的石灰石矿山进行大规模生产，并通过京津冀公路和铁路网络向全国市场供应水泥产品。衡水和邢台的玻璃产业主要依托本地的硅砂资源生产高质量玻璃制品，供应国内外市场。相比之下，北京和天津因缺乏原材料供应，基本没有大规模的资源密集型制造业，而是更多依赖河北的生产基地提供建筑材料和冶金产品。

（2）能源供应与环境监管

资源密集型制造业的生产过程通常伴随高能耗和高污染，因此企业在选址时不仅考虑资源供给，还必须确保能源供应的稳定性，同时满足日益严格的环保要求。钢铁和水泥制造业需要大量的煤炭、焦炭、电力等能源，而能源供应的空间分布直接影响了产业的布局。河北的张家口、唐山、邯郸等地是全国重要的煤炭产区，因此这些地区形成了依托煤炭资源的钢铁冶炼和水泥制造基地。例如，唐山的钢铁产业依赖本地及山西、内蒙古的煤炭供应，而邯郸的冶金工业长期依赖山西和本地的焦炭资源。这些产业集聚区往往靠近煤矿，以减少能源运输成本，提高生产效率。例如，迁安、武安的钢铁企业均选择布局在煤炭和铁矿资源密集的地区，形成了完整的矿产—冶炼—轧钢产业链。

除了能源供应，环境监管对资源密集型制造业的空间布局也产生了重要影响。由于钢铁、水泥、玻璃等行业的生产过程会产生大量的二氧化碳、粉尘、废气和废水，国家和地方政府近年来不断提高环保标准，推动产业向环境监管相对宽松的地区转移。北京在"非首都功能疏解"政策的引导下，逐步淘汰高污染产业，大量水泥、冶炼企业已向河北的石家庄、保定、衡水等地迁移。河北在承接产业转移的同时，也在推动绿色制造，如推广超低排放钢铁冶炼和新型水泥窑协同处置固废等环保技术等，以降低污染排放。相比之下，北京和天津严格限制高污染企业的布局，因此这些城市主要承担资源密集型制造业的管理和贸易功能，而非生产环节。

（3）交通运输与市场需求

尽管资源密集型制造业的布局受到自然资源和能源供应的限制，但其空间分布也受到交通运输体系和市场需求的制约。钢铁、水泥、玻璃等产品的重量大、体积大、运输成本高，企业在选址时通常会靠近主要交通枢纽或大型消费市场，以降低物流成本，提高市场竞争力。京津冀地区的资源密集型行业主要沿着交通轴线布局，以确保原材料和产品的高效流通。例如，唐山、邯郸的钢铁企业依托京沪铁路、京广铁路进行原材料输入和产品外运，而天津港则成为钢铁、建材出口的重要枢纽。天津港的矿石码头承担了大量进口铁矿石的中转和分拨业务，为唐山、邯郸等地的钢铁生产提供原料。此外，天津的冶金加工企业，如天津钢管集团利用临近港口的优势，将金属制品出口至全球市场。

在水泥和玻璃制造行业，河北的保定、衡水、邢台等地依托公路和铁路运输，将建材产品供应至京津市场。例如，北京的地铁、公路、房地产项目需要大量水泥和钢材，而这些建筑材料主要来自河北的建材企业。由于水泥和玻璃的运输半径有限，通常不超过300km，这些生产基地往往选择布局在既靠近资源地，又能够通过交通运输高效连接市场的区域，形成分散式的产业网络。

第三节　企业维度的异质性分析

制造业集聚在微观企业层面具有异质性。企业异质性是 Duranton 和 Overman 在 2005 年开创性提出 DO 指数方法研究英国制造业后的重要延续工作内容。企业异质性包括企业规模、企业性质、企业年龄、企业隶属关系、企业垂直关联、企业进出口等方面。本书主要关注企业规模、企业性质、企业年龄。Duranton 和 Overman（2008）对英国制造业研究发现大企业具有更强的集聚趋势，外资企业和国有企业的空间形态并没有差异。Behrens 和 Bougna（2015）对加拿大制造业研究发现没有明显证据表明小企业、新企业以及出口企业会更加集聚。Brakman 等（2017）对中国制造业研究发现私营企业、港澳台企业、外资企业更倾向于集聚，国有和集体企业更分散，小企业和新企业更倾向于集聚。由此可见，已有研究并没有得到一致结论，这可能是因为研究区域本身的差异。因此，本节提供京津冀地区的实证研究证据。

1. 企业规模异质性

小企业与大企业似乎都有集聚的理由。大企业为了降低生产成本、促进交流创新、获取机会信息、把握市场需求等目的，多会在大城市集聚。而小企业区位选择灵活，为了节约运输成本、提高风险对抗能力，多会与关联企业在空间上靠近。Lafourcade 和 Mion（2007）对意大利制造业的研究表明，企业规模对产业集聚的影响受到空间尺度的限制。他认为大企业更有可能集聚在较小的空间尺度，而小企业更愿意集聚在较大的空间尺度。中国制造业集聚与内部规模经济的正向关系也得到多方验证，但 Brakman 等（2017）对中国 2002～2008 年制造业的研究表明，产业集聚对于小公司比大公司更重要。因此，制造业集聚的企业规模异质性仍需进一步探讨。

本节采用从业人员数划分企业规模，并参考李佳洺等（2016）做法，在各行业按从业人员数从小到大排序后，选取第 90 个百分位和第 50 个百分位的企业规模作为大企业和小企业的阈值。选择比例划分是考虑了行业本身的规模差异，两个比例设置是基于大企业数量远低于小企业的现实情况。表 5-5 展示了各行业的小企业和大企业的数量。为突出企业规模的影响，反事实实验中模拟的企业点随机分布仅在该行业已有点数据集中。研究结果表明大企业在 0～196km 空间集聚的行业数量为 13 个，比例为 44.8%，远低于小企业 23 个（79.3%）（图 5-5）。

表 5-5 京津冀地区 2013 年各行业基于企业人员数划分的小企业、大企业数量

	行业	小企业/家	大企业/家	第 50% 规模/人	第 90% 规模/人	平均规模/人
13	农副食品加工业	2796	566	14	98	48
14	食品制造业	1964	398	15	103	67
15	酒、饮料和精制茶制造业	859	173	15	111	68
16	烟草制品业	3	1	1273	2136	1292
17	纺织业	3007	680	20	120	60
18	纺织服装、服饰业	3025	628	11	100	58
19	皮革、毛皮、羽毛及其制品和制鞋业	2099	430	19	110	52
20	木材加工和木、竹、藤、棕、草制品业	1434	315	10	48	24
21	家具制造业	1672	353	10	60	32
22	造纸和纸制品业	1816	404	10	70	33
23	印刷和记录媒介复制业	2479	547	10	58	29
24	文教、工美、体育和娱乐用品制造业	2094	425	14	76	39
25	石油加工、炼焦和核燃料加工业	419	86	12	264	123
26	化学原料和化学制品制造业	4823	970	12	79	43
27	医药制造业	840	169	29	247	144
28	化学纤维制造业	144	31	15	117	66
29	橡胶和塑料制造业	5348	1165	12	60	32
30	非金属矿物制品业	7104	1452	14	85	43
31	黑色金属冶炼和压延加工业	2230	473	20	209	181
32	有色金属冶炼和压延加工业	976	209	12	72	40
33	金属制品业	9902	2249	10	52	29
34	通用设备制造业	9012	1833	11	54	31
35	专用设备制造业	5886	1216	12	78	44
36	汽车制造业	2014	420	20	170	117
37	铁路、船舶、航空航天和其他运输设备制造业	1395	287	16	87	60
38	电气机械和器材制造业	4350	920	12	76	45
39	计算机、通信和其他电子设备制造业	1819	387	15	180	120
40	仪器仪表制造业	1271	275	10	72	35
41	其他制造业	757	158	10	64	31
42	废弃资源综合利用业	457	93	9	56	24

行业		小企业/家	大企业/家	第50%规模/人	第90%规模/人	平均规模/人
43	金属制品机械和设备修理业	779	171	6	35	27
	合计	82774	17484			

注：依据每一行业第50%企业规模、第90%企业规模划分小企业、大企业，若企业规模小于所属行业第50%企业规模，则为小企业；若企业规模大于等于所属行业第90%企业规模，则为大企业

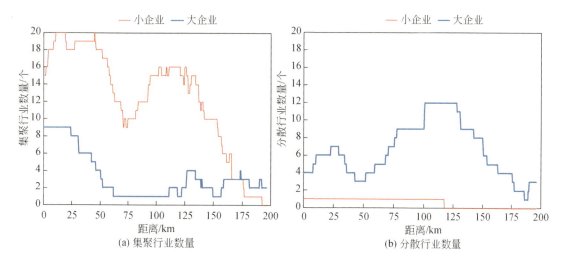

(a) 集聚行业数量   (b) 分散行业数量

图5-5 京津冀地区2013年不同企业规模在各距离上的集聚/分散行业数量

制造业中大企业的平均集聚强度为0.046，低于小企业的0.071。结合集聚行业的数量分析，说明绝大部分行业中的小企业更容易集聚。大企业在0~25km集聚强度特别高，在50~196km集聚强度低且变化平缓。小企业在0~50km集聚强度较高，在50~196km略高于大企业（图5-6）。这表明大企业容易在0~25km发生集聚，而小企业发生集聚的范围稍大且受空间尺度的影响较小，这与Lafourcade和Mion（2007）的研究结论一致。

2. 企业性质异质性

一般而言，相比国有企业和集体企业，私营企业、外资企业、港澳台企业受政府力量限制少，更为自由与活跃，区位更受市场力量主导。Ge（2009）对1985~2005年中国产业集聚研究发现出口企业和外商投资企业在地理上比其他企业更集中，并实证表明出口强度和外资占比对产业集聚有显著的正向影响。

本书参考Brakman等（2017）做法，根据企业注册类型将企业划分为四类，即国有及集体企业、私营企业、港澳台企业、其他外资企业，具体分类方案见表5-6。2013年京津冀地区四类企业数量分别为44571（25.9%）、120627（70.1%）、1677（1.0%）、5151（3.0%），它们在各行业的分布见表5-7。由于港澳台企业在多个行业中均小于20家，为

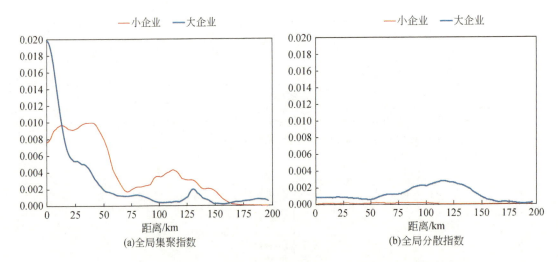

图 5-6　京津冀地区 2013 年不同企业规模行业在各距离上的集聚/分散指数

保证模型的精度，不作为本书分析的重点内容。

表 5-6　基于企业登记注册类型的企业性质划分

代码	企业登记注册类型	企业性质分类
110	国有企业	
120	集体企业	
130	股份合作企业	
141	国有联营企业	
142	集体联营企业	
143	国有与集体联营企业	国有及集体企业
149	其他联营企业	
151	国有独资企业	
159	其他有限责任公司	
160	股份有限公司	
171	私营独资企业	
172	私营合伙企业	
173	私营有限责任公司	私营企业
174	私营股份有限公司	
190	其他企业	

续表

代码	企业登记注册类型	企业性质分类
210	合资经营企业（港或澳、台资）	港澳台企业
220	合作经营企业（港或澳、台资）	
230	港、澳、台商独资经营企业	
240	港、澳、台商投资股份有限企业	
290	其他港、澳、台商投资企业	
310	中外合资经营企业	其他外资企业
320	中外合作经营企业	
330	外资企业	
340	外商投资股份有限公司	
390	其他外商投资企业	

注：企业登记注册类型参考国家统计局《关于划分企业登记注册类型的规定 2011》（http://www.stats.gov.cn/TJSJ/tjbz/200610/t20061018_8657.html）

表 5-7 京津冀地区 2004 年和 2013 年各行业不同性质的企业数量 （单位：家）

	行业	2004 年				2013 年			
		国有及集体企业	私营企业	其他外资企业	港澳台企业	国有及集体企业	私营企业	其他外资企业	港澳台企业
13	农副食品加工业	956	3451	78	32	1358	4068	159	61
14	食品制造业	658	1736	98	51	922	2807	164	71
15	酒、饮料和精制茶制造业	418	697	53	23	534	1053	92	40
16	烟草制品业	946	1	2	0	6	0	0	0
17	纺织业	793	4343	107	48	1286	5128	92	51
18	纺织服装、服饰业	224	2251	156	68	1467	4326	181	95
19	皮革、毛皮、羽毛及其制品和制鞋业	334	890	62	35	590	3558	83	45
20	木材加工和木、竹、藤、棕、草制品业	502	1316	29	16	663	2429	36	15
21	家具制造业	952	1664	44	26	848	2484	72	37
22	造纸和纸制品业	1313	2446	48	25	1129	2806	51	42
23	印刷和记录媒介复制业	550	1655	36	44	1811	3537	48	34
24	文教、工美、体育和娱乐用品制造业	135	1251	107	28	1210	2818	160	42
25	石油加工、炼焦和核燃料加工业	2211	395	13	2	239	575	29	10
26	化学原料和化学制品制造业	323	3790	166	87	2866	6317	333	136
27	医药制造业	34	407	69	41	686	837	112	50

行业	2004 年				2013 年			
	国有及集体企业	私营企业	其他外资企业	港澳台企业	国有及集体企业	私营企业	其他外资企业	港澳台企业
28 化学纤维制造业	1648	86	3	1	79	218	6	1
29 橡胶和塑料制造业	4050	4178	169	63	2426	8228	261	73
30 非金属矿物制品业	370	6944	124	64	4217	9932	198	112
31 黑色金属冶炼和压延加工业	278	1218	16	11	935	3619	89	50
32 有色金属冶炼和压延加工业	2747	766	15	10	465	1534	43	10
33 金属制品业	2681	5596	138	62	5289	16222	373	128
34 通用设备制造业	1438	6364	186	57	4477	13081	459	107
35 专用设备制造业	472	2723	222	85	3457	7963	485	137
36 汽车制造业	928	1014	87	17	944	2730	405	54
37 铁路、船舶、航空航天和其他运输设备制造业	1304	1478	43	15	851	1898	72	30
38 电气机械和器材制造业	497	2275	118	40	2755	5970	291	76
39 计算机、通信和其他电子设备制造业	541	872	267	101	1087	2058	572	97
40 仪器仪表制造业	231	886	74	35	918	1622	139	46
41 其他制造业	60	603	52	15	365	1087	73	12
42 废弃资源综合利用业	956	160	5	0	197	659	50	9
43 金属制品机械和设备修理业					494	1063	23	6
合计	28550	61456	2587	1102	44571	120627	5151	1677

注：2004 年行业划分中没有金属制品机械和设备修理业（43）

首先，外资企业、国有及集体企业相比私营企业更容易在行业内发生集聚。2013 年外资企业、国有及集体企业发生集聚的行业比例分别为 86.2%、79.3%，而私营企业集聚行业比例仅为 55.2%，有 34.5% 行业空间形态表现为分散（表 5-8）。这一结论也得到 2004年数据结果的支持。另外，比较不同距离上各性质企业的空间形态，可以发现外资企业在短距离（0~50km）集聚很明显，国有及集体企业在 20~70km 集聚明显且两者随距离衰减，而私营企业在短距离（20~70km）分散明显，在中长距离有一定的集聚趋势（图 5-7）。

其次，我们发现外资企业的行业集聚强度远高于国有及集体企业、私营企业。2013 年外资企业、国有及集体企业、私营企业的平均集聚强度分别为 0.315、0.061、0.020。外资企业集聚强度是私营企业的 16 倍，国有及集体企业平均集聚强度约是私营企业的 3 倍。同时，外资企业集聚指数在短距离（0~50km）高，并随距离衰减明显，国有及集体企业在 0~30km 分散指数高，私营企业在 20~70km 分散指数高（图 5-8）。

表5-8 京津冀地区2004年和2013年不同性质企业制造业集聚、分散、随机分布的行业数量

企业性质		集聚		分散		随机		集聚强度
		数量/个	比例/%	数量/个	比例/%	数量/个	比例/%	
2004年	国有及集体企业	26	89.7	0	0.0	3	10.3	0.093
	私营企业	18	62.1	9	31.0	2	6.9	0.022
	其他外资企业	23	79.3	0	0.0	6	20.7	0.235
	港澳台企业	20	76.9	0	0.0	6	23.1	0.120
2013年	国有及集体企业	23	79.3	3	10.3	3	10.3	0.061
	私营企业	16	55.2	10	34.5	3	10.3	0.020
	其他外资企业	25	86.2	1	3.4	3	10.3	0.315
	港澳台企业	20	71.4	2	7.1	6	21.4	0.120

注：部分行业中的港澳台企业数量过少，不足以使用模型计算，所以港澳台企业的行业总数少于其他三者

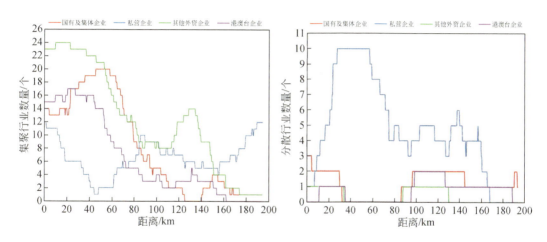

图5-7 京津冀地区2013年不同性质企业在各距离上集聚/分散的行业数量

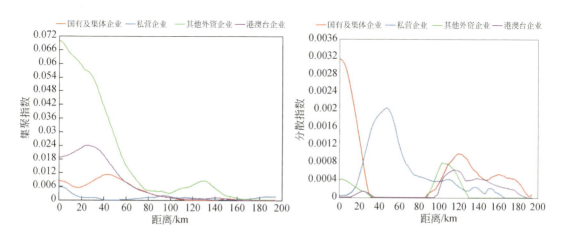

图5-8 京津冀地区2013年不同性质企业在各距离上的集聚/分散指数

综上所述，外资企业、国有及集体企业的集聚行业数量、集聚强度高于私营企业，外资企业在短距离集聚尤为明显，国有及集体企业在 20～70km 集聚明显，私营企业受距离影响不明显。这表明在同一行业内，外资企业更倾向于靠近彼此，国有及集体企业之间会保持一定距离，私营企业可能会分散。本研究得到的外资企业比私营企业更倾向于集聚的结论与 Ge（2009）、Brakman 等（2017）研究结论一致，主要原因是外资企业具有强烈的逐利性且基础条件较好，为避免知识技术"渗漏"和获取信息的外部性，更愿意与竞争力较强的其他外资企业靠近。另外，20 世纪 90 年代以来我国实行内外资企业所得税双轨制，为外资企业提供部分政策优惠，吸引了大量外资企业进入。这双重因素导致外资企业高度集聚。但本研究并未得到 Brakman 等（2017）研究发现的国有及集体企业更分散的结论，原因可能是北京的全国政治中心的定位，吸引了大量国有企业和上市公司总部。

3. 企业年龄异质性

新企业与现存企业的空间分布形态存在差异吗？根据 2013 年国家工商总局企业注册局发布的全国内资企业生存时间分析报告（http://www.gov.cn/gzdt/2013-07/30/content_2458145.htm），企业成立后第三年死亡率最高。可以认为三年是一个企业能否继续存活下去的关键期限。因此，对于 2013 年京津冀企业数据，本研究将开业年份在 2010 年（含）的企业划分为现存企业（即老企业），开业年份在 2011 年、2012 年、2013 年的企业划分为新企业。该做法能够保证各类型企业数量充足。分类结果显示，京津冀地区有 123914 家现存企业，占比 72.0%，有 48082 家新企业，占比 28.0%。表 5-9 展示了京津冀地区 2013 年各行业新企业、现存企业数量。

表 5-9 京津冀地区 2013 年各行业新企业、现存企业数量 （单位：家）

	行业	新企业	现存企业	开业年份中位数
13	农副食品加工业	1663	3979	2007
14	食品制造业	1136	2829	2007
15	酒、饮料和精制茶制造业	348	1371	2005
16	烟草制品业	1	5	1958
17	纺织业	2128	4424	2008
18	纺织服装、服饰业	1431	4630	2006
19	皮革、毛皮、羽毛及其制品和制鞋业	2066	2209	2010
20	木材加工和木、竹、藤、棕、草制品业	1137	2008	2009
21	家具制造业	1020	2419	2008
22	造纸和纸制品业	867	3163	2006
23	印刷和记录媒介复制业	936	4502	2005
24	文教、工美、体育和娱乐用品制造业	1310	2925	2008

续表

	行业	新企业	现存企业	开业年份中位数
25	石油加工、炼焦和核燃料加工业	196	657	2006
26	化学原料和化学制品制造业	1949	7697	2005
27	医药制造业	326	1354	2004
28	化学纤维制造业	86	219	2007
29	橡胶和塑料制造业	2928	8066	2007
30	非金属矿物制品业	4123	10320	2007
31	黑色金属冶炼和压延加工业	940	3745	2006
32	有色金属冶炼和压延加工业	592	1456	2007
33	金属制品业	7151	14868	2008
34	通用设备制造业	4993	13129	2008
35	专用设备制造业	3528	8514	2008
36	汽车制造业	1133	3001	2007
37	铁路、船舶、航空航天和其他运输设备制造业	941	1907	2008
38	电气机械和器材制造业	2346	6738	2007
39	计算机、通信和其他电子设备制造业	904	2915	2007
40	仪器仪表制造业	613	2115	2006
41	其他制造业	437	1104	2008
42	废弃资源综合利用业	351	555	2009
43	金属制品机械和设备修理业	502	1090	2008
	合计	48082	123914	

注：划分新企业与现存企业的标准是企业开业时间是否在2011年（含）之后，即若开业年份为2011年、2012年、2013年，则企业为新企业；若在2011年之前，则企业为现存企业

首先，现存企业相比新企业在更多的行业中发生集聚。2013年25个行业中的现存企业之间发生集聚，占比86.2%，而新企业的集聚行业数量仅为19个，占比65.5%。现存企业、新企业分别有2个、9个行业表现为分散，以及有2个、1个行业表现为随机。同时，现存企业在短距离（0~50km）和中长距离（100~150km）集聚行业数量较多，新企业在中距离（40~90km）集聚行业数量稍多，受距离影响不明显（图5-9）。

其次，现存企业的集聚强度高于新企业。2013年制造业中现存企业、新企业的平均集聚强度分别为0.041、0.034。现存企业集聚指数在10~40km和100~140km较大，而新企业集聚指数仅在0~20km较大，且距离衰减明显（图5-10）。这表明行业内新企业只在极短距离集聚，可能是围绕在规模较大的现存企业周边，而现存企业之间的集聚会保持一定距离，可能是因为需要有充足的发展空间。现存企业较为成熟，竞争力强，企业间联系比较紧密，具有集聚的先发优势。新企业较为灵活，区位选择多考虑与相关现存企业邻近。

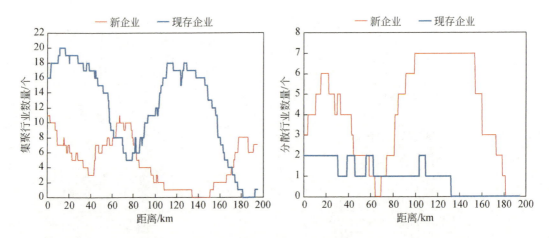

图 5-9 京津冀地区 2013 年新企业与现存企业在各距离上集聚/分散的行业数量

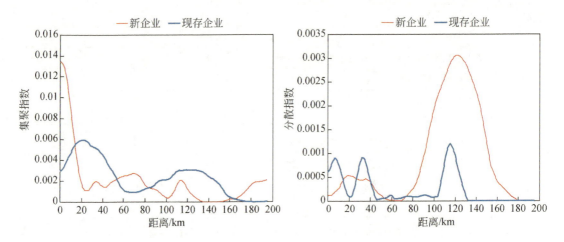

图 5-10 京津冀地区 2013 年新企业与现存企业在各距离上的集聚/分散指数

最后，不同行业中的新企业与现存企业的空间形态存在分异。黑色金属加工业、皮革、毛皮、羽毛及其制品和制鞋业中的新企业集聚强度较高，而现存企业倾向分散（图 5-11）；橡胶、塑料制品业、印刷业、化学原料及化学制品业、通用设备制造业、专用设备制造业等现存企业集聚强度较高，而新企业倾向分散（图 5-12）。本书认为，这种分异可能源于产业发展过程中早期的产业基础对新企业的进入有很大影响，正如空间经济学强调循环累积因果和路径依赖对区域产业发展的作用。

综上所述，本章延续了产业集聚的测度方法，分别从区域、行业、企业三个维度由宏观到微观解析了产业集聚的异质性。区域维度关注产业集聚在北京、天津、河北的差异性，行业维度关注了产业集聚在劳动密集型、技术密集型、资源密集型等行业的差异性，企业维度关注了产业集聚在企业规模、企业性质、企业年龄的差异性。研究表明：

1）如果控制行政单元空间范围影响，河北比北京、天津有更多的制造业行业发生集聚。2004~2013 年，三省市制造业行业集聚比例呈下降趋势。2013 年北京、天津和河北

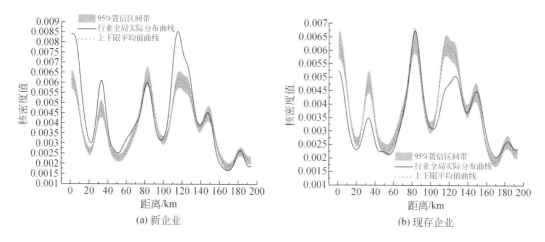

图 5-11 京津冀地区皮革、毛皮、羽毛及其制品和制鞋业（19）中的新企业、
现存企业的空间形态曲线

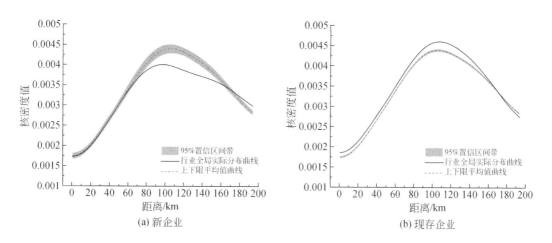

图 5-12 京津冀地区橡胶和塑料制造业（29）中的新企业、现存企业的空间形态曲线

集聚比例变化范围分别为 51.7%、55.2% 和 79.3%。天津制造业的平均集聚强度最高，北京次之，河北最低。北京和天津集聚强度较高的行业多为技术密集型行业，而河北则多为劳动密集型和资本密集型行业。2004 ~ 2008 年三省市制造业集聚水平均提升；2008 ~ 2013 年北京制造业集聚水平下降，集聚范围扩大，天津和河北制造业的集聚水平在短距离进一步提升，在中长距离下降。

2）集聚强度高的行业多是技术密集型和劳动密集型的制造业，两者空间集聚的核心动力分别是技术外部性和金融外部性。分散强度高的行业多是食品相关或资源密集型制造业，主要受到分散的市场或自然资源分布的影响。计算机、通信和其他电子设备制造业，纺织服装、服饰业，农副食品加工业，非金属矿物制品业是四种行业的典型代表。

3）小企业相比大企业更容易在行业内发生集聚，集聚行业比例分别为 79.3% 和 44.8%。小企业集聚水平高于大企业，集聚范围更大，受距离影响较小；大企业在 0 ~

25km 集聚水平很高。外资企业、国有及集体企业相比私营企业更容易在行业内发生集聚，集聚比例分别为 86.2%、79.3% 和 55.2%。外资企业的集聚水平远高于国有及集体企业、私营企业，并且在短距离集聚尤为明显，国有及集体企业在 20～70km 集聚明显，私营企业受距离影响不明显。现存企业相比新企业在更多的行业中发生集聚，集聚比例分别为 86.2% 和 65.5%。现存企业的集聚水平高于新企业，且集聚范围大，受距离影响小，新企业仅在 0～20km 集聚水平很高。

第六章 制造业集聚的影响机制研究

纵观已有研究可以发现，学者们对产业集聚的机制解释还存在分歧，一方面是由于测度方法的不同，另一方面是对集聚形态和阶段的认识不够深入。关于前者，同样是考察县级尺度的烟草加工业，路江涌和陶志刚（2007）计算的 EG 指数是所有行业中最小的，仅为最大值的 1/30，贺灿飞等（2007）计算该行业的基尼系数却是所有行业中最大的。因此，必须建立可信度高且被广泛认可的测度方法。关于后者，解释集聚机制时没有充分考虑产业的空间分布形态（集聚、分散、随机），然而实际上分散或随机分布的行业与集聚分布的行业在集聚机制的解释上并不一致。已有研究表明，某些行业并不倾向于集聚，例如 Duranton 和 Overman（2005）基于地理距离构建了 DO 指数，研究表明英国仅有 52% 的制造业行业在 95% 置信水平集聚，24% 的行业表现为分散，24% 的行业表现为随机分布。世界上其他制造业强国的制造业集聚比例也大多在 50%～70%。

基于上述思考，本书认为制造业集聚的影响因素研究应该回答两个问题：制造业形成集聚的影响因素是什么？制造业集聚强度提升的影响因素又是什么？这两个问题可以理解为制造业集聚的两个阶段，第一个阶段是行业集聚形成，第二个阶段是行业集聚提升。这两个阶段的影响因素可能存在差异，但已有研究得到的多是两个阶段的混合结果，并未将两者做严格区分。因此，对这一问题的深入研究不仅有利于明晰目前集聚机制解释中存在分歧的原因，而且通过更明确的政策含义，有利于产业发展和区域竞争力提升。

第一节 模型和变量选择

本书采用 DO 指数测度各行业的集聚程度，DO 指数通过比较行业内实际企业点对距离的分布密度与随机分布下的情形，判断和测度行业空间分布形态。该方法区别于传统基于离散空间下的研究思路，而是基于连续空间的模型构建，常用于产业地理的前沿研究。同时，基于学者的已有研究成果，从资源禀赋、集聚经济、政府行为、全球化 4 个角度选取解释变量。其中，资源禀赋、集聚经济是讨论产业区位的普遍视角，政府行为、全球化则结合了中国制造业发展的现实情况。

1. 模型选择

本章被解释变量是制造业集聚程度，主要通过 DO 指数测度，计算过程详见第三章第一节。为丰富 DO 指数的现实含义，本章参考 Alfaro 和 Chen（2014）的做法，通过累加集聚指数构建衡量任意距离（S）范围内的行业 A 的集聚强度指标并作为被解释变量，公

式为

$$DO_A(S) = \sum_{d=0}^{d=S} \Gamma_A(d) = \sum_{d=0}^{d=S} \max(\hat{K}_A(d) - \bar{\bar{K}}_A(d), 0) \tag{6-1}$$

式中，$\Gamma_A(d)$ 为在 d 距离上的全局集聚指数；$\hat{K}_A(d)$ 为行业 A 在 d 距离上的核密度估计值；$\bar{\bar{K}}_A(d)$ 为基于反事实实验中行业 A 的 95% 置信区间上限。

所有制造业行业中约有 20% 的行业集聚强度为 0，因此因变量属于典型的归并数据。Tobit 模型常用于归并数据，但对于扰动项正态性和同方差性有严格要求。根据条件矩检验和构建 LM 统计量发现，数据存在异方差和非正态性问题，故构建跨栏模型（Hurdle model），也被称为"两部分模型"（Two-part model）。作为 Tobit 模型的推广，Hurdle 模型能规避上述问题。模型公式表达为

$$f(y|x) = \begin{cases} P(d=0|x) & \text{若 } y=0 \\ P(d=1|x)f(y|d=1,x) & \text{若 } y>0 \end{cases} \tag{6-2}$$

式中，d 为虚拟变量，集聚行业（$y>0$）记为 $d=1$，分散或随机行业（$y=0$）记为 $d=0$；P 表示概率。

Hurdle 模型中第一阶段基于全部样本回答自变量是否有利于形成集聚，被解释变量中非 0 值均设为 1，设定 Probit 二值选择模型：

$$\text{Probit}(y_i = 1|x_{ni}) = \lambda + \nu_n x_{ni} + \gamma_i \tag{6-3}$$

第二阶段基于集聚行业样本（$d=1$）回答自变量如何影响行业集聚程度，被解释变量为连续变量并满足线性模型假设条件，采用最小二乘法（Ordinary Least Squares，OLS）估计，设定线性模型：

$$y_i = \alpha + \beta_n x_{ni} + \varepsilon_i \tag{6-4}$$

式中，y_i 为被解释变量；λ 和 α 均为常数项；ν_n 和 β_n（$n=1, 2, \cdots$）为待估参数；x_{ni} 为自变量与控制变量；γ_i 和 ε_i 均为误差项。

本章研究单元是基于国民经济行业分类的中类制造业行业，以三位数代码区分。本章研究的时间跨度为 2004~2013 年，该时间跨度内涉及两个行业分类标准。考虑数据的匹配性，2004 年和 2008 年的制造业行业划分仍以《国民经济行业分类（GB/T 4574—2002）》为准，2013 年以《国民经济行业分类（GB/T 4574—2011）》为准。另外，企业数量过少（低于 10 家）的行业（烟叶复烤、卷烟制造、其他烟草制品加工、核燃料加工）因缺乏代表性而予以剔除。因此，2004 年和 2008 年制造业行业类型样本有 162 个，2013 年有 168 个。

2. 变量选择

基于学者的已有研究成果，本章从资源禀赋、集聚经济、政府行为、全球化四个角度构建产业集聚的影响因素分析框架（图 6-1）。

资源禀赋、集聚经济是讨论产业区位的普遍视角，政府行为、全球化则结合了中国制造业发展的现实情况。资源禀赋和集聚经济主要作为影响产业集聚的内在因素，塑造了产

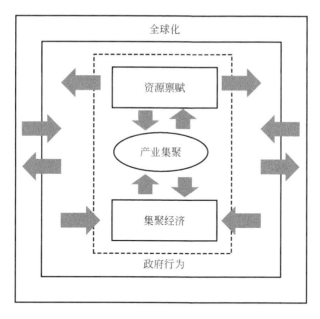

图 6-1　产业集聚的影响因素分析框架

业地理的基本格局，政府行为、全球化作为外在因素，持续地改变这一基本格局。核心解释变量设置如表 6-1 所示。

表 6-1　核心解释变量说明

影响因素	变量	量化指标	名称	数据来源
资源禀赋（RES）	农业	农、林、牧、渔业中间投入占行业总投入的比重	RES_AGR	地区投入产出表
	矿产	煤炭、石油、金属、非金属中间投入占行业总投入的比重	RES_MIN	
	电力、燃气、水	电力、燃气、水供应中间投入占行业总投入的比重	RES_ENE	
集聚经济（AGG）	劳动力池	行业从业人员数	AGG_EMP	经济普查数据
	产业内部关联	行业内部中间投入占总投入的比重	AGG_INI	地区投入产出表
	产业外部关联	其他制造业产品中间投入占总投入的比重	AGG_INT	智慧芽专利平台
	知识溢出	行业专利数量	AGG_TEC	
政府行为（GOV）	地方保护主义	行业内国有企业占所有企业的比重	GOV_NAT	经济普查数据
	开发区政策	行业成为开发区目标行业的次数	GOV_LEV	中国开发区审核公告目录
全球化（GLO）	对外贸易	行业出口交货值占工业销售产值的比重	GLO_EXP	工业企业数据库
	外商投资	行业内外商投资企业占所有企业的比重	GLO_FOR	经济普查数据

注：为减弱自变量与因变量双向因果关系，源自工业企业数据库的数据均滞后一期

根据比较优势理论和资源禀赋学说，资源禀赋是影响产业布局的基础因素，行业对于各类资源依赖性的差异直接影响其空间分布。随着通信技术和交通运输条件改善，自然资源的影响在逐渐减弱，劳动力、资本等投入要素的影响在增强。Kim（1999）将资源分为劳动力、资本、农业、木材、石油、矿石等，研究表明该资源体系能够解释美国长时间内（1880～1987年）大部分制造业的分布，并且劳动力、资本的重要性在不断上升，自然资源相对优势在逐渐减弱。Ellison和Glaeser（1999）通过计算EG指数，认为自然资源能够至少解释一半的美国制造业集聚现象。本章选取农业、矿产、电力燃气水变量，并利用三省市投入产出表（2002年、2007年、2012年）分别汇总计算各类自然资源在行业总投入中的比重进行量化。

集聚经济常用来解释产业区位选择的微观机制，认为产业集聚带来外部性收益。集聚降低了劳动力（专业人才）、中间商品、知识、技术的流动成本，学者们将其概括为劳动力池、产业关联、知识溢出。本文中，劳动力池变量利用经济普查数据（2004年、2008年、2013年）计算各行业从业人员数来进行量化。产业关联包括行业内部关联和行业外部关联，利用三省市投入产出表分别计算行业内部和行业外部中间产品投入占总投入的比重进行量化。知识溢出难以直接测度，常用专利授权数代理。本书利用智慧芽专利平台（https://www.zhihuiya.com）分别统计国家知识产权局在2004年、2008年、2013年授权给京津冀三省市各行业的专利数量进行量化。

伴随全球化，20世纪80年代以来经济活动的重心逐渐从欧美转移至亚洲，中国积极参与并逐步建立制度优势，2003年成为最大的外资流入国。依靠丰富且廉价的劳动力，全球化成为中国沿海地区制造业发展的重要推力，进一步塑造以资源投入和集聚经济为导向的制造业布局。因此，选取对外贸易和外商投资变量反映全球化因素，并分别以行业出口交货值比重和外商投资企业比重进行量化。

政府行为是市场经济主导下调控产业发展的重要力量。中国多层级的行政管理体系间无序竞争、长期以GDP为政绩考核标准等原因使得政府行为对产业空间布局产生十分复杂的影响。一方面，地方政府通过广泛建立各类开发区扩大集聚经济效应，通过开发区优惠政策吸引企业进入；另一方面，竞争思维引导地方政府对国有企业和利税率高的企业产生保护倾向，也会影响产业的空间布局。开发区政策变量通过成为园区主导行业的次数进行量化，来源为《中国开发区审核公告目录》（2006年、2018年），根据批准时间统计京津冀地区省级以上开发区的主导行业，并与二位数行业分类近似匹配。地方保护主义变量以国有企业比重进行量化。

控制变量包括空间结构和交通运输。其中，空间结构变量表征由于行业在不同省市比重差异引起的偏差，分别以行业在北京的比重（SPA_BJ）和行业在天津的比重（SPA_TJ）来量化；交通运输变量（RES_TRA）以相应中间投入占总投入的比重来量化。

变量描述性统计参见表6-2。需要说明的是，劳动力池、知识溢出变量取对数处理。

表 6-2 变量描述性统计

变量类型	变量	样本量	平均值	标准差	最小值	最大值
因变量	DO (50)	492	0.170	0.222	0	1.201
	DO (100)	492	0.204	0.248	0	1.203
	DO (150)	492	0.224	0.262	0	1.224
	DO (194)	492	0.231	0.264	0	1.224
自变量	RES_AGR	492	0.053	0.094	0	0.311
	RES_MIN	492	0.039	0.078	0	0.601
	RES_ENE	492	0.030	0.0178	0	0.077
	AGG_EMP	492	36953	56086	167	520480
	AGG_INI	492	0.249	0.114	0	0.528
	AGG_INT	492	0.254	0.147	0	0.543
	AGG_TEC	492	167.4	537.8	0	5600
	GOV_NAT	492	0.015	0.026	0	0.333
	GOV_LEV	492	28.68	40.29	0	138
	GLO_EXP	492	0.165	0.180	0	0.898
	GLO_FOR	492	0.062	0.052	0	0.339
控制变量	SPA_BJ	492	0.231	0.165	0	0.870
	SPA_TJ	492	0.256	0.137	0.022	0.775
	RES_TRA	492	0.036	0.014	0	0.115

注：DO 后面括号中的数字为距离，单位为 km

第二节 制造业集聚的影响因素分析

在回归分析之前，我们首先对解释变量进行了多重共线性检验。模型中自变量相关系数均小于等于 0.6，方差膨胀因子（VIF）均小于 10，所以不存在多重共线性问题。为减少异方差影响，模型采用稳健性标准误。

1. 集聚形成阶段的影响因素

Hurdle 模型中第一阶段回答各影响因素是否有利于制造业形成集聚。2011 年之后由于规模以上企业统计口径发生变化，并且部分变量（对外贸易，GLO_EXP）缺失数据，因而 2013 年与 2004 年、2008 年可能存在数据口径不统一的问题。为保证模型的稳健性，表 6-3 分别列出 2004~2008 年和 2004~2013 年两个时段的混合截面回归结果。模型考虑年份固定效应，第一阶段模型采用最大似然估计方法，各模型均通过卡方检验。

表 6-3　Hurdle 模型第一阶段 Probit 回归结果

模型	2004~2008 年				2004~2013 年			
	(1)	(2)	(3)	(4)	(5)	(6)	(7)	(8)
S	50km	100km	150km	196km	50km	100km	150km	196km
RES_AGR	-3.813 **	-4.153 **	-4.106 **	-3.703 **	-3.042 **	-3.158 **	-3.119 **	-2.837 *
	(1.695)	(1.734)	(1.709)	(1.694)	(1.467)	(1.488)	(1.489)	(1.509)
RES_MIN	1.325	1.262	1.201	0.915	0.249	0.162	0.153	0.202
	(2.039)	(2.099)	(2.067)	(1.995)	(1.412)	(1.432)	(1.424)	(1.413)
RES_ENE	-13.264	-14.357 *	-13.884	-10.649	6.624	7.071	7.579	7.808
	(8.470)	(8.597)	(8.643)	(8.524)	(5.391)	(5.520)	(5.511)	(5.437)
AGG_EMP	0.287 ***	0.321 ***	0.328 ***	0.373 ***	0.240 ***	0.252 ***	0.258 ***	0.311 ***
	(0.086)	(0.083)	(0.084)	(0.085)	(0.058)	(0.057)	(0.057)	(0.058)
AGG_INI	1.086	1.716	1.720	1.459	-0.637	-0.345	-0.428	-0.570
	(1.706)	(1.701)	(1.690)	(1.698)	(1.278)	(1.293)	(1.298)	(1.318)
AGG_INT	0.206	0.516	0.395	0.570	0.929	1.133	1.119	1.268
	(1.609)	(1.632)	(1.608)	(1.611)	(1.377)	(1.396)	(1.399)	(1.433)
AGG_TEC	-0.014	-0.006	-0.028	-0.044	-0.061	-0.060	-0.069 *	-0.067
	(0.077)	(0.084)	(0.084)	(0.094)	(0.041)	(0.042)	(0.042)	(0.043)
GOV_NAT	0.651	0.756	0.224	0.883	-1.233	-1.382	-1.634	-0.937
	(3.807)	(4.088)	(4.056)	(3.903)	(2.271)	(2.284)	(2.299)	(2.266)
GOV_LEV	-0.007	-0.010	-0.006	-0.002	-0.001	-0.002	-0.001	-0.001
	(0.006)	(0.006)	(0.006)	(0.007)	(0.003)	(0.003)	(0.003)	(0.003)
GLO_EXP	0.611	0.551	0.608	0.456				
	(0.585)	(0.627)	(0.621)	(0.594)				
GLO_FOR	5.552 **	6.333 **	6.367 **	4.989 *	4.690 **	4.830 **	4.891 **	3.434 *
	(2.780)	(3.052)	(3.089)	(2.979)	(2.003)	(2.132)	(2.150)	(2.034)
SPA_BJ	2.568 ***	2.583 ***	2.592 ***	2.204 ***	2.501 ***	2.491 ***	2.515 ***	2.357 ***
	(0.672)	(0.712)	(0.713)	(0.706)	(0.517)	(0.533)	(0.534)	(0.539)
SPA_TJ	1.751 **	1.945 **	1.658 **	1.118	2.580 ***	2.769 ***	2.623 ***	2.316 ***
	(0.694)	(0.756)	(0.735)	(0.718)	(0.562)	(0.583)	(0.579)	(0.583)
RES_TRA	-13.759	-15.439 *	-15.359 *	-13.606	-12.833 **	-13.414 **	-13.757 **	-12.867 **
	(8.473)	(8.735)	(8.670)	(8.390)	(6.412)	(6.547)	(6.547)	(6.558)
常数项	-2.321 **	-2.652 **	-2.656 **	-2.771 **	-2.218 **	-2.353 ***	-2.342 ***	-2.525 ***
	(1.118)	(1.100)	(1.092)	(1.092)	(0.894)	(0.896)	(0.897)	(0.910)
年份固定效应	是	是	是	是	是	是	是	是
样本量	324	324	324	324	492	492	492	492
Pseudo R^2	0.224	0.247	0.241	0.219	0.223	0.237	0.236	0.229

注：括号内为稳健标准误

*、**、***分别表示在10%、5%和1%的水平上显著

自然资源投入因素中，农业投入（RES_AGR）对制造业形成集聚表现为显著的负向影响，并随着距离上升影响逐步减弱。矿产（RES_MIN），电力、燃气和水（RES_ENE）对制造业集聚的影响均不显著。究其原因，可能是自然资源作为制造业发展的基础，地域性和稀缺性导致其空间分布较为分散，企业为减少运输成本将靠近自然资源布局，行业呈现分散特征。虽然交通运输技术发展使长距离运输成为现实，自然资源对于行业分布的严格限制得以放松，但其依然是某些行业布局需要考虑的重要因素，尤以食品相关行业表现更为明显（表6-4）。

表6-4　京津冀地区2013年农业资源投入前5位二位数行业的集聚强度

行业	农业资源投入比重/%	各距离范围内的行业集聚强度			
		50km	100km	150km	196km
农副食品加工业	30.1	0.018	0.021	0.021	0.022
食品制造业	30.1	0.022	0.023	0.023	0.024
酒、饮料和精制茶制造业	30.1	0.000	0.000	0.000	0.000
纺织业	24.5	0.144	0.156	0.169	0.193
纺织服装、服饰业	12.6	0.161	0.250	0.258	0.258
所有行业平均值	5.7	0.152	0.180	0.195	0.200

注：由于《投入产出表》中只涉及二位数行业，本书通过近似匹配计算农业投入比重，集聚强度为所属三位数行业的平均值

农产品具有易腐烂变质特性，相比矿产品，电力、燃气和水运输成本更高昂，并且与本地市场联系紧密，因而农业资源投入高的行业多表现出分散特征。京津冀政府部门致力于建设环首都的农产品流通网络，根据《环首都1小时鲜活农产品流通圈规划》，流通圈包括"一核双层、五通道、多中心"，其中"内层"重点布局城市鲜活农产品中转流通等，"外层"重点布局农产品生产基地、储备基地等。可见，政策规划将引导农产品相关行业环首都的分散布局。

集聚经济因素中，劳动力池（AGG_EMP）对制造业形成集聚表现为显著的正向影响并随距离上升而影响增强。产业内部关联（AGG_INI）、产业外部关联（AGG_INT）、知识溢出（AGG_TEC）均不显著。企业规模越大，对于劳动力的需求越旺盛，越需要靠近人口密集的地区。同时，这些区域丰富的劳动力资源也会吸引大量企业进入，有利于行业形成集聚。北京和天津是北方劳动力主要的流入地，根据《2021年农民工监测调查报告》，京津冀地区有2125万农民工。其中，包括来自河北多个城市的劳动力，这在一定程度上给北京和天津，尤其是北京的城市承载力造成压力，易引发社会问题。同时，北京和天津的劳动力优势并没有辐射到河北，北京和天津以南的河北各城市的省外流入人口规模相对较少，吸引力有待提升。劳动力流动虽然促进了京津冀地区经济发展，但河北与京津两市仍有较大的发展差距。

全球化因素中，外商投资（GLO_FOR）对制造业形成集聚表现为显著的正向影响并随距离上升先增强后减弱。逐利是资本流动的根本目的，外商在华投资的动机可概括为生

产投入与市场动机、生产服务动机、利用优惠政策和降低投资风险动机等，因而附加值高、集聚效应强的行业是外商首选，如电子通信设备、化学原料及制品行业等。外商投资在产业集聚的过程中往往会通过优势传播和挤出效应促进行业形成集聚和产业结构升级，但这样的溢出效应存在距离衰减规律。整体而言，外商投资在早期对中国制造业增长机制、增长效益、增长速度、增长质量都有重要贡献。

京津冀地区尤以京津两市引进外商投资历史早、数量大，自2001年中国加入世贸组织以来，实际利用外商直接投资额增长迅速，直到2016年增长趋缓（图6-2）。

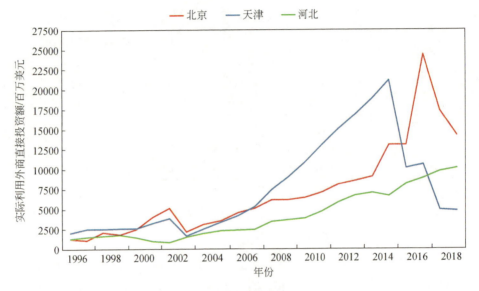

图6-2　北京、天津、河北各年实际利用外商直接投资额

数据来源为各省市统计局

2004～2013年京津冀地区实际利用外商直接投资额从75.3亿美元增至320.2亿美元，占全国的比重从12.4%提升至27.2%。三省市外商投资利用方式不同，北京服务业占据主导地位，创新引领，发展总部经济。特斯拉、爱立信等超500家跨国公司在北京设立研发中心，在京世界500强企业总部56家，居世界第一。天津在三省市外商投资额数量上居首位，主要围绕高端制造、汽车、新材料、医药健康等行业展开。以天津经济技术开发区为例，2014年有3300多家外商投资企业落户，投资总额超过150亿美元，以天津一汽丰田、雀巢、诺和诺德、飞思卡尔等跨国企业为代表，形成电子通讯、食品、机械、生物医药四大支柱产业，位居国家级经济技术开发区首位。河北除承接北京和天津产业转移外，也逐步提高利用外资的水平，重点打造开发区、自贸试验区等平台，吸引外资项目，涉及行业广，以地方产业基础、要素优势为依托。

控制变量中，行业从业人员在北京的比重（SPA_BJ）、在天津的比重（SPA_TJ）对制造业形成集聚均表现为显著的正向影响。北京和天津作为中国制造业的重要集聚地，制造业种类繁多，配套能力强，发展条件优势明显，产业集聚度远高于河北。因而行业在两地比例越高，越有利于形成集聚。交通运输（RES_TRA）对产业集聚形成具有显著的负向影响，交通运输成本越高的行业，越需要靠近市场或原料地来降低运输成本。

2. 集聚提升阶段的影响因素

Hurdle 模型第二阶段回答各自变量对集聚行业（部分样本）集聚强度的影响。各模型均通过 F 检验，表 6-5 报告了 Hurdle 模型第二阶段的影响因素的回归结果。

表 6-5　Hurdle 模型第二阶段 OLS 回归结果

模型	2004～2008 年				2004～2013 年			
	（1）	（2）	（3）	（4）	（5）	（6）	（7）	（8）
S	50km	100km	150km	196km	50km	100km	150km	196km
RES_AGR	-0.001	-0.009	-0.025	-0.027	-0.086	-0.041	-0.055	-0.058
	(0.196)	(0.210)	(0.223)	(0.225)	(0.217)	(0.220)	(0.228)	(0.227)
RES_MIN	0.413	0.439	0.389	0.402	-0.120	-0.089	-0.133	-0.126
	(0.263)	(0.285)	(0.299)	(0.290)	(0.184)	(0.191)	(0.197)	(0.198)
RES_ENE	-4.905***	-4.938***	-5.619***	-5.443***	-3.143***	-3.165***	-3.724***	-3.403***
	(1.191)	(1.290)	(1.289)	(1.307)	(0.925)	(0.962)	(0.972)	(0.998)
AGG_EMP	-0.011	-0.001	0.002	0.005	-0.015	-0.005	-0.001	-0.001
	(0.013)	(0.014)	(0.014)	(0.013)	(0.009)	(0.010)	(0.010)	(0.010)
AGG_INI	0.746***	0.800***	0.829***	0.857***	0.365**	0.470***	0.498***	0.524***
	(0.199)	(0.209)	(0.211)	(0.207)	(0.182)	(0.180)	(0.181)	(0.179)
AGG_INT	0.350**	0.414**	0.481***	0.527***	0.155	0.288	0.338*	0.385**
	(0.163)	(0.177)	(0.183)	(0.184)	(0.189)	(0.187)	(0.189)	(0.188)
AGG_TEC	0.008	0.004	0.013	0.014	-0.002	-0.005	-0.000	-0.001
	(0.009)	(0.010)	(0.010)	(0.010)	(0.007)	(0.007)	(0.007)	(0.007)
GOV_NAT	0.248	0.070	0.074	0.090	0.140	-0.127	-0.102	-0.121
	(0.504)	(0.533)	(0.453)	(0.443)	(0.477)	(0.532)	(0.496)	(0.497)
GOV_LEV	-0.001	-0.002*	-0.002**	-0.002**	-0.001	-0.001**	-0.002***	-0.002***
	(0.001)	(0.001)	(0.001)	(0.001)	(0.001)	(0.001)	(0.001)	(0.001)
GLO_EXP	-0.043	-0.028	-0.027	-0.018				
	(0.086)	(0.096)	(0.096)	(0.094)				
GLO_FOR	0.581	0.421	0.411	0.445	0.611**	0.443	0.443	0.499
	(0.379)	(0.416)	(0.412)	(0.410)	(0.290)	(0.309)	(0.312)	(0.312)
SPA_BJ	0.224*	0.311**	0.342**	0.325**	0.198*	0.274**	0.315***	0.305***
	(0.123)	(0.136)	(0.136)	(0.135)	(0.103)	(0.109)	(0.110)	(0.110)
SPA_TJ	0.259	0.413**	0.462***	0.441***	0.223	0.349**	0.395***	0.384***
	(0.171)	(0.178)	(0.165)	(0.162)	(0.139)	(0.146)	(0.139)	(0.137)

模型	2004~2008 年				2004~2013 年			
	(1)	(2)	(3)	(4)	(5)	(6)	(7)	(8)
S	50km	100km	150km	196km	50km	100km	150km	196km
RES_TRA	−1.484	−2.003	−1.807	−1.899	−0.196	−0.846	−0.554	−0.580
	(1.608)	(1.688)	(1.682)	(1.663)	(1.204)	(1.268)	(1.284)	(1.311)
常数项	0.061	−0.039	−0.080	−0.115	0.190	0.074	0.027	−0.001
	(0.134)	(0.142)	(0.146)	(0.143)	(0.122)	(0.127)	(0.128)	(0.125)
年份固定效应	是	是	是	是	是	是	是	是
样本量	248	253	255	267	377	382	384	398
R^2	0.345	0.307	0.346	0.348	0.240	0.231	0.264	0.262

注：括号内为稳健标准误

*、**、***分别表示在 10%、5% 和 1% 的水平上显著

自然资源因素中，电力、燃气和水（RES_ENE）对集聚行业集聚强度提升具有显著的负向影响并在 150km 范围内影响增强，超出该范围影响呈减弱趋势。相比农业和矿产资源作为生产原料，电力、燃气和水是生产环节中的必备条件。政府出让工业土地时一般都会解决供电和供水问题，电力、燃气和水资源并非企业寻求区位的首要因素，因而该变量对于第一阶段形成集聚并没有显著影响。但某些集聚行业，如化学工业对电力、燃气和水的需求很高，企业为节约成本寻求廉价资源区位，而廉价资源的分散分布导致行业集聚强度下降。

集聚经济因素中，产业内部关联（AGG_INI）、产业外部关联（AGG_INT）均对集聚强度提升具有显著的正向影响并随距离上升影响增强。产业内部关联越紧密，通过提升集聚强度能节约大量的运输成本，也有利于打造地方品牌，提升竞争力。产业外部关联越紧密，越有利于促进产业间协同集聚，间接提升产业内集聚强度。产业内部关联和外部关联的正向作用随距离而变化的可能原因是马歇尔外部性与雅各布斯外部性共同作用的结果。两种外部性分别在短距离和长距离起主导作用，从而加强产业关联对集聚的正向效应，特别是距离越长，纳入集聚范围的城市越多，产业间互动联系越紧密，雅各布斯外部性的增强作用就越明显。另外，产业内部关联、产业外部关联变量在模型两阶段的结果差异表明它们只有对集聚行业才有促进作用，而对行业是否形成集聚并无显著影响，这可能是因为产业关联需要在一定的集聚基础上才能发挥作用，并非原始驱动力。京津冀地区产业内部关联较强的制造业多属于电子设备制造业、交通运输设备制造业、木材加工业、家具制造业，它们往往行业内部门类复杂，企业数量多，产业内部企业联系紧密。产业外部关联较强的制造业多属于电气机械及器材制造业、金属制品业、通用设备制造业、专用设备制造业，它们一般为其他行业提供生产工具或零部件，企业规模较大，资本投入多。围绕这一问题，我们将在后面的章节中给予重点论述。

知识溢出（AGG_TEC）对集聚强度影响依然不显著，可能原因是京津冀地区虽然每年都有大量的专利获得授权，但只有少数运用于本地产业发展，大多在长三角、珠三角等

地区实现专利转化，其本身需要的大量技术获取主要依赖于外部。2011～2015 年，京津冀城市群专利转移总量为 28430 件，在城市群内部城市间发生转移的专利数量仅占 12.8%，远低于长三角城市群（31.3%）和珠三角城市群（20.1%）（表6-6）。

表6-6 中国三大城市群城际技术转移网络中城市节点数与专利数

尺度	网络类别	属性	2001～2005 年	2006～2011 年	2011～2015 年
中国	—	城市节点数/个	240	318	349
		转移的专利数/件	3146	19099	104476
京津冀城市群	内部网络	城市节点数/个	12	13	13
		转移的专利数/件	82	804	3645
		内部城市节点数/个	9	13	13
	外部网络	外部城市节点数/个	111	213	302
		转移的专利数/件	922	5274	24785
长三角城市群	内部网络	城市节点数/个	22	26	26
		转移的专利数/件	167	2507	15707
		内部城市节点数/个	21	26	26
	外部网络	外部城市节点数/个	68	184	278
		转移的专利数/件	1027	5494	34433
珠三角城市群	内部网络	城市节点数/个	9	9	9
		转移的专利数/件	278	1214	5237
		内部城市节点数/个	8	9	9
	外部网络	外部城市节点数/个	90	177	280
		转移的专利数/件	840	4126	20885

注：中国数据未包含港澳台，"—"为无类别

资料来源：段德忠等，2019

实际上，长三角城市群与外部网络发生专利转移的数量高达 34433 件。京津冀城市群本地知识技术优势没有得到充分利用，无法吸引更多的企业进入。

劳动力池（AGG_EMP）在第二阶段并不显著，表明劳动力类似于生产原料是企业初期考虑的区位因素，只在行业形成集聚阶段才发挥作用。

政府行为因素中，地方保护主义（GOV_NAT）在模型第二阶段依然不显著，并且模型加入利润税收变量后仍不显著（表6-5 中未列出）。一种解释是京津冀三省市长期存在的政治差异限制了地方政府的竞争，地方保护主义受到明显削弱，对产业集聚影响有限。另一种解释是沿海地区相比内陆地区更接近国外市场，地方政府保护动机不强。京津冀地区定位为世界级城市群，并逐渐建设世界级先进制造业集群，全球化的经济交流必不可少。开发区政策（GOV_LEV）对集聚强度提升有显著的负向影响，原因是京津冀地区多个开发区主导行业重叠度过高，集中在电子信息、装备制造、汽车、新材料等领域，过度竞争导致行业趋于分散。孟美侠等（2019）提供了另一种解释，开发区政策实际调整了原

本市场力量主导下的中心-外围的分布格局，税收优惠降低了企业运营成本并导致开发区外围企业数量增加，因此整体的产业集聚程度有所下降。

实际上，几轮开发区建设热潮使得各类开发区数量激增，一定程度上促进了本地经济发展，然而以开发区为载体的产业集聚可能只是"扎堆"状态，并没有产生外部经济。一方面，众多开发区客观上分散了关联产业；另一方面，开发区内企业更多受"政策租"吸引，而非产业间联系。根据国家发展改革委等发布的《中国开发区审核公告名录》，2018年京津冀地区国家级开发区（国务院批准）包括 13 个经济技术开发区、7 个高新技术产业开发区等，省级开发区 175 个（北京 16 个、天津 21 个、河北 138 个）。国家级开发区站位较高，统筹布局地区产业。众多省级开发区存在一系列问题，如主导产业重合，在175 个省级开发区中有 85 个主导产业包含装备制造。因此，基于地方特点采取多种策略整合各类开发区，重构产业空间是迫切的。

全球化因素中，外商投资（GLO_FOR）仅在 50km 范围内对集聚强度提升有正向影响，在其他距离并不显著。对外贸易（GLO_EXP）对集聚强度提升也不显著。与第一阶段相类似，外商投资对产业集聚的正向作用随距离衰减，而且衰减速度更快。一种解释是，当行业形成集聚后，内资企业凭借本地优势壮大起来，集聚范围逐渐扩大，而外商投资企业的引领作用持续减弱，只能对短距离范围的企业产生作用。另一种解释是，跨国企业在布局分支机构时考虑知识技术"渗漏"，因而会"精心"挑选邻近企业，比如具有本地优势的大企业或同为外来的跨国企业等，并与其他企业保持距离。外商投资和对外贸易的显著性差异主要原因是中国沿海省区的贸易很大部分是外资推动，两者存在互补关系，因而外商投资是影响外向型制造业分布的核心因素。

三个控制变量对产业集聚提升的影响与第一阶段类似，区别仅在于交通运输（RES_TRA）的负向影响并不显著，表明其对集聚提升的限制作用并不明显。交通运输成本的下降可能难以促进制造业进一步集聚，京津冀地区制造业的发展阶段可能已经跨过新经济地理学中描述的倒 U 形曲线的左侧部分。

3. 制造业集聚两阶段的影响因素对比分析

DO 指数和 Hurdle 模型回归结果验证了产业集聚存在两个阶段，并且集聚形成阶段和集聚提升阶段的主导因素不同（图 6-3）。

在集聚形成阶段，制造业集聚受到基础条件的影响，如农业、劳动力池、外商投资、交通运输。农业资源和交通运输对制造业形成集聚存在负向作用，劳动力池和外商投资起正向作用。当行业空间分布"跨越"集聚门槛，集聚提升阶段主要受电力、燃气和水，产业内部关联和产业外部关联，开发区政策影响；产业内部关联和产业外部关联对行业集聚提升具有正向作用，并且产业内部关联作用更强，开发区政策和电力、燃气和水起负向作用。

产业集聚两阶段过程实际上反映了企业区位选择时的决策变化。没有形成明显集聚活动时，企业区位选择主要考虑基础条件，目的是运营和生存。当行业形成集聚后，企业区位选择主要考虑集聚经济、政策环境等，目的是获取更大的利润。这个过程可能涉及新企

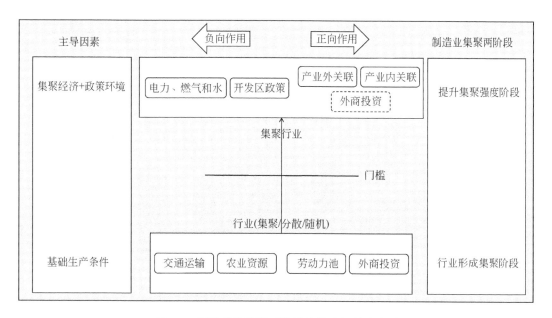

图 6-3 制造业集聚的两阶段的影响机制示意图

业的进入和老企业的退出。当然,部分行业集聚门槛较高,始终无法跨越,因而更适合分散或随机分布,比如食品制造业等。

第三节 模型稳健性检验

稳健性检验考察的是评价方法和指标解释能力的强壮性（robust）,换句话说,当改变某些参数时,评价方法和指标是否仍然对评价结果保持一个比较一致、稳定的解释。根据研究需要,稳健性检验大多采取以下方法:一是从数据出发,根据不同的标准调整分类并检验结果是否依然显著;二是从变量出发,通过变量替换,如公司规模可以用资产总量衡量,也可以用总销售额衡量,看结果是否依然显著;三是从计量方法出发,可以用普通最小二乘法（OLS）、高斯混合模型（GMM）等进行回归,看结果是否依然显著。

1. 全样本的 OLS 与 Tobit 模型结果

由于 DO 指数模型测度引起因变量分布受限（部分因变量满足一定条件,归并为 0值,不再满足正态分布要求）,本节选取 Hurdle 模型作为主模型。本节提供全样本的 OLS与 Tobit 模型结果（即不考虑产业集聚两阶段）,作为结论稳健性判断依据。由于因变量有较多的 0 值,OLS 模型对变量作用会有一定低估。Tobit 模型尽管能够处理归并数据,但对分布依赖性强,若扰动项不服从正态分布或存在异方差,其最大似然估计可能不一致。

基于 2004 ~ 2008 年行业数据,表 6-7 展示了全样本的 OLS 与 Tobit 模型结果。与Hurdle 模型第二阶段回归结果（表 6-5）相比,可以发现绝大多数变量的显著性保持一致,

表 6-7　全样本的 OLS 与 Tobit 模型结果

模型	OLS				Tobit			
	50km	100km	150km	196km	50km	100km	150km	196km
RES_AGR	−0.262 **	−0.304 **	−0.318 **	−0.283 *	−0.487 *	−0.570 **	−0.578 *	−0.492 *
	(0.132)	(0.144)	(0.155)	(0.162)	(0.259)	(0.289)	(0.295)	(0.290)
RES_MIN	0.359	0.380	0.330	0.343	0.427	0.434	0.377	0.380
	(0.243)	(0.264)	(0.278)	(0.275)	(0.318)	(0.355)	(0.362)	(0.359)
RES_ENE	−4.590 ***	−4.615 ***	−5.323 ***	−5.169 ***	−4.751 ***	−4.663 ***	−5.349 ***	−5.115 ***
	(1.131)	(1.222)	(1.224)	(1.260)	(1.192)	(1.329)	(1.357)	(1.346)
AGG_EMP	0.010	0.021 **	0.024 **	0.026 **	0.019 *	0.031 **	0.035 ***	0.039 ***
	(0.009)	(0.010)	(0.010)	(0.010)	(0.011)	(0.013)	(0.013)	(0.013)
AGG_INI	0.589 ***	0.658 ***	0.685 ***	0.726 ***	0.616 ***	0.695 ***	0.716 ***	0.752 ***
	(0.158)	(0.167)	(0.169)	(0.170)	(0.220)	(0.245)	(0.251)	(0.248)
AGG_INT	0.233 *	0.316 **	0.372 **	0.426 ***	0.266	0.353	0.405	0.461 *
	(0.131)	(0.144)	(0.148)	(0.152)	(0.231)	(0.258)	(0.263)	(0.261)
AGG_TEC	0.004	0.001	0.008	0.009	0.005	0.002	0.009	0.008
	(0.008)	(0.008)	(0.009)	(0.009)	(0.011)	(0.012)	(0.013)	(0.012)
GOV_NAT	0.317	0.153	0.140	0.173	0.349	0.193	0.165	0.215
	(0.399)	(0.426)	(0.365)	(0.367)	(0.489)	(0.546)	(0.558)	(0.554)
GOV_LEV	−0.001	−0.002 **	−0.002 **	−0.002 **	−0.001	−0.002 **	−0.002 **	−0.002 *
	(0.001)	(0.001)	(0.001)	(0.001)	(0.001)	(0.001)	(0.001)	(0.001)
GLO_EXP	−0.033	−0.022	−0.023	−0.018	−0.006	0.007	0.007	0.002
	(0.077)	(0.085)	(0.085)	(0.084)	(0.079)	(0.088)	(0.090)	(0.089)
GLO_FOR	0.695 **	0.563	0.563	0.579	0.758 **	0.631	0.626	0.635
	(0.332)	(0.364)	(0.362)	(0.364)	(0.345)	(0.385)	(0.393)	(0.389)
SPA_BJ	0.327 ***	0.415 ***	0.454 ***	0.420 ***	0.432 ***	0.522 ***	0.559 ***	0.494 ***
	(0.110)	(0.122)	(0.123)	(0.124)	(0.100)	(0.112)	(0.114)	(0.113)
SPA_TJ	0.292 *	0.454 ***	0.506 ***	0.475 ***	0.384 ***	0.556 ***	0.595 ***	0.523 ***
	(0.161)	(0.167)	(0.158)	(0.159)	(0.109)	(0.122)	(0.124)	(0.123)
RES_TRA	−1.408	−2.041	−1.811	−1.963	−2.396 *	−3.108 **	−2.884 *	−2.798 *
	(1.459)	(1.538)	(1.541)	(1.572)	(1.318)	(1.471)	(1.500)	(1.479)
常数项	−0.034	−0.133	−0.247 **	−0.288 **	−0.272 *	−0.399 **	−0.441 **	−0.462 ***
	(0.076)	(0.104)	(0.111)	(0.115)	(0.151)	(0.169)	(0.172)	(0.171)
年份固定效应	是	是	是	是	是	是	是	是
样本量	324	324	324	324	324	324	324	324
R^2	0.389	0.371	0.409	0.392				
Pseudo R^2					0.726	0.588	0.589	0.602

注：OLS 模型括号中为稳健标准误，Tobit 模型括号内为标准误

*、**、***分别表示在 10%、5% 和 1% 的水平上显著

仅有农业资源投入（RES_AGR）、劳动力池（AGG_EMP）有较大变化，前者从不显著变为显著为负，后者从不显著变为显著为正。同时，绝大多数变量系数绝对值大小都减小，比如在196km范围内，Hurdle模型中产业内部关联（AGG_INI）增加1，产业集聚强度提升0.86，而在全样本的OLS与Tobit模型中，集聚强度分别提升0.73、0.75，主要原因是部分行业样本的集聚强度被归并为0，从而引起变量效用低估，而Tobit模型仅能处理部分影响。

综上所述，与全样本模型结果的比较说明本书采用Hurdle模型是较为稳健的。

2. 各时间截面的 Hurdle 模型结果

本章主模型采用各年混合截面数据，本节对各时间截面展开Hurdle模型结果分析，表6-8报告了各时间截面196km范围内的Hurdle模型结果。

表6-8 2004年、2008年、2013年196km范围内的Hurdle模型结果

模型	一阶段 Probit 模型			二阶段 OLS 模型		
	2004 年	2008 年	2013 年	2004 年	2008 年	2013 年
RES_AGR	−1.208	−6.811**	0.469	−0.243	0.341	−0.297
	(6.082)	(2.768)	(4.472)	(0.378)	(0.332)	(0.736)
RES_MIN	15.105	−3.225	2.784	0.227	0.912	−0.569
	(25.229)	(4.376)	(3.191)	(0.382)	(0.703)	(0.494)
RES_ENE	−21.391	−6.219	21.250*	−7.046*	−5.553***	−1.457
	(43.461)	(9.915)	(12.730)	(3.732)	(1.497)	(1.843)
AGG_EMP	0.682***	0.161	0.404***	−0.002	0.005	0.008
	(0.136)	(0.113)	(0.103)	(0.021)	(0.017)	(0.016)
AGG_INI	4.291*	−3.078	1.295	0.761***	1.397***	−0.180
	(2.438)	(3.154)	(3.264)	(0.266)	(0.416)	(0.503)
AGG_INT	3.788	−2.669	6.531*	0.428	0.904***	−0.121
	(5.182)	(2.883)	(3.862)	(0.334)	(0.332)	(0.592)
AGG_TEC	−0.140	−0.079	−0.113**	0.019	0.022*	−0.012
	(0.167)	(0.119)	(0.055)	(0.022)	(0.011)	(0.010)
GOV_NAT	10.288	−1.340	−8.276	−4.370	0.372	−2.655*
	(28.597)	(2.861)	(6.654)	(5.033)	(0.530)	(1.504)
GOV_LEV	−0.017	0.003	−0.003	−0.001	−0.002*	−0.000
	(0.016)	(0.009)	(0.005)	(0.002)	(0.001)	(0.001)
GLO_EXP	0.077	0.558		0.136	−0.120	
	(0.943)	(0.843)		(0.165)	(0.113)	

模型	一阶段 Probit 模型			二阶段 OLS 模型		
	2004 年	2008 年	2013 年	2004 年	2008 年	2013 年
GLO_FOR	14. 325 **	1. 197	3. 901	0. 003	0. 685	0. 876
	(5. 568)	(3. 632)	(4. 774)	(0. 758)	(0. 466)	(0. 601)
SPA_BJ	2. 668 **	2. 114 *	3. 017 **	0. 481 **	0. 065	−0. 021
	(1. 058)	(1. 106)	(1. 191)	(0. 186)	(0. 195)	(0. 182)
SPA_TJ	−1. 424	3. 219 ***	3. 740 ***	0. 200	0. 570 ***	0. 160
	(1. 492)	(1. 041)	(1. 075)	(0. 328)	(0. 188)	(0. 232)
RES_TRA	−49. 137	−3. 835	−4. 653	−0. 722	−3. 435	−3. 922
	(75. 359)	(17. 153)	(23. 264)	(3. 270)	(3. 362)	(3. 026)
常数项	−5. 570 ***	0. 474	−6. 888 ***	0. 000	−0. 293	0. 472
	(1. 426)	(1. 696)	(2. 474)	(0. 209)	(0. 189)	(0. 368)
年份固定效应	是	是	是	是	是	是
样本量	162	162	168	136	131	131
R^2				0. 343	0. 412	0. 200
Pseudo R^2	0. 310	0. 253	0. 326			

注：括号内为稳健标准误

*、**、***分别表示在10%、5%和1%的水平上显著

根据表6-8可以发现，本节得到的结论在各时间截面中都能找到一些证据。在三个时间截面，制造业集聚的主导因素可能是有差异的。比如，在一阶段 Probit 模型中，2008 年农业投入（RES_AGR）对制造业形成集聚有显著负向作用，但劳动力池（AGG_EMP）、外商投资（GLO_FOR）却不显著，2004 年与2008 年的结果却恰好相反。在二阶段 OLS 模型中，2013 年产业内部关联（AGG_INI）、产业外部关联（AGG_INT）、开发区政策（GOV_LEV）并不显著，地方保护主义（GOV_NAT）显著为负，这与2004 年、2008 年的情况差别较大。各时间截面的 Hurdle 模型结果一定程度上支持了本书结论。

3. 考虑企业规模的 Hurdle 模型结果

通过第五章的异质性分析，我们发现企业规模会影响产业集聚。参考 Duranton 和 Overman（2005）考虑企业规模的 DO 指数算法，本书在附录 1 中分析了考虑企业规模后的京津冀地区制造业集聚格局。尽管集聚行业数量减少，但基本结论与仅考虑企业点的分析结果很类似。本节将考虑企业规模后的集聚强度指标作为因变量，以检验变量作用的稳健性。

基于2004~2008 年行业数据，表6-9 展示了考虑企业规模的 Hurdle 模型结果。与仅考虑企业点的分析结果（表6-3、表6-5）相比，部分变量变得不显著且系数绝对值减小。

表 6-9　考虑企业规模的 Hurdle 模型结果

模型	一阶段 Probit 模型				二阶段 OLS 模型			
	50km	100km	150km	196km	50km	100km	150km	196km
RES_AGR	-0.484	-0.698	-1.078	-1.184	-0.221	-0.174	-0.127	-0.087
	(1.283)	(1.279)	(1.265)	(1.284)	(0.329)	(0.360)	(0.373)	(0.376)
RES_MIN	1.380	1.567	0.929	1.727	0.174	0.130	0.133	0.269
	(1.918)	(1.914)	(1.965)	(1.852)	(0.358)	(0.387)	(0.402)	(0.348)
RES_ENE	-14.58**	-12.20*	-15.13**	-15.31**	-2.487	-2.833*	-2.912*	-3.051*
	(7.002)	(7.026)	(6.945)	(7.015)	(1.511)	(1.585)	(1.575)	(1.576)
AGG_EMP	0.272***	0.291***	0.305***	0.352***	-0.008	-0.004	-0.008	-0.005
	(0.069)	(0.071)	(0.072)	(0.072)	(0.013)	(0.013)	(0.013)	(0.013)
AGG_INI	1.857	1.797	1.832	1.562	0.415	0.538*	0.577*	0.610**
	(1.188)	(1.192)	(1.193)	(1.176)	(0.264)	(0.294)	(0.301)	(0.292)
AGG_INT	1.335	1.387	1.724	1.506	0.094	0.179	0.207	0.279
	(1.145)	(1.142)	(1.128)	(1.149)	(0.234)	(0.278)	(0.286)	(0.284)
AGG_TEC	0.0925	0.0705	0.0737	0.0785	0.004	0.004	0.007	0.007
	(0.069)	(0.070)	(0.069)	(0.073)	(0.013)	(0.014)	(0.013)	(0.013)
GOV_NAT	-0.784	-0.864	-1.368	-2.441	0.311	0.249	0.106	0.158
	(2.526)	(2.560)	(2.655)	(2.988)	(0.526)	(0.522)	(0.507)	(0.515)
GOV_LEV	-0.00558	-0.00742	-0.00743	-0.00776	-0.001	-0.001	-0.002	-0.002
	(0.005)	(0.006)	(0.006)	(0.006)	(0.001)	(0.001)	(0.001)	(0.001)
GLO_EXP	0.461	0.630	0.564	0.457	-0.119	-0.145	-0.143	-0.114
	(0.474)	(0.482)	(0.492)	(0.492)	(0.088)	(0.098)	(0.098)	(0.096)
GLO_FOR	0.676	0.531	1.549	1.780	0.810**	0.776*	0.676	0.575
	(2.030)	(2.069)	(2.109)	(2.127)	(0.387)	(0.435)	(0.455)	(0.451)
SPA_BJ	1.273**	1.551***	1.284**	1.254**	-0.050	-0.061	-0.010	0.003
	(0.574)	(0.579)	(0.582)	(0.578)	(0.123)	(0.135)	(0.137)	(0.138)
SPA_TJ	1.490**	1.492**	1.245**	1.037*	0.063	0.187	0.216	0.198
	(0.612)	(0.615)	(0.613)	(0.616)	(0.167)	(0.172)	(0.166)	(0.159)
RES_TRA	-9.036	-10.73	-7.974	-5.243	-3.379**	-3.639**	-3.907**	-3.849**
	(8.260)	(8.243)	(8.258)	(7.826)	(1.680)	(1.693)	(1.701)	(1.537)
常数项	-3.052***	-3.196***	-3.313***	-3.527***	0.307	0.260	0.295	0.234
	(0.798)	(0.808)	(0.812)	(0.830)	(0.195)	(0.218)	(0.223)	(0.219)
年份固定效应	是	是	是	是	是	是	是	是
样本量	324	324	324	324	172	179	185	192
R^2					0.200	0.183	0.198	0.196
Pseudo R^2	0.140	0.146	0.158	0.155				

注：括号内为稳健标准误

*、**、*** 分别表示在 10%、5% 和 1% 的水平上显著

在第一阶段 Probit 模型中，农业投入（RES_AGR）、外商投资（GLO_FOR）变得不显著。在第二阶段 OLS 模型中，产业外部关联（AGG_INT）、开发区政策（GOV_LEV）变得不显著。

考虑企业规模的集聚强度算法本质上是提高大企业的影响，所以我们猜测这些变量不显著的原因是它们对大企业的作用并没有那么重要。大企业往往具有发展历史长、本地优势明显、关系网络复杂等特点，相比小企业它们受到外部因素影响较小，并且不易发生区位变化，也不会那么倾向于集聚。其他变量的显著性与仅考虑企业点的结果类似，这在一定程度上说明本书研究结论具有稳健性。

第四节　集聚影响因素的尺度效应

基于不同距离的回归结果（表6-3和表6-5），可初步得到各变量对产业集聚的影响具有尺度效应的结论。

1. 总体结论

在第一阶段，农业资源、外商投资、交通运输对集聚形成的影响均随距离上升先增强后减弱，即可能存在一个集聚的最佳范围，而劳动力池的正向作用始终随距离上升而增强。在第二阶段，电力、燃气和水，开发区政策对集聚提升的作用也随距离上升先增强后减弱，而产业内部关联、产业外部关联的正向作用持续增强，外商投资的正向作用迅速减弱。这些现象都表明变量作用并非完全服从距离衰减规律，可能在一定范围内增强或持续增强。贺灿飞等（2007）、范剑勇和李方文（2011）也提出小地理范围和大地理范围产业集聚的主导因素并不一致的观点。

2. 进一步分析

为了进一步验证影响因素作用的尺度效应，本节将 0～196km 按照 5km 间隔分别计算集聚强度并建立模型，图6-4 和图6-5 分别展示了 Hurdle 模型两阶段自变量回归系数与距离的变化关系（0～196km 范围内均不显著的变量未在图中展示）。

由图可知，各变量回归系数随距离变化的趋势与之前结论一致，再次说明各影响因素对产业集聚的作用具有尺度效应。通过更为细致的回归分析可以发现，知识溢出变量仅在25km 内有显著的正向影响；其余变量的作用虽然可能存在增强阶段，但几乎都随距离的持续扩大而呈减弱趋势，如图6-5（a）中的产业内部关联变量。

我们能归纳出不同变量对产业集聚发挥显著性作用的空间尺度。在第一阶段，劳动力池、农业资源的系数在全局距离（0～196km）内显著；而外商投资，电力、燃气和水，交通运输的系数只在中距离（50～150km）内显著。在第二阶段，产业内部关联，产业外部关联，电力、燃气和水的系数在全局距离（0～196km）内显著；开发区政策变量的系数

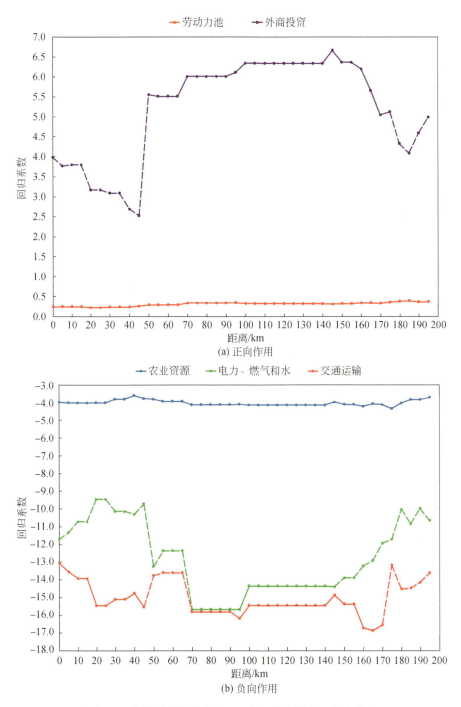

图6-4 集聚形成阶段自变量回归系数与距离的变化关系

（a）展示对因变量产生正向作用的变量，（b）展示产生负向作用的变量；图中虚线表示回归
系数不显著，实线表示回归系数至少在10%水平显著，下同

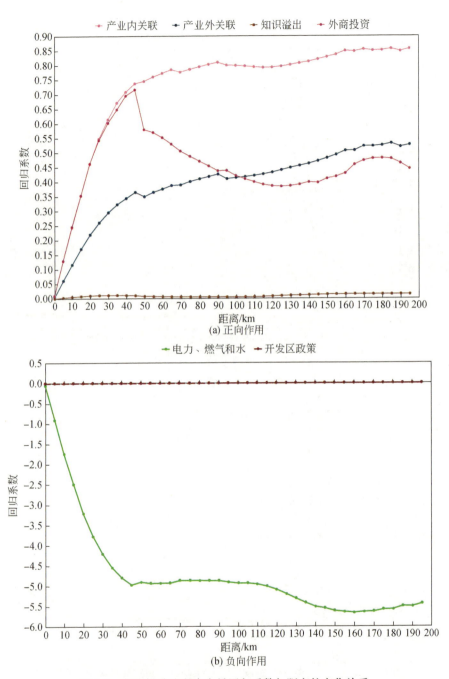

图 6-5　集聚提升阶段自变量回归系数与距离的变化关系

在长距离（90～196km）内显著；外商投资、知识溢出变量的系数只在短距离显著，对空间尺度的反应十分敏感。具体来看，外商投资在集聚提升阶段的正向作用在0～45km内迅速增强，在45km之外作用明显减弱且不显著；知识溢出对行业集聚提升的正向作用也是在0～25km内迅速增强，25km之外并不显著。这些实证结果都表明，变量对产业集聚的正向作用受到距离的限制。

第七章 产业发展现状和时空格局研究

京津冀地区是我国三大经济"增长极"之一，也是重要的制造业集聚区，产业协同发展不仅关乎京津冀地区的经济发展，而且对促进我国北方地区经济发展具有重要意义。随着京津冀协同发展不断向纵深推进，京津冀地区已初步形成产业分工体系。但相比长三角和珠三角地区，京津冀地区仍存在产业发展不协调、资源配置不均衡、内部差距较大等问题。本章基于京津冀三省市统计数据、经济普查数据和工商注册数据，分析三省市制造业与生产性服务业的发展现状、时空分布格局及其产业发展的关联性和开放性特征，并将研究的重点聚焦到产业关联上，这不仅是京津冀地区制造业集聚的重要影响因素，而且是构建现代化产业体系和世界级产业集群的题中应有之义。

第一节 发 展 现 状

增加值反映某一产业在国民经济中的发展水平。根据 2007 年和 2017 年北京、天津、河北三省市的投入产出表，测算三省市制造业与生产性服务业的增加值、增加值占比以及比重变化，分析京津冀三省市制造业和服务业在 2007~2017 年的发展情况。

1. 制造业发展现状

2007~2017 年，京津冀三省市制造业的增加值、在国民经济中的比重以及比重变化情况如表 7-1 所示。

表 7-1 京津冀三省市制造业增加值及其在国民经济中的比重

地区	年份	制造业增加值/亿元	制造业增加值占所有产业的比重/%	比重变化/%	高技术制造业增加值/亿元	高技术制造业[①]增加值占制造业的比重/%	比重变化/%
北京	2007	1707.27	17.82	−6.50	1235.93	72.39	5.35
	2017	3170.75	11.32		2465.00	77.74	
天津	2007	1977.16	39.15	−12.00	1148.32	58.08	2.92
	2017	5036.55	27.15		3072.09	61.00	
河北	2007	5248.71	38.09	−3.62	1536.56	29.28	6.18
	2017	11724.43	34.47		4157.19	35.46	

① 高技术制造业包括投入产出表中的化学产品，通用设备和专用设备，交通运输设备，电气机械和器材，通信设备、计算机及其他电子设备，仪器仪表。

从制造业增加值来看，河北制造业增加值最高，其次是天津，北京制造业规模最小。2017 年河北制造业增加值达 11724.43 亿元，且高技术制造业以 4157.19 亿元的增加值在三省市中排名第一；2017 年北京制造业增加值达 3170.75 亿元，其中高技术制造业为 2465.00 亿元，在三省市中规模最小。

从制造业增加值占所有产业增加值比重来看，京津冀三省市制造业比重均呈现下降的趋势，说明京津冀三省市制造业的发展速度慢于全国的发展速度，特别是天津制造业的比重在 2007～2017 年下降了 12.00 个百分点，下降比重远高于北京（6.50%）和河北（3.62%）。在制造业内部，2007～2017 年三省市高技术制造业增加值占制造业增加值的比重表现为上升趋势。其中，北京高技术制造业比重高达 77.74%，且在 2007～2017 年增长 5.35%；河北高技术制造业比重虽然较低，但在 2007～2017 年增长了 6.18 个百分点，增长速度最快。

总体上看，北京制造业规模最小、比重最低、增长较慢，但高技术制造业在制造业中的比重最高，产业结构高级化程度最高；天津制造业规模处于中等水平，高技术制造业比重仅次于北京，但制造业比重下降较快；河北制造业规模最大，在国民经济中的比重较为稳定，且高技术制造业比重增长较快。

2. 生产性服务业发展现状

2007～2017 年，京津冀三省市生产性服务业的增加值及其变化情况如表7-2 所示。

表7-2 京津冀三省市生产性服务业增加值及其在国民经济中的比重

地区	年份	生产性服务业增加值/亿元	生产性服务业增加值占所有产业的比重/%	比重变化/%	第三产业增加值/亿元	生产性服务业增加值占第三产业的比重/%	比重变化/%
北京	2007	4648.28	48.52	10.33	6977.93	66.61	6.29
	2017	16487.42	58.85		22617.14	72.90	
天津	2007	1355.09	26.83	11.81	2047.66	66.18	-1.01
	2017	7166.93	38.64		10997.99	65.17	
河北	2007	2797.36	20.30	6.22	4662.95	59.99	0.80
	2017	9022.30	26.52		14842.17	60.79	

从生产性服务业增加值来看，北京生产性服务业的规模最大，2017 年增加值达到 16487.42 亿元；其次是河北，增加值为 9022.30 亿元；天津生产性服务业规模最小，2017 年增加值为 7166.93 亿元。

从生产性服务业增加值占所有产业比重来看，三省市生产性服务业比重均有提升，其中北京提升 10.33 个百分点，天津提升 11.81 个百分点，河北提升 6.22 个百分点，说明三省市生产性服务业的发展速度较快。同时，北京和河北的生产性服务业增加值占第三产业的比重也在上升，2007～2017 年北京生产性服务业增加值占第三产业的比重提升了 6.29 个百分点，河北提升了 0.80 个百分点，说明京冀两省市生产性服务业发展快于国内其他省市服务业的发展速度，只有天津生产性服务业增加值占第三产业的比重在 2007~2017 年下降了 1.01 个百分点。

总体上看，北京生产性服务业规模最大、比重最高、增长较快，特别是生产性服务业增加值占第三产业的比重超过 70%，占所有产业的比重接近 60%，表明生产性服务业在北京市国民经济中发挥着不可替代的作用；天津生产性服务业的规模最小，但占第三产业和所有产业增加值的比重较高；河北生产性服务业规模仅次于北京，但其比重增长较慢，仍有较大的提升空间。

第二节 时空分布格局

利用第二次和第四次经济普查数据，以及核密度函数估计方法对京津冀地区制造业和生产性服务业的空间分布特征进行分析，考察其在 2008~2018 年的变化情况，并判断劳动密集型、资本密集型、技术密集型制造业企业和六类生产性服务业企业的空间分布格局。进一步地，利用河北截至 2023 年底的工商注册企业数据，分析了河北制造业，特别是具有比较优势的六个制造业行业的空间分布格局。

1. 制造业空间分布

2008 年和 2018 年京津冀地区制造业的空间分布如图 7-1 所示。制造业呈现出"总体均匀、局部集聚"的分布特征。

2008 年京津冀地区制造业企业主要集聚在北京和天津两市（图 7-1（a）），河北制造业企业的密度整体较低，其中唐山、石家庄、邯郸等地的制造业企业密度相对较高。到 2018 年（图 7-1（b）），京津冀地区制造业企业密度普遍提升，在北京、天津和河北的东部和南部均匀分布，局部集聚在北京中南部、天津东部，河北唐山、保定、石家庄、邢台、沧州等地。由此可见，2008~2018 年河北制造业企业密度显著提升，京津冀地区制造业企业的空间分布更加均衡。

为了分析基于生产要素分类的三类制造业在京津冀地区的空间分布，基于 2012 年京津冀地区企业数据对制造业行业进行分类，行业分类依据如下：将细分行业就业人数与对应行业总产值之比与平均水平的比值作为判断劳动密集型行业的指标，指数大于 1 为劳动密集型行业。将细分行业固定资产净值与对应行业职工人数之比作为判断资本密集型的指标，高于平均水平 50% 的归类为资本密集型。将细分行业 R&D 投入强度作为判断技术密集型行业的指标，指数大于 1 的划分为技术密集型。在此基础上，参考阳立高等（2014）的成果，将制造业分为劳动密集型、资本密集型、技术密集型三类，分类结果如表 7-3 所示。

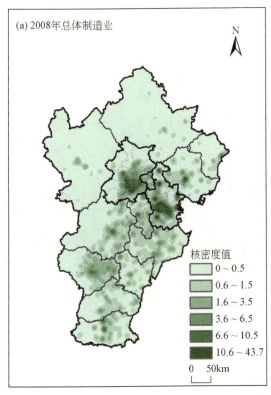 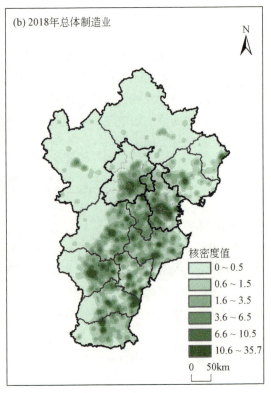

图 7-1   2008～2018 年京津冀地区制造业的空间分布核密度图

表 7-3   制造业细分行业生产要素密集度分类表

生产要素	细分行业类型
劳动密集型行业	农副食品加工业；食品制造业；酒、饮料和精制茶制造业；烟草制品业；纺织业；纺织业服装、服饰业；皮革、毛皮、羽毛及其制品和制鞋业；木材加工和木、竹、藤、棕、草制品业；家具制造业；造纸和纸制品业；印刷和记录媒介复制业；文教、工美、体育和娱乐用品制造业；其他制造业；废弃资源综合利用业；金属制品、机械和设备修理业
资本密集型行业	石油、煤炭及其他燃料加工业；化学原料和化学制品制造业；化学纤维制造业；橡胶和塑料制品业；非金属矿物制品业；黑色金属冶炼和压延加工业；有色金属冶炼和压延加工业；金属制品业
技术密集型行业	医药制造业；通用设备制造业；专用设备制造业；汽车制造业；铁路、船舶、航空航天和其他运输业；电气机械和器材制造业；计算机、通信和其他电子设备制造业；仪器仪表制造业

基于上述分类结果，对三类制造业的空间分布情况进行分析，结果如图 7-2 所示。其中（a）～（c）为 2008 年三类制造业企业的空间分布情况，整体上三类制造业的空间分布差异较小，均集中分布在北京东南部和天津东南部地区，在河北唐山、石家庄、邯郸等地市技术密集型制造业企业的核密度值高于劳动密集型和资本密集型企业。（d）～（f）为 2018 年三类制造业企业的空间分布情况，劳动密集型制造业的核密度高值区主要分布在北京和天津的中心城区，以及河北的石家庄、衡水、邢台等地市；资本密集型制造业主要集聚在天津中心城区，以及河北沧州、石家庄、衡水、邯郸等地；技术密集型制造业在北京

和天津的中心城区，以及河北沧州、石家庄、邢台、邯郸等地市。

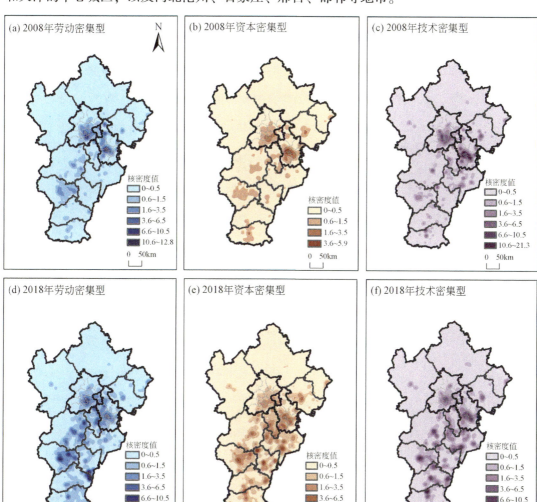

图 7-2 2008～2018 年京津冀地区三类制造业的空间分布核密度图

从 2008～2018 年的变化情况来看，三类制造业的核密度值均有提升，特别是河北东部和南部地区三类制造业的核密度均显著提高。其中，劳动密集型制造业在邯郸东北部、石家庄、衡水东南部和邢台东北部的密度大幅提高；资本密集型制造业在天津中部、沧州南部、石家庄、衡水西北部和邢台东部的密度有所提升；技术密集型制造业在沧州南部、石家庄、邢台东部和邯郸北部的密度显著提高。

2. 生产性服务业空间分布

2008 年和 2018 年京津冀地区六类生产性服务业企业的空间分布情况如图 7-3 所示。其中，（a）～（f）为 2008 年六类生产性服务业核密度图，（g）～（l）为 2018 年六类生产性服务业核密度图。总体上，生产性服务业的空间分布较制造业而言体现了"整体集中，小范围分散"的特征。

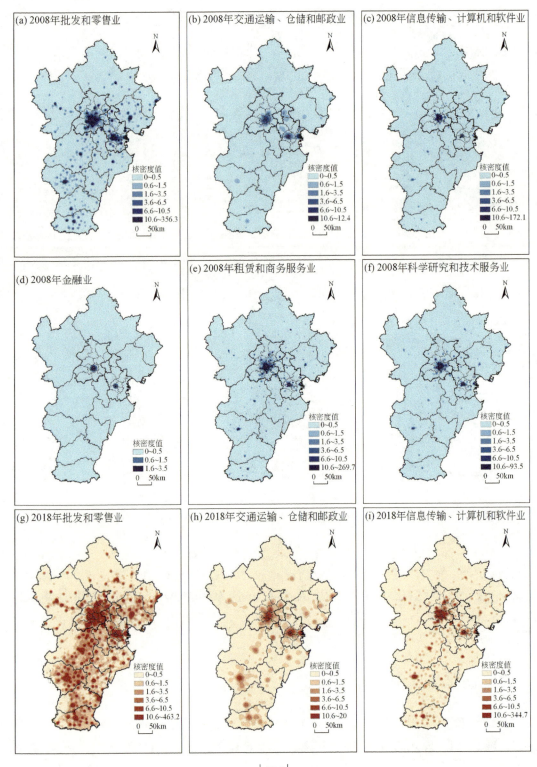

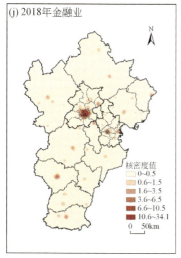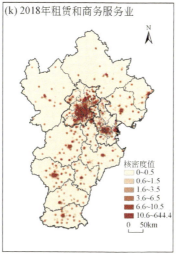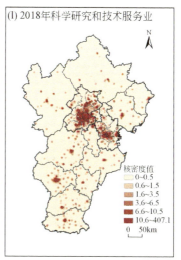

图 7-3　2008～2018 年京津冀地区六类生产性服务业的空间分布核密度图

其中"整体集中"是指京津冀地区生产性服务业主要集聚在北京和天津两地，京津两地生产性服务业的核密度值显著高于河北各地。特别是信息传输、软件和信息技术服务业，金融业，科学研究和技术服务业在京津两地的集聚特征更明显。"小范围分散"是指各行业在河北各城市均有分布，但集聚范围小，总体呈点状分布，未出现连线、连片的形态。

从 2008～2018 年的变化情况来看，2008 年六类生产性服务业的空间核密度值均较低，除批发和零售业外，其余行业均集中于北京和天津两市，河北各地市生产性服务业的核密度值极低。到 2018 年，京津冀地区生产性服务业企业核密度值普遍提升，在北京、天津和河北的西南部分布。局部集聚在北京中南部，天津东部，河北保定、石家庄、邢台、邯郸、沧州等地。由此可见，2008～2018 年河北的生产性服务业企业核密度显著提升，京津冀地区生产性服务业的空间分布更加均衡。此外，六类生产性服务业中，批发和零售业空间分布整体均匀且范围较广，且在 2008～2018 年提升幅度较大，这主要是由于批发和零售业涵盖的行业门类广、数量多，空间分布范围较其他行业更大且密度更高。

3. 河北制造业分布格局的进一步分析

我们利用河北 2023 年工商注册企业数据进一步揭示了河北制造业空间分布的最新态势，但限于数据获取等原因，这里只能展示河北的情况。我们利用区位熵识别出河北制造业的优势行业类型，并针对六个优势行业开展了核密度分析和时空扫描统计分析。

（1）优势产业识别

优势产业是指在产业结构中处于支配地位，比重较大，效益较好，与其他产业关联度较高，对区域经济发展有较强带动作用的产业。在区域经济分析中，常用区位熵来衡量某一区域某个产业在更高层次区域中的地位和作用，或某个产业在区域经济中的专业化程度。在产业结构研究中，区位熵主要用以分析区域优势产业的状况，其计算公式为

$$Q_{ip} = \frac{VA_{ip} / \sum_{i=1}^{m} VA_{ip}}{VA_{in} / \sum_{i=1}^{m} VA_{in}} \tag{7-1}$$

式中，Q_{ip} 为 p 地区 i 产业的区位熵；VA_{ip} 为 p 地区 i 产业的就业人数；VA_{in} 为全国 i 产业的就业人数；m 为产业的数量；n 代表国家或更大范围的区域，即用于比较的参考区域。

使用 2022 年按行业分城镇非私营单位就业人员数作为计算数据，全国为更高层次区域，得到 2022 年河北分行业区位熵结果（表7-4）。

表7-4　分行业的区位熵

行业类别	区位熵
农、林、牧、渔业	0.72
采矿业	1.30
制造业	0.77
电力、热力、煤气及水生产和供应业	1.47
建筑业	0.59
批发和零售业	0.76
交通运输、仓储和邮政业	1.10
住宿和餐饮业	0.48
信息传输、软件和信息技术服务业	0.67
金融业	1.30
房地产业	0.61
租赁和商务服务业	0.79
科学研究和技术服务业	0.93
水利、环境和公共设施管理业	1.26
居民服务、修理和其他服务业	0.83
教育	1.28
卫生和社会工作	1.30
文化、体育和娱乐业	1.06
公共管理、社会保障和社会组织	1.50

河北在全国范围内缺乏绝对优势产业，一般优势产业集中在第三产业。在 19 个产业门类中，有 9 个产业为一般优势产业（表7-5）。其中，以公共管理、社会保障和社会组织的区位熵最高，显示出相对优势。

表 7-5　优势产业

绝对优势行业（$Q_{ip} \geqslant 2$）	一般优势行业（$1 < Q_{ip} < 2$）	
	公共管理、社会保障和社会组织	1.50
	电力、热力、煤气及水生产和供应业	1.47
	卫生和社会工作	1.30
	采矿业	1.30
—	金融业	1.30
	教育	1.28
	水利、环境和公共设施管理业	1.26
	交通运输、仓储和邮政业	1.10
	文化、体育和娱乐业	1.06

尽管制造业并非河北的优势产业，但其对全省经济发展仍具有重要作用。因此，对制造业进行重点分析。使用按行业分规模以上工业企业主要指标——营业收入作为计算数据，全国为更高层次区域，得到河北 2022 年制造业行业区位熵结果（表 7-6）。

表 7-6　制造业分行业的区位熵

行业类别	区位熵	行业类别	区位熵
农副食品加工业	1.20	橡胶和塑料制品业	0.74
食品制造业	1.35	非金属矿物制品业	0.92
酒、饮料和精制茶制造业	0.60	黑色金属冶炼和压延加工业	4.76
烟草制品业	0.70	有色金属冶炼和压延加工业	0.28
纺织业	0.54	金属制品业	1.65
纺织服装、服饰业	0.21	通用设备制造业	0.47
皮革、毛皮、羽毛及其制品和制鞋业	0.36	专用设备制造业	0.85
木材加工和木、竹、藤、棕、草制品业	0.59	汽车制造业	0.81
家具制造业	0.63	铁路、船舶、航空航天和其他运输设备制造业	0.56
造纸和纸制品业	0.69	电气机械和器材制造业	0.59
印刷和记录媒介复制业	0.58	计算机、通信和其他电子设备制造业	0.11
文教、工美、体育和娱乐用品制造业	0.24	仪器仪表制造业	0.56
石油、煤炭及其他燃料加工业	1.36	其他制造业	0.13
化学原料和化学制品制造业	0.77	废弃资源综合利用业	0.76
医药制造业	1.16	金属制品、机械和设备修理业	0.76
化学纤维制造业	0.40		

河北的制造业在全国范围内呈现少数几项具有显著竞争力的产业。其中，黑色金属冶炼和压延加工业尤为突出，位列首位（表 7-7）。在一般优势产业中，金属制品业表现出一定优势。在 31 个制造业大类中河北有 6 个产业具备一般优势。其中，医药制造业作为

一种高新技术产业，在河北具有一定的比较优势并表现出较好的发展前景。

表7-7　制造业的优势行业

绝对优势行业（$Q_{ip} \geq 2$）		一般优势行业（$1 < Q_{ip} < 2$）	
黑色金属冶炼和压延加工业	4.76	金属制品业	1.65
		石油、煤炭及其他燃料加工业	1.36
		食品制造业	1.35
		农副食品加工业	1.20
		医药制造业	1.16

（2）核密度函数分析

根据区位熵识别出的六个优势产业，按照区位熵大小，利用核密度函数进一步分析这些优势产业的空间分布格局。

1）黑色金属冶炼和压延加工业。黑色金属冶炼和压延加工业展现明显的地理集聚特征，表现为高度集聚的点状分布，连续片状分布较弱（图7-4）。高度集聚区主要分布在

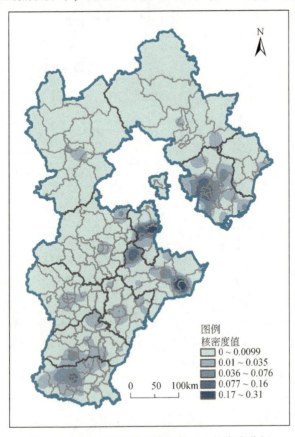

图7-4　黑色金属冶炼和压延加工业核密度分析

唐山，以及廊坊中部、沧州东部和西北部、邯郸，这些区域因其优越的资源条件、基础设施和市场需求，成为产业发展的核心区。在中低密度集聚区，邢台南部与邯郸北部相连，形成了一个较大面积的片状集聚区，显示出更广泛的分布趋势。此外，邢台北部、衡水市中心及东北部、保定市中心和北部、承德市中心和东南部也形成了一定的分布区。

2）金属制品业。金属制品业集聚特征不明显，高密度集聚区数量较少（图7-5）。产业集聚度最高的区域位于衡水西北部，并向石家庄和邢台扩展，成为该产业在河北省内相对集中的产业带。

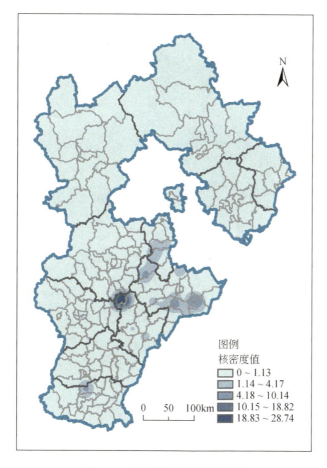

图7-5 金属制品业核密度分析

3）石油、煤炭及其他燃料加工业。石油、煤炭及其他燃料加工业是河北的一般优势产业，在空间分布上呈现"东南密集、西北稀疏"的分布格局（图7-6），主要分布在廊坊、沧州东北部、邢台中北部和邯郸北部，这些地区地质条件优越、交通便利、经济基础雄厚、政策扶持力度大，形成高密度集聚区。在沧州南部，虽然集聚程度稍逊一筹，但仍形成了较高密度的集聚区，对区域经济发展起到了重要的推动作用。

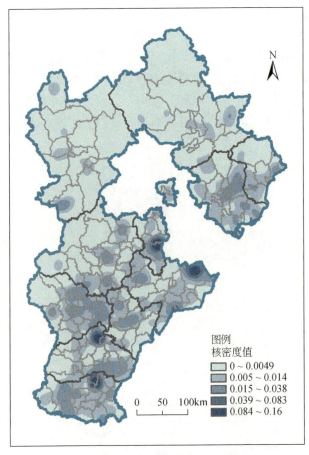

图7-6　石油、煤炭及其他燃料加工业的核密度分析

4）食品制造业。食品制造业与农副食品加工业的分布格局较为相似，呈现"东南密集、西北稀疏"的分布格局（图7-7）。高核密度值区域分布在石家庄中部、沧州中部和石家庄–邢台交界处，较高核密度值区域主要分布在邯郸中部、邢台–邯郸交界处、邢台中部、保定中部。

5）农副食品加工业。河北农副食品加工业的空间分布呈现"东南密集、西北稀疏"的分布格局（图7-8），形成了保定中部和邢台南部两个高密度核心区，在石家庄东部、沧州西部、保定南部和廊坊北部等地呈现多点集聚态势，核密度自核心点向外围呈现递减趋势。

6）医药制造业。医药制造业主要分布在河北的东南部（图7-9）。在保定南部形成高密度集聚区，在石家庄形成较高密度集聚区。医药制造业产业链长，涵盖一二三产业，是集高附加值和社会效益于一体的高新技术产业，对上下游和相关产业的拉动作用明显。未来，随着市场需求的持续增长、政策环境的不断优化以及技术创新与产业升级，该产业将迎来更加广阔的发展空间和更加显著的社会经济效益。

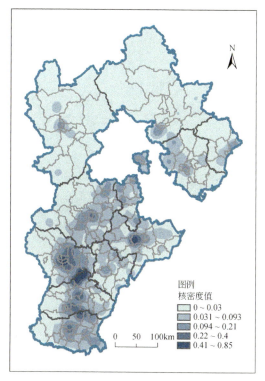

图7-7 食品制造业核密度分析

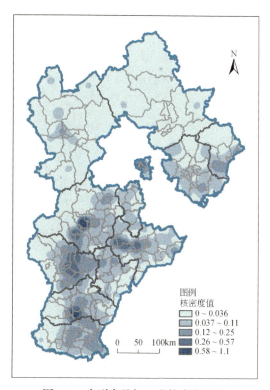

图7-8 农副食品加工业核密度分析

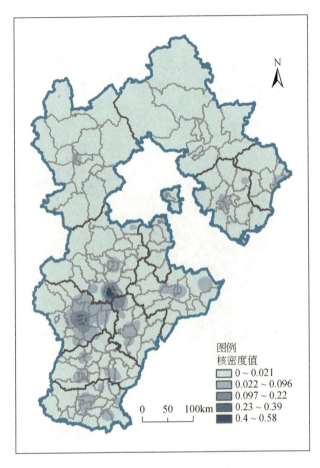

图7-9　医药制造业核密度分析

（3）时空扫描统计分析

根据区位熵识别出的六个优势产业，按照区位熵大小，利用时空扫描统计分析这些优势产业的空间分布格局。

1）黑色金属冶炼和压延加工业。黑色金属冶炼和压延加工业表现出明显的集聚特征，从集聚位置来看，主要集中在北部的唐山、承德和张家口（图7-10）。其中，唐山和承德基本覆盖全域，形成了强大的产业基础，张家口主要集中在东部区域，这些地区凭借丰富的矿产资源和完善的工业设施，成为该行业的核心区域。此外，在廊坊和沧州也存在一些小范围的集聚区域。具体来说，廊坊的霸州和永清形成了局部集聚，而沧州则在任丘市、新华、孟村回族自治县和盐山表现出一定的集聚特征。这些区域的集聚为整个行业提供了必要支撑。从集聚强度来看，唐山的集聚强度最高，主要由于其在产业链整合、技术创新和市场规模方面的优势。其次，沧州的任丘、孟村回族自治县、盐山的集聚强度也相对较高，显示出良好的发展潜力。此外，廊坊的霸州在集聚强度方面也具备一定的竞争力。

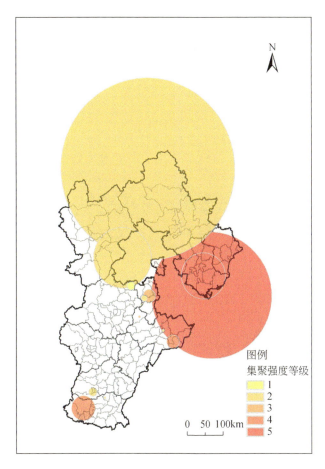

图7-10 黑色金属冶炼和压延加工业空间扫描分析

2）金属制品业。金属制品业表现出明显的集聚特征（图7-11）。从集聚位置来看，主要集中在沧州、廊坊、唐山和秦皇岛，这些地区因良好的产业基础和市场环境而成为金属制品行业的核心区。此外，在衡水和保定也存在一些小范围的集聚区域。从集聚强度来看，衡水的集聚强度最高，显示出该地区在金属制品生产和加工方面的显著优势。其次，沧州、廊坊、唐山、秦皇岛的集聚强度也较高。

3）石油、煤炭及其他燃料加工业。石油、煤炭及其他燃料加工业的集聚模式呈现出以少数高强度集聚区为核心，以多个中低级集聚区环绕的层次结构（图7-12）。集聚强度等级为5的集聚区有一个，分布在沧州东北部，集聚区范围较小。集聚强度等级为4的集聚区有两个，一个位于邢台北部，集聚区范围较小；一个集中在邯郸北部，集聚范围较小。集聚强度等级为3的集聚区有三个，两个分别位于邯郸—邢台和唐山—秦皇岛，集聚区范围较大；另一个位于廊坊，集聚区范围较小。

图7-11　金属制品业空间扫描分析

图7-12　石油、煤炭及其他燃料加工业空间扫描分析

4）食品制造业。食品制造业集聚强度等级为 5 的集聚区有两个，且在空间上重叠（图7-13），主要分布在石家庄和邢台，集聚区范围较大。集聚强度等级为 4 的集聚区有四个，其中两个出现重叠，横跨张家口、承德、保定、廊坊、唐山和秦皇岛，集聚区范围最大；一个位于邯郸东部，集聚区范围适中；一个集中在沧州中部，集聚范围较小。

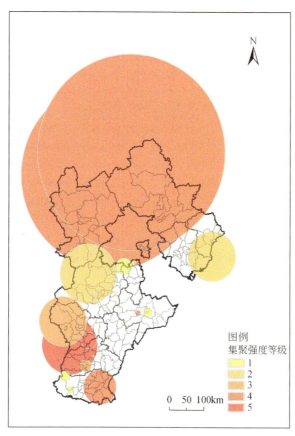

图 7-13 食品制造业空间扫描分析

5）农副食品加工业。河北作为中国的农业大省，农副食品加工业对于区域经济结构与农业现代化进程具有显著影响。从时空扫描统计量分析结果可知（图7-14），2023 年农副食品加工业集聚强度等级为 5 的集聚区有一个，分布在保定的南部，集聚区范围较小。集聚强度等级为 4 的集聚区有三个，一个集中在河北南部，横跨张家口、承德、廊坊、唐山和秦皇岛，集聚区范围最大；一个位于邢台南部，集聚区范围较小；一个集中在沧州西部，集聚范围小。

6）医药制造业。医药制造业主要集中在石家庄、邢台和秦皇岛等地，且在衡水、保定、沧州和邯郸也有一些小范围的集聚区域。从集聚强度来看，石家庄、保定和沧州的医药产业集聚强度较高，形成了全省的中高强度区域，而邢台的集聚强度稍次之（图7-15）。总体而言，石家庄作为全省医药制造业的核心集聚地，集中了一大批医药企业和资源，带动了全省医药产业链的上游生产和下游市场营销。

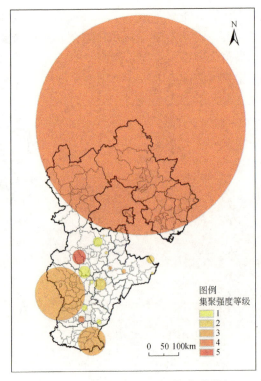

图7-14　农副食品加工业空间扫描分析

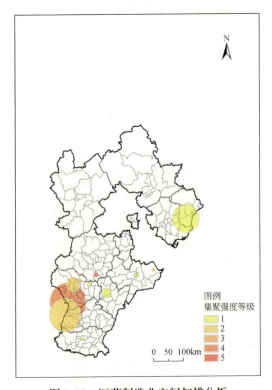

图7-15　医药制造业空间扫描分析

第三节 产业特征分析

制造业与生产性服务业在产业视角、区域视角和时间尺度上分别表现出关联性、开放性和阶段性特征。本节将针对其中的产业关联性特征和开放性特征进行深入分析，产业阶段性特征则在第八章进行深入分析。

1. 产业关联性（产业视角）

利用京津冀三省市 2007 年和 2017 年的投入产出表，计算制造业和生产性服务业各细分行业的中间需求率和中间投入率（计算公式详见第三章），分析两大产业内部细分行业的关联性特征。

一个产业的中间需求率越高，该产业原料性质越强，对中间需求的依赖性越强；中间需求率越低，则说明其对最终需求的依赖越强。如果某一产业的中间投入率越高，说明该产业对其他部门的生产驱动力越强，附加值越低，该产业就属于"低附加值、高带动能力"的产业；反之，则属于"高附加值、低带动能力"的类型。

京津冀三省市制造业与生产性服务业的中间需求率和中间投入率如图 7-16 所示。

总体上，京津冀三地制造业和生产性服务业中间需求率较高的行业相对集中，在 2007~2017 年的变动较小；而中间投入率较高的行业类型差异较大，生产性服务业则相对集中。

（1）中间需求率

从制造业（6~19）的中间需求情况来看，京津冀三省市制造业的中间需求率较高的行业主要包括其他制造产品和废品废料、金属制品、修理服务业（19），非金属矿物制品业（11）；金属制品业（13）；石油加工、炼焦及核燃料加工业（9）等一般性制造业，说明这些行业的原料性质较强，其发展动力在很大程度上来自其他部门的需求拉动。从 2007~2017 年的变化情况来看，北京制造业的中间需求率变化幅度相对较大，如 2007 年北京制造业中间需求率最高的行业为金属制品业（13），2017 年则为其他制造产品和废品废料、金属制品、修理服务业（19）。其次，除了其他制造产品，北京其余 13 类制造业行业的中间需求率均呈现下降的态势（图 7-16（a）（b）），2007 年中间需求率大于 0.5 的行业有 9 个，2017 年仅剩 4 个，说明北京制造业对中间需求的依赖性越来越低，而对最终需求的依赖度逐渐提升。

从生产性服务业（24~25、27~28、30~31）的中间需求率来看，京津冀三省市中间需求率较高的行业较为集中，主要包括租赁和商务服务业（30），金融业（28），交通运输、仓储和邮政业（25），且三省市生产性服务业的中间需求率在 2007~2017 年的变化幅度不大，说明京津冀三省市生产性服务业的产业结构相似，优势行业相对集中。

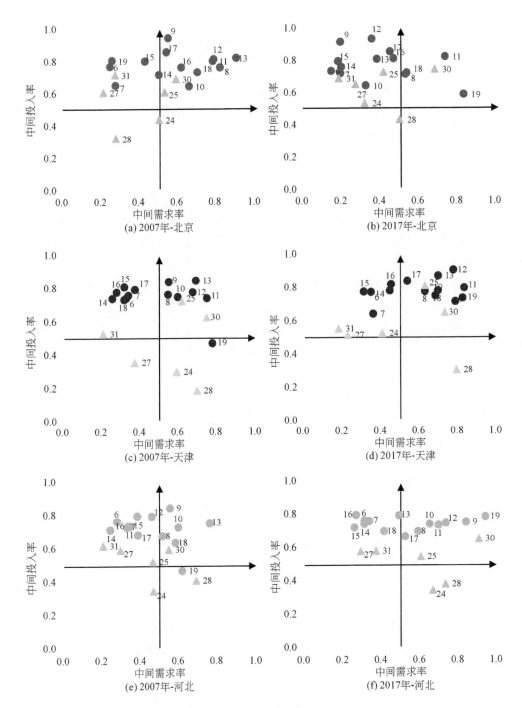

图 7-16 京津冀三省市制造业与生产性服务业的中间需求率和中间投入率的散点图

6-食品制造及烟草加工业；7-纺织品及其制品业；8-木材加工、造纸及文体用品；9-石油加工、炼焦及核燃料加工业；10-化学产品制造业；11-非金属矿物制品业；12-金属冶炼和压延加工业；13-金属制品业；14-通用和专用设备制造业；15-交通运输设备制造业；16-电气机械及器材制造业；17-通信设备、计算机及其他电子设备制造业；18-仪器仪表及文化办公用机械制造业；19-其他制造产品和废品废料、金属制品、修理服务业；24-批发和零售业；25-交通运输、仓储和邮政业；27-信息传输、软件和信息技术服务业；28-金融业；30-租赁和商务服务业；31-科学研究和技术服务业

（2）中间投入率

从制造业（6~19）的中间投入率来看，在京津冀三省市制造业中，中间投入率较高的行业主要包括石油加工、炼焦及核燃料加工业（9），金属制品业（13），通信设备、计算机及其他电子设备制造业（17）等。从2007~2017年的变化情况来看，河北制造业中间投入率较高的行业类型变化较北京和天津更大，2007年河北的石油加工、炼焦及核燃料加工业（9）的中间投入率最高，而2017年最高的是电气机械及器材制造业（16）。

从生产性服务业（24~25、27~28、30~31）的中间投入率来看，京津冀三省市生产性服务业中间投入率较高的行业主要包括租赁和商务服务业（30），科学研究和技术服务业（31），以及交通运输、仓储和邮政业（25），说明这些产业对国民经济具有重要的支撑作用。从2007~2017年的变化情况来看，北京（图7-16（a）（b））和天津（图7-16（c）（d））的生产性服务业的中间投入率普遍呈现提升态势，中间投入率提高是城市经济向市场化、外部化演进的结果。特别是两地的信息传输、软件和信息技术服务业（27）的提升幅度较大，说明两市生产性服务业对国民经济的贡献度提升，产业经济对科技、信息服务的消耗提高，城市经济的知识密集型特征更明显。

（3）产业分类

根据对中间投入率的定义，将中间投入率大于0.5的行业归为"低附加值、高带动型"，把中间投入率小于0.5的行业归为"高附加值、低带动型"，由此可以将行业具体分为以下两类（表7-8）。

表7-8 京津冀三省市制造业与生产性服务业细分行业的分类

地区	年份	"高附加值、低带动型"（中间投入率均小于0.5）		"低附加值、高带动型"（中间投入率均大于0.5）	
		制造业	生产性服务业	制造业	生产性服务业
北京	2007	—	24-批发和零售业 28-金融业	全部	25-交通运输、仓储和邮政业 27-信息传输、软件和信息技术服务业 30-租赁和商务服务业 31-科学研究和技术服务业
	2017	—	28-金融业	全部	24-批发和零售业 25-交通运输、仓储和邮政业 27-信息传输、软件和信息技术服务业 30-租赁和商务服务业 31-科学研究和技术服务业

地区	年份	"高附加值、低带动型"(中间投入率均小于0.5)		"低附加值、高带动型"(中间投入率均大于0.5)	
		制造业	生产性服务业	制造业	生产性服务业
天津	2007	19-其他制造产品和废品废料、金属制品、修理服务业	24-批发和零售业 28-金融业 27-信息传输、软件和信息技术服务业	除19外全部	25-交通运输、仓储和邮政业 30-租赁和商务服务业 31-科学研究和技术服务业
	2017	—	28-金融业	全部	24-批发和零售业 25-交通运输、仓储和邮政业 27-信息传输、软件和信息技术服务业 30-租赁和商务服务业 31-科学研究和技术服务业
河北	2007	19-其他制造产品和废品废料、金属制品、修理服务业	24-批发和零售业 28-金融业	除19外全部	25-交通运输、仓储和邮政业 27-信息传输、软件和信息技术服务业 30-租赁和商务服务业 31-科学研究和技术服务业
	2017	—	24-批发和零售业 28-金融业	全部	25-交通运输、仓储和邮政业 27-信息传输、软件和信息技术服务业 30-租赁和商务服务业 31-科学研究和技术服务业

第一类是"高附加值、低带动型"行业，即制造业与生产性服务业中间投入率小于0.5的行业。2007年在三省市制造业中只有天津和河北的其他制造产品和废品废料、金属制品、修理服务业（19）属于"高附加值、低带动型"，而到2017年没有制造业属于该类。在生产性服务业中，2007年属于该类的有批发和零售业（24）、金融业（28），2017年北京和天津则下降为1个（金融业）。金融服务业垄断经营的特质造成了该行业的低中间投入率特征，造成这一现象的原因主要有三点：①国内金融业垄断经营模式，使其市场化程度较低；②行业差别，金融业高增加值率导致低中间投入率；③金融机构层级，北京市金融机构总部较多，高增加值率、低中间投入率更明显。

第二类是"低附加值、高带动型"行业，即制造业与生产性服务业中间投入率大于0.5的行业。由于2017年京津冀三省市制造业的中间投入率均大于0.5，因此制造业均属于"低附加值、高带动型"行业。而在生产性服务业中，2007年属于"低附加值、高带动型"的行业有3个，分别是交通运输、仓储和邮政业（25）、租赁和商务服务业（30）、科学研究和技术服务业（31）。此外，还包括北京和河北的信息传输、软件和信息技术服务业（27），到2017年除了三省市的金融业（28）和河北的批发和零售业（24）以外，所有生产性服务业均属于"低附加值、高带动型"行业。

由此可知，京津冀三省市两个产业均表现出"低附加值、高带动型"特征，虽然产业的附加值不高，但对上游产业的带动能力较强，对国民经济的推动作用显著。

2. 产业开放性（区域视角）

开放度是指某一产业的产品被其他国家或地区消耗和投入的程度。参考胡晓鹏和李庆科（2009）、刘佳等（2021）的研究成果，利用贸易流量与产业产值的比值来衡量，产业开放度包括对内开放度和对外开放度。

对内开放度（输出+输入）指 i 地区 j 产业的对内开放度，是对内输出依存度和对内输入依存度之和，体现了国内市场一体化程度。对内开放度计算公式为

$$\mathrm{DOIZ}_{ij} = \mathrm{DEOI}_{ij} + \mathrm{DIOI}_{ij} = \frac{\sum_{m \neq i} |C_{m-ij}| + \sum_{m \neq i} |T_{m-ij}|}{Z_{ij}} \tag{7-2}$$

式中，DOIZ_{ij} 为 i 地区 j 产业的对内开放度；DEOI_{ij} 为 i 地区 j 产业的对内（国内）输出依存度，为国内其他区域对 i 地区 j 产业的消费总量（$\sum_{m \neq i} |C_{m-ij}|$）与 i 地区 j 产业的产值（Z_{ij}）之比；DIOI_{ij} 为 i 地区 j 产业的对内（国内）输入依存度，等于国内其他区域对 i 地区 j 产业的投入总量（$\sum_{m \neq i} |T_{m-ij}|$）与 i 地区 j 产业的产值（Z_{ij}）之比。

对外开放度（出口+进口）指 i 地区 j 产业的对外开放度，是该产业的出口依存度和进口依存度之和，反映国内产业国际化程度。对外开放度计算公式为

$$\mathrm{FOI} = \mathrm{CKYCD}_{ij} + \mathrm{JKYCD}_{ij} = \frac{E_{ij} + I_{ij}}{Z_{ij}} \tag{7-3}$$

式中，FOI 为 i 地区 j 产业的对外开放度；CKYCD_{ij} 为出口依存度，为 i 地区 j 产业的对外出口总量（E_{ij}）与其产值（Z_{ij}）之比；JKYCD_{ij} 为进口依存度，为 i 地区 j 产业的对外进口总量（I_{ij}）与其产值（Z_{ij}）之比。

由于京津冀三省市2017年投入产出表中的总产出=中间使用+最终使用–（进口+国内省外流入），因此开放度的值可能大于1，且均为正向指标，数值越大，表明产业开放度越高。

（1）制造业

京津冀三省市制造业的开放度测度结果如表7-9所示。总体上看，制造业开放度差异较大，北京、天津、河北三省市制造业的开放度依次递减，且对内开放度大于对外开放度。

表7-9　2017年京津冀三省市制造业的对内开放度和对外开放度

行业类型	北京		天津		河北	
	对内	对外	对内	对外	对内	对外
食品制造及烟草加工业	4.1557	0.4508	0.8818	0.1102	0.6709	0.0228
纺织品及其制品业	10.1279	1.6663	1.2434	0.2892	0.5499	0.0918
木材加工、造纸及文体用品	11.6125	0.6416	1.0591	0.1625	0.4802	0.0506
石油加工、炼焦及核燃料加工业	14.4155	2.2456	0.6660	0.1269	0.6070	0.0060
化学产品制造业	7.1447	0.7875	0.4867	0.1734	0.4777	0.0644
非金属矿物制品业	2.9603	0.1985	2.3559	0.1039	0.5716	0.0369
金属冶炼及压延加工业	27.1989	6.5125	0.4316	0.1171	0.4141	0.0329
金属制品业	17.5562	0.6375	0.2370	0.1450	0.4062	0.0260
通用和专用设备制造业	2.8157	1.0880	0.8579	0.2615	0.4743	0.0663
交通运输设备制造业	1.8947	0.4804	0.7609	0.3975	0.3573	0.0502
电气机械及器材制造业	3.0550	0.6520	1.1267	0.2965	0.5724	0.0410
通信设备、计算机及其他电子设备制造业	3.0730	0.3618	0.3125	0.4500	1.1069	0.0866
仪器仪表及文化办公用机械制造业	3.0053	1.6672	1.0475	0.7565	0.2692	0.1418
其他制造产品和废品废料、金属制品、修理服务业	1.3758	0.0875	1.7836	0.3821	1.5647	0.0623
均值	7.8851	1.2484	0.9465	0.2695	0.6087	0.0557

对比京津冀三省市的开放度测算结果可知，北京制造业的开放度在三省市中最高，特别是所有制造业细分行业的对内开放度均高于1，对外开放度大于1的有5个行业，其中金属冶炼及压延加工业的对内开放度和对外开放度均位列第一（27.1989、6.5125），而石油加工、炼焦及核燃料加工业的对内开放度和对外开放度均位列第二（14.4155、2.2456），说明北京的这两个行业与国内外地区的产业联系最密切，最终产品被其他国家或地区消耗和投入的程度最高，贸易流量最大。北京长期位居全国城市外贸进出口额排名前三，2021年进出口总值达到3.04万亿元，增速高于同期全国增速9.2个百分点。从贸易伙伴来看，主要贸易地区包括欧盟（不含英国）、美国、东盟、澳大利亚、沙特阿拉伯等（图7-5（a））。从对外贸易产品类型来看，主要进口商品包括汽车、医药材及药品，主要出口商品包括成品油、医药材及药品、手机等（图7-17（b）和图7-17（c）），体现了北京制造业对外开放度高、进出口产品类型多样、贸易地区范围广的特点。

天津制造业中对内开放度大于1的行业有6个，最高的是非金属矿物制品业（2.3559），其次是其他制造产品和废品废料、金属制品、修理服务业（1.7836）；但各行业对外开放度均小于1。

河北制造业中对内开放度大于1的行业有两个，分别是其他制造产品和废品废料、金属制品、修理服务业（1.5647）和通信设备、计算机及其他电子设备制造业（1.1069），而对外开放度均小于1。

以上情况表明，京津冀地区制造业的开放度差异较大，北京产业无论对国内其他地区

(a) 进出口贸易伙伴　　　　　(b) 主要进口商品结构　　　　　(c) 主要出口商品结构

图 7-17　2021 年北京地区进出口贸易伙伴及进出口商品结构

资料来源：北京海关官网（http：//www.customs.gov.cn/beijing_ customs/sy2022/index.html）

还是对国外的开放度均高于天津和河北，产业联系主要面向区域外地区，且表现出显著的国际化导向。天津和河北产业的开放度水平较低，产业发展的域内导向性较强。

（2）生产性服务业

2017 年京津冀三省市生产性服务业的开放度测度结果如表 7-10 所示，与制造业类似，京津冀三省市生产性服务业的开放度差异也较大，北京、天津、河北生产性服务业的开放度依次递减，且对内开放度大于对外开放度。

表 7-10　2017 年京津冀三省市生产性服务业的对内和对外开放度

行业类型	北京		天津		河北	
	对内	对外	对内	对外	对内	对外
批发和零售业	1.8800	0.1114	0.9666	0.0658	0.1809	0.0385
交通运输、仓储和邮政业	1.5139	0.4567	0.6481	0.1527	0.4809	0.0137
信息传输、软件和信息技术服务业	0.5217	0.1077	0.4116	0.0437	0.5763	0.0000
金融业	0.4092	0.1060	0.2872	0.0222	0.3506	0.0000
租赁和商务服务业	1.3677	0.1830	0.3187	0.0723	0.6446	0.0000
科学研究和技术服务业	0.9410	0.0422	0.6212	0.0190	0.4829	0.0000
均值	1.1056	0.1679	0.5422	0.0627	0.4527	0.0087

京津冀三省市中，北京生产性服务业的开放度最高，对内开放度大于 1 的行业包括批发和零售业（1.8800），交通运输、仓储和邮政业（1.5139），租赁和商务服务业（1.3677）；对外开放度的值均小于 1，其中交通运输、仓储和邮政业的开放度值较高（0.4567）。天津和河北生产性服务业的对内和对外开放度均小于 1，其中，天津的批发和零售业（0.9666），交通运输、仓储和邮政业（0.6481）；河北的租赁和商务服务业（0.6446），信息传输、软件和信息技术服务业（0.5763）的开放度相对较高。

总体来看，京津冀三省市中，北京生产性服务业与区外产业的联系较强，能够提供跨地区的服务，这主要是因为北京生产性服务业的总部经济特征较明显，促使其与全国的经济联系较紧密，且企业的竞争力较强，更多地表现为对外输出的特征。但生产性服务业的国际化水平与制造业相比仍较低，从北京对外贸易结构来看，2021 年服务贸易占对外贸易的比重仅为 29.7%（图 7-18），还未良好地嵌入全球产业链。天津和河北生产性服务业主要面向本地，产业的内部消耗较高，提供跨地区服务的水平较差。

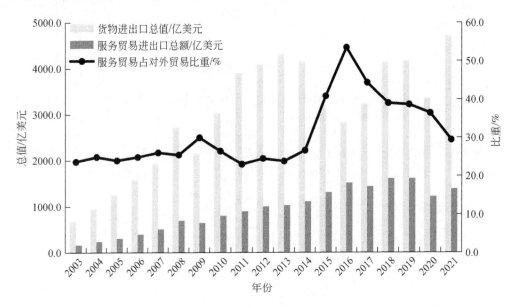

图 7-18　2003～2021 年北京地区对外经济贸易情况

资料来源：《2022 北京统计年鉴》

第八章 | 地区内和地区间产业关联研究

基于 2007 年和 2017 年京津冀三省市投入产出表,分析京津冀三省市内部制造业与生产性服务业的关联程度,利用生产性服务业的中间需求率反映制造业对本地生产性服务业的拉动作用,用制造业的中间投入率反映生产性服务业对本地制造业的推动作用。

第一节 地区内产业关联研究

本节分别从北京、天津、河北三省市的具体情况出发,研究各省市内部制造业对生产性服务业的拉动作用和生产性服务业对制造业的推动作用,从而进一步确定两者之间的关联程度,究竟是制造业对生产性服务业的拉动作用更大,还是生产性服务业对制造业的推动作用更大。

1. 北京的产业关联研究

这里主要从制造业对生产性服务业的拉动作用和生产性服务业对制造业的推动作用两个方面进行阐述。

(1) 制造业对生产性服务业的拉动作用

利用 2007 年和 2017 年北京投入产出表测算生产性服务业各细分行业(被制造业消耗)的中间需求率,该指标表示生产性服务业各细分行业的总产出中有多少被本地的制造业消耗。研究结果表明,2007~2017 年北京生产性服务业的中间需求率变动较小,但生产性服务业的总体中间需求率普遍呈现下降趋势(图8-1)。从 2007 年的 0.2191 下降至 2017 年的 0.0585,说明生产性服务业被本地制造业消耗的比重呈现下降趋势,生产性服务业对本地制造业中间消费的依赖度越来越弱。

从细分行业来看,批发和零售业(24)的中间需求率在 2007 年和 2017 年均列第一,说明在北京批发和零售业的总产出中被制造业消耗的比重最高,批发和零售业对制造业中间消费的依赖度最高。2007 年交通运输、仓储和邮政业(25)的中间需求率位列第二,位列第三的是科学研究和技术服务业(31)。2017 年北京租赁和商务服务业(30)的中间需求率(0.0744)位列第二,交通运输、仓储和邮政业(25)的中间需求率位列第三。可见,北京生产性服务业被制造业消耗比重较高的行业集中在批发和零售业(24),交通运输、仓储和邮政业(25)等传统生产性服务业领域,知识密集型服务业、技术密集型服务业被制造业消耗的比重仍较低。这主要是由于非首都功能疏解政策

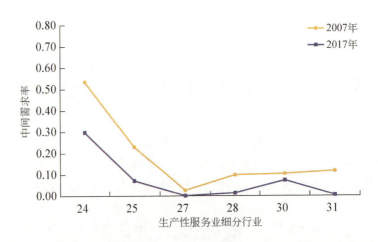

图 8-1　北京生产性服务业各细分行业（被制造业消耗）的中间需求率

24-批发和零售业；25-交通运输、仓储和邮政业；27-信息传输、软件和信息技术服务业；

28-金融业；30-租赁和商务服务业；31-科学研究和技术服务业

的实施，北京疏解了一大批一般性制造业企业，这在两方面影响了制造业对生产性服务业的拉动作用。

第一，由于一般性制造业企业疏解，制造业在北京国民经济中的比重逐渐降低（图 8-2），使得制造业对生产性服务业的总消耗量逐年减少。

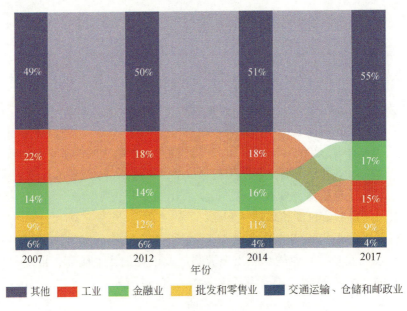

图 8-2　北京工业与部分生产性服务业在地区生产总值中的比重

第二，疏解的一般性制造业企业正是消耗上一段中提到的批发和零售业，交通运输、仓储和邮政业等传统生产性服务业的主要对象，因此疏解导致这一类传统生产性服务业的中间需求率下降且降低程度远大于其他类型的生产性服务业。

同时，北京生产性服务业的产业规模在2007～2017年快速扩张，使得北京生产性服务业被本地制造业消耗的部分在生产性服务业总产出中的比重越来越低，在计算结果中表现为生产性服务业中间需求率下降。

（2）生产性服务业对制造业的推动作用

对2007年和2017年北京制造业细分行业（受生产性服务业）的中间投入率进行测算，该指标表示制造业各细分行业的总投入中有多少来自生产性服务业的产出，测算结果如图8-3所示。

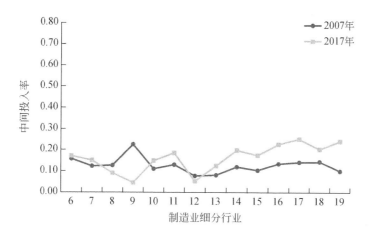

图8-3　北京制造业细分行业（受生产性服务业）的中间投入率

6-食品制造及烟草加工业；7-纺织品及其制品业；8-木材加工、造纸及文体用品；9-石油加工、炼焦及核燃料加工业；10-化学产品制造业；11-非金属矿物制品业；12-金属冶炼和压延加工业；13-金属制品业；14-通用和专用设备制造业；15-交通运输设备制造业；16-电气机械及器材制造业；17-通信设备、计算机及其他电子设备制造业；18-仪器仪表及文化办公用机械制造业；19-其他制造产品和废品废料、金属制品、修理服务业

2007～2017年，北京制造业细分行业的中间投入率变动较大，总体中间投入率涨幅较高，从2007年的0.1280提升至2017年的0.1788，说明北京制造业对本地生产性服务业中间投入的依赖度逐渐提升，制造业总产出中本地生产性服务业的投入比重越来越高。

从细分行业类型来看，2007年（图8-4（a））北京制造业中间投入率最高的行业是石油加工、炼焦及核燃料加工业（9），位列第二的是食品制造及烟草加工业（6），其次是仪器仪表及文化办公用机械制造业（18）。

随着北京制造业对生产性服务业中间投入的依赖度逐渐增强，除了木材加工、造纸及文体用品（8），石油加工、炼焦及核燃料加工业（9），金属冶炼及压延加工业（12）三个行业以外的其余行业的中间投入率均呈现增长趋势。2017年，通信设备、计算机及其他电子设备制造业（17）的中间投入率位列第一，位列第二和第三的行业分别是其他制造产品和废品废料、金属制品、修理服务业（19）和电气机械及器材制造业（16）（图8-4（b））。整体来看，北京制造业中的通信设备、计算机及其他电子设备制造业（17），交通

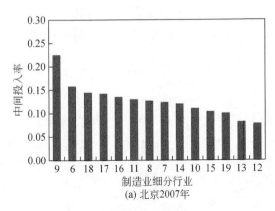
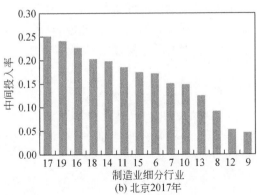

图 8-4　北京制造业细分行业（受生产性服务业）的中间投入率由大到小排序图

6-食品制造及烟草加工业；7-纺织品及其制品业；8-木材加工、造纸及文体用品；9-石油加工、炼焦及核燃料加工业；
10-化学产品制造业；11-非金属矿物制品业；12-金属冶炼和压延加工业；13-金属制品业；14-通用和专用设备制造业；
15-交通运输设备制造业；16-电气机械及器材制造业；17-通信设备、计算机及其他电子设备制造业；18-仪器仪
表及文化办公用机械制造业；19-其他制造产品和废品废料、金属制品、修理服务业

运输设备制造业（15）等高技术制造业的中间投入率快速提升，制造业受生产性服务业的
投入结构在逐渐优化，主要原因是北京疏解了一大批一般性制造业，使得一般性制造业在
国民经济中的占比快速下降。同时，通过加快构建高精尖产业体系，吸引了一大批高技术
产业和战略性新兴产业，全市技术合同成交额从 2007 年的 883 亿元增长至 2017 年的 4485
亿元。中关村新办科技型企业数由 2012 年的 1897 家增长至 2021 年 4106 家，涉及领域主
要有医药、电子信息、3D 打印、新能源，这类产业对高级生产性服务业的需求较高。加
之北京本地的生产性服务业规模大、增长快，满足了新兴产业和国际化企业的需求，使得
其对该类产业中间投入率普遍提升而对一般性制造业的中间投入率出现下降。2012～2021
年北京新增 124 万家企业，其中商务服务和科技服务两个领域新增企业数最多（图 8-5），
均超 40 万家，说明高级生产性服务要素对制造业的服务能力在过去十年间持续提升。

　　同时，北京市政府还加大了对制造业与现代服务业融合发展的支持力度，并于 2023
年 2 月发布《北京市发展和改革委员会等 11 部门关于北京市推动先进制造业和现代服
务业深度融合发展的实施意见》，提出推动医药制造、智能网联汽车制造、集成电路、
高端装备制造业等与服务业融合水平，到 2025 年培育形成 10 家市级两业融合示范园区
和 100 家市级两业融合试点企业，规模以上制造业企业数字化、智能化转型升级基本全
覆盖（图 8-6）。

2. 天津的产业关联研究

　　这里主要从制造业对生产性服务业的拉动作用和生产性服务业对制造业的推动作用两
个方面进行阐述。

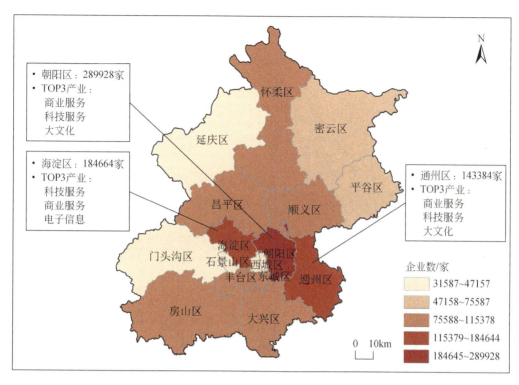

图 8-5　2012~2021 年北京新增市场主体区域分布图

资料来源：《北京这十年：创新与发展》报告

（1）制造业对生产性服务业的拉动作用

2007~2017 年，天津生产性服务业的中间需求率下降幅度较大，中间需求率从 2007 年的 0.6084 下降至 2017 年的 0.1772，说明在 2007~2017 年天津制造业对本地生产性服务业的拉动作用大幅减弱（图 8-7）。

同时，天津生产性服务业的中间需求结构变动也相对较大。从细分行业来看，除了批发和零售业（24）的中间需求率在 2007 年和 2017 年均位列第一，保持了对制造业中间消费的较高依赖度外，其余行业位次变化较大。2007 年交通运输、仓储和邮政业（25）的中间需求率位列第二，位列第三的是科学研究和技术服务业（31），但这两个行业在 2007~2017 年出现中间需求率的大幅下降，金融业（28）的中间需求率降幅较小，在 2017 年提升至第二位（0.2562），交通运输、仓储和邮政业（25）的中间需求率位列第三。

由此可见，天津生产性服务业被制造业消耗比重较高的行业除了有传统的批发和零售业（24），交通运输、仓储和邮政业（25）等，还包括金融业（28）、科学研究和技术服务业（31）等资本密集型服务业和技术密集型服务业。但总体上来看，生产性服务业被制造业消耗的比重普遍下降，生产性服务业对制造业中间消费的依赖度逐年减弱。这主要是因为天津制造业在国民经济中的比重在逐年下降（图 8-8），由前面的章节分析可知，天津制造业增加值在所有产业中的比重在 2007~2017 年下降 12.00%，三省市中降幅最大，

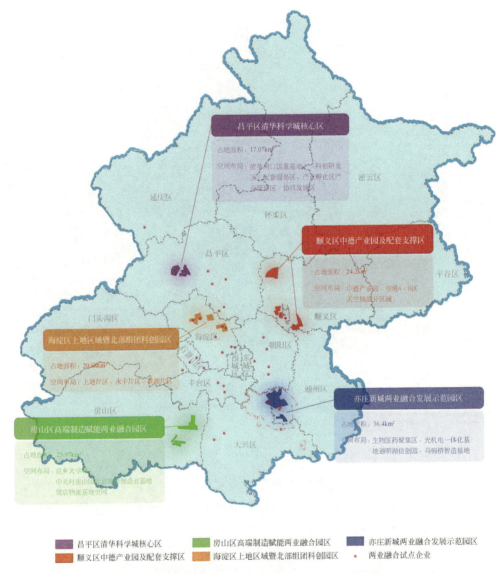

图 8-6　北京"两业融合"示范区及试点企业空间布局图

资料来源：北京市发展和改革委员会官网（https：//project. fgw. beijing. gov. cn/zt/2023/cydt/#/region/6）

导致其对生产性服务业的消耗量和增速同步下降，并且尽管其生产性服务业的增加值增长较快，但产业规模、增加值和总产出的绝对量在三省市中最低，无法满足本地制造业的需求，使得生产性服务业被本地制造业消耗的部分在其总产出中的比重快速下降。

（2）生产性服务业对制造业的推动作用

天津制造业细分行业的中间投入率在 2007～2017 年出现小幅下降，制造业的中间投入率从 2007 年的 0. 1872 下降至 2017 年的 0. 1166，说明天津本地生产性服务业对制造业的推动作用也在减弱（图 8-9）。

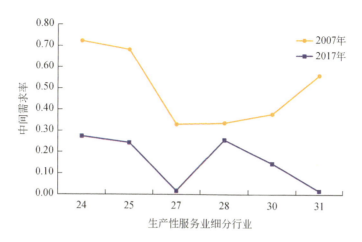

图 8-7 天津生产性服务业各细分行业（被制造业消耗）的中间需求率

24-批发和零售业；25-交通运输、仓储和邮政业；27-信息传输、软件和信息技术服务业；28-金融业；30-租赁和商务服务业；31-科学研究和技术服务业

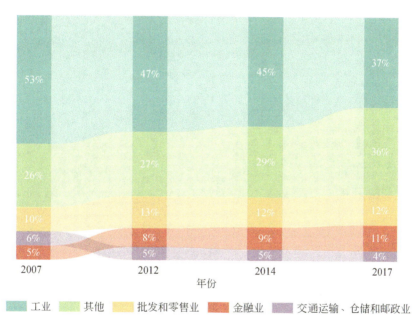

图 8-8 天津工业与部分生产性服务业在地区生产总值中的比重

此外，天津制造业各细分行业受生产性服务业的中间投入率变化也相对较大。2007 年（图 8-10（a））中间投入率最高的行业是石油加工、炼焦及核燃料加工业（9），其次是仪器仪表及文化办公用机械制造业（18），最后是交通运输设备制造业（15）。但到 2017 年（图 8-10（b）），石油加工、炼焦及核燃料加工业（9）的中间投入率快速下降，非金属矿物制品业（11）的中间投入率位列第一，仪器仪表及文化办公用机械制造业（18）的中间投入率位列第二，最后是通用和专用设备制造业（14）。

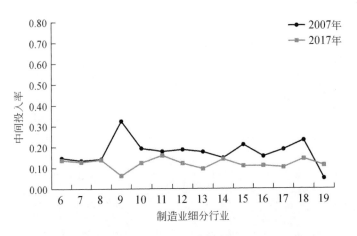

图 8-9　天津制造业细分行业（受生产性服务业）的中间投入率

6-食品制造及烟草加工业；7-纺织品及其制品业；8-木材加工、造纸及文体用品；9-石油加工、炼焦及核燃料加工业；
10-化学产品制造业；11-非金属矿物制品业；12-金属冶炼和压延加工业；13-金属制品业；14-通用和专用设备制造业；
15-交通运输设备制造业；16-电气机械及器材制造业；17-通信设备、计算机及其他电子设备制造业；18-仪器仪
表及文化办公用机械制造业；19-其他制造产品和废品废料、金属制品、修理服务业

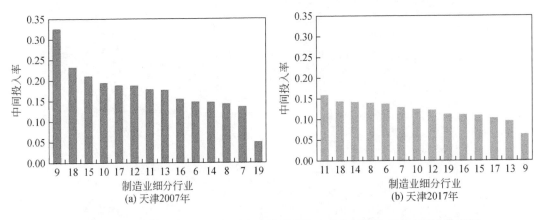

图 8-10　天津制造业细分行业（受生产性服务业）的中间投入率由大到小排序图

6-食品制造及烟草加工业；7-纺织品及其制品业；8-木材加工、造纸及文体用品；9-石油加工、炼焦及核燃料加工业；
10-化学产品制造业；11-非金属矿物制品业；12-金属冶炼和压延加工业；13-金属制品业；14-通用和专用设备制造业；
15-交通运输设备制造业；16-电气机械及器材制造业；17-通信设备、计算机及其他电子设备制造业；18-仪器仪
表及文化办公用机械制造业；19-其他制造产品和废品废料、金属制品、修理服务业

　　总体上，2007~2017 年天津制造业细分行业中间投入率提升的行业只有 1 个，即其他制造产品和废品废料、金属制品、修理服务业（19），但提升幅度较小（0.0624），除此以外，大部分行业的投入率降幅较大，导致总体中间投入率出现下降。这主要是因为天津制造业仍存在产业结构不合理、对生产性服务业利用度低的问题，很大程度上限制了服务业的发展。例如，天津原材料产值占全市工业比重的 40% 左右，石油化工产业出售产品的 90% 为原料，产业链短，附加值低，对生产性服务业的需求仅停留在物流、仓储、租赁等

环节，带动能力较低。此外，从天津 2013～2017 年工业和主要生产性服务业部门的生产总值增速来看（图 8-11），除信息传输、软件与计算机服务业外，其余行业增速普遍呈下降趋势，整体发展动力不足。

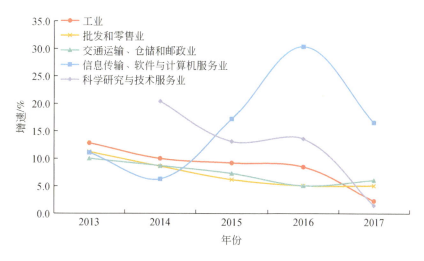

图 8-11　天津工业与生产性服务业主要部门的生产总值增速
资料来源：《天津市统计年鉴》

3. 河北的产业互动关系

这里主要从制造业对生产性服务业的拉动作用和生产性服务业对制造业的推动作用两个方面进行阐述。

（1）制造业对生产性服务业的拉动作用

河北生产性服务业各细分行业的中间需求率如图 8-12 所示。2007～2017 年河北生产性服务业的中间需求率出现小幅下降，从 2007 年的 0.4761 下降至 2017 年的 0.2672，说明河北制造业对本地生产性服务业的拉动作用在 2007～2017 年也在减弱。

从细分行业来看，批发和零售业（24）的中间需求率在 2007 年和 2017 年均位列第一，说明河北批发和零售业的总产出中被制造业消耗的比重最高，对制造业中间消费的依赖度最高。此外，交通运输、仓储和邮政业（25），科学研究和技术服务业（31）的中间需求率在 2007～2017 年降幅较大，说明这两个行业受本地制造业中间消耗的比重也在快速减少。相反，河北的租赁和商务服务业（30）是 2007～2017 年京津冀三省市中唯一出现中间需求率增长的行业，说明租赁和商务服务业（30）受河北本地制造业消耗的比重在提升。

从总体中间需求率来看，2017 年河北生产性服务业中间需求率在三省市中最高，主要是因为河北制造业规模大、增速快，对生产性服务业的消耗量增长较北京和天津更快，但在 2007～2017 年也呈现下降趋势，这是由于河北生产性服务业的基础薄弱、行业种类少，增加值和总产出增长缓慢（图 8-13），导致生产性服务业无法满足本地制造业的需求，因此，河北制造业可能通过引进跨区域的服务业来满足对生产性服务的需求，由此导致河北生产性服务业被本地制造业消耗的量占其总产出的比重不断下降。

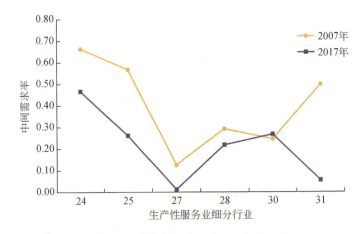

图 8-12　河北生产性服务业各细分行业（被制造业消耗）的中间需求率

24-批发和零售业；25-交通运输、仓储和邮政业；27-信息传输、软件和信息技术服务业；

28-金融业；30-租赁和商务服务业；31-科学研究和技术服务业

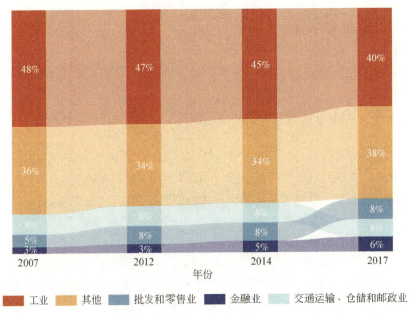

图 8-13　河北工业与部分生产性服务业在地区生产总值中的比重

（2）生产性服务业对制造业的推动作用

从河北制造业中间投入率来看，2007 年制造业的中间投入率为 0.0725，而到 2017 年提升至 0.0946，说明河北制造业对本地生产性服务业中间投入的依赖度逐渐提升，制造业总产出中本地生产性服务业的投入比重越来越高。

河北制造业细分行业的中间投入率在 2007～2017 年的变化较大（图 8-14）。2007 年（图 8-15（a））中间投入率最高的行业是仪器仪表及文化办公用机械制造业（18），位列第二的是非金属矿物制品业（11），最后是石油加工、炼焦及核燃料加工业（9）。到 2017 年（图 8-15（b）），石油加工、炼焦及核燃料加工业（9），纺织品及其制品业（7）、化学产品业（10）对生产性服务业的中间投入率快速提升至前三位。此外，在 2007～2017 年河北只有非金属矿物制品业（11）、仪器仪表及文化办公用机械制造业（18）的中间投入率出现下降，

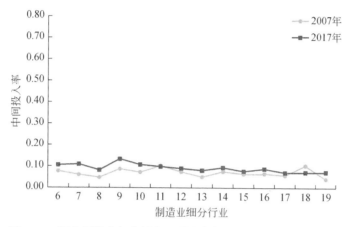

图 8-14 河北制造业细分行业（受生产性服务业）的中间投入率

6-食品制造及烟草加工业；7-纺织品及其制品业；8-木材加工、造纸及文体用品；9-石油加工、炼焦及核燃料加工业；10-化学产品制造业；11-非金属矿物制品业；12-金属冶炼和压延加工业；13-金属制品业；14-通用和专用设备制造业；15-交通运输设备制造业；16-电气机械及器材制造业；17-通信设备、计算机及其他电子设备制造业；18-仪器仪表及文化办公用机械制造业；19-其他制造产品和废品废料、金属制品、修理服务业

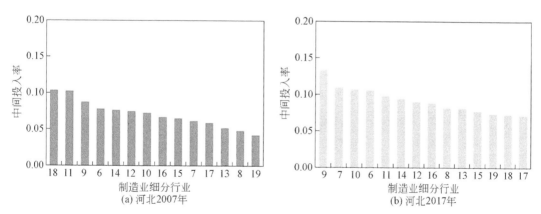

(a) 河北2007年   (b) 河北2017年

图 8-15 河北制造业细分行业（受生产性服务业）的中间投入率由大到小排序图

6-食品制造及烟草加工业；7-纺织品及其制品业；8-木材加工、造纸及文体用品；9-石油加工、炼焦及核燃料加工业；10-化学产品制造业；11-非金属矿物制品业；12-金属冶炼和压延加工业；13-金属制品业；14-通用和专用设备制造业；15-交通运输设备制造业；16-电气机械及器材制造业；17-通信设备、计算机及其他电子设备制造业；18-仪器仪表及文化办公用机械制造业；19-其他制造产品和废品废料、金属制品、修理服务业

其余12类细分行业的中间投入率普遍得到提升，提升幅度最高的是纺织品及其制品业（7）。

　　这主要是因为河北制造业规模较大、增长较快，因此随着产业互动水平的加深，制造业对生产性服务业中间投入的依赖度越来越高。但是相比北京和天津，河北高技术制造业占全部制造业的比重较低，从河北省国民经济和社会发展"十一五""十二五""十三五"规划中有关产业结构优化升级的内容来看，均强调存量调强，增量调优，做大做强钢铁、食品、装备制造、石油化工、医药等行业，并在此基础上培育新兴产业（表8-1），2007~2017年中间投入率增长较快的行业主要是纺织品和石油加工等一般性制造业。

表8-1　河北规划纲要中有关提升传统产业的内容

规划名称	专栏	内容
《河北省国民经济和社会发展第十一个五年规划纲要》	七大工业主导产业重点项目	钢铁、装备制造、石化、食品、医药、建材、纺织服装业
《河北省国民经济和社会发展第十二个五年规划纲要》	改造提升传统重大工程	钢铁产业重大工程、装备制造业重大工程、石化产业重大工程、建材产业重大工程、轻工业产业重大工程、食品产业重大工程、纺织服装业重大工程、医药产业重大工程
《河北省国民经济和社会发展第十三个五年规划纲要》	传统优势产业改造搬迁升级重大工程	装备制造业、冶金、化工、轻工食品、建材

　　《河北省制造业高质量发展"十四五"规划》提出，在做优做强钢铁、装备制造、石化和食品制造等传统优势产业的基础上，培育壮大新一代信息技术、生物医药、新能源等新兴产业，构建"一核、两极、四带、多集群"发展格局。其中，石家庄、邯郸、唐山等市均将钢铁、食品制造列入优先发展行业。由此可见，在未来一段时间内，这些传统行业仍然是河北制造业加深与生产性服务业互动发展的重点领域。

　　对京津冀三省市内部制造业与生产性服务业的互动分析结果表明，京津冀三省市制造业与生产性服务业的互动程度差异较大，发展阶段和变化情况各不相同。根据以上分析总结的两个产业的互动关系如表8-2所示。

表8-2　京津冀三省市制造业与生产性服务业的互动关系

地区	年份	制造业拉动生产性服务业		生产性服务业推动制造业	
		产业关系	产业类型	产业关系	产业类型
北京	2007	√	24-批发和零售业 25-交通运输、仓储和邮政业 31-科学研究和技术服务业		
	2017			√	17-通信设备、计算机及其他电子设备制造业 19-其他制造产品和废品废料、金属制品、修理服务业 16-电气机械及器材制造业

续表

地区	年份	制造业拉动生产性服务业		生产性服务业推动制造业	
		产业关系	产业类型	产业关系	产业类型
天津	2007	√	24-批发和零售业 25-交通运输、仓储和邮政业 31-科学研究和技术服务业		
	2017	√	24-批发和零售业 28-金融业 25-交通运输、仓储和邮政业		
河北	2007	√	24-批发和零售业 28-金融业 25-交通运输、仓储和邮政业		
	2017	√	24-批发和零售业 30-租赁和商务服务业 25-交通运输、仓储和邮政业		

2007 年，京津冀三省市生产性服务业的中间需求率均大于制造业的中间投入率，说明在这一阶段三省市制造业对生产性服务业的拉动作用占主导地位，生产性服务业对产业发展的推动作用较小。

2017 年，北京生产性服务业的中间需求率快速下降，制造业的中间投入率得到提升，制造业中间投入率大于生产性服务业中间需求率，表明北京生产性服务业对制造业的推动作用提升到主导地位，生产性服务业对本地产业的促进作用快速提升。天津和河北生产性服务业中间需求率仍大于制造业中间投入率，说明两省市制造业对生产性服务业的拉动作用仍大于生产性服务业对制造业的推动作用，但两个指标在 2007 年和 2017 年的差距逐渐减小，说明制造业的拉动在减弱。

第二节　地区间产业关联研究

本节基于 2017 年京津冀地区间投入产出表，运用地区间投入产出分析法探究京津冀三省市之间制造业与生产性服务业的互动关系。利用地区间生产性服务业的中间需求率反映制造业对地区间产业的拉动作用，用地区间制造业的中间投入率反映生产性服务业对地区间产业的推动作用。对京津冀三省市制造业与生产性服务业的中间需求结构与中间投入结构的分析结果如图 8-16 所示。

从生产性服务业中间需求结构来看（图 8-16（a）），京津冀三省市生产性服务业与本地产业的中间需求联系强于与其他地区的联系，如北京生产性服务业受本地产业的中间需求率高达 70.94%，河北高达 65.59%。可见，京津冀三省市的生产性服务业受本地产业的消耗占主导地位，其次是面向国内其他地区。

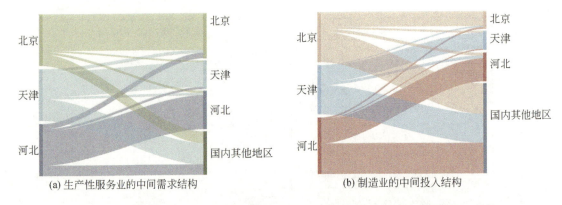

(a) 生产性服务业的中间需求结构　　　　(b) 制造业的中间投入结构

图 8-16　京津冀三省市之间生产性服务业的中间需求结构和制造业的中间投入结构

从制造业的中间投入结构来看（图 8-16（b）），京津冀三省市制造业与国内其他地区的中间投入联系强于三省市制造业的地区间联系，三省市制造业受国内其他地区的中间投入率均值达 49.23%，说明京津冀三省市的制造业投入关系主要面向除京津冀以外的国内其他地区，其次是面向本地产业。京津冀地区间制造业的中间投入率的均值为 3.04%，远低于生产性服务业的中间需求率的均值（5.34%），说明京津冀地区间生产性服务业的联系强于制造业。

1. 北京与天津的互动关系

北京和天津的制造业与生产性服务业的互动关系如表 8-3 所示。

表 8-3　北京和天津之间的制造业与生产性服务业的产业联系

产业联系	京→津	津→京
生产性服务业中间需求率/%	0.83	0.63
制造业中间投入率/%	0.53	0.82

注："→"指向表示流入，后同

从生产性服务业中间需求率来看，北京生产性服务业受天津制造业的中间需求率（0.83%）高于天津生产性服务业受北京制造业的中间需求率（0.63%），说明在制造业的拉动作用方面，天津制造业对北京生产性服务业的拉动作用更大。

从制造业中间投入率来看，北京制造业受天津生产性服务业的中间投入率（0.53%）低于天津制造业受北京生产性服务业的中间投入率（0.82%），说明在生产性服务业的推动作用方面，北京生产性服务业对天津制造业的推动作用更强。

以上结果表明，北京和天津之间已经形成制造业与生产性服务业分工较为明确的互动发展关系，北京通过强大的生产性服务业推动天津制造业的发展，而天津制造业利用对北京生产性服务业的中间需求拉动北京生产性服务业发展。

图 8-17 为北京和天津生产性服务业被另一地区制造业细分行业消耗的中间需求率和

制造业受另一地区生产性服务业细分行业的中间投入结构。

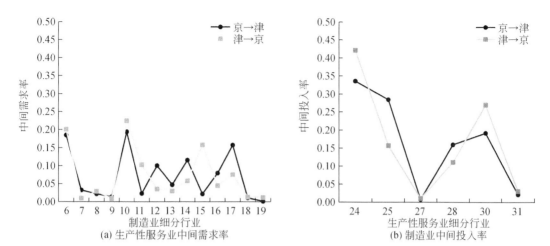

图 8-17　北京和天津之间制造业与生产性服务业细分行业的互动关系

6-食品制造及烟草加工业；7-纺织品及其制品业；8-木材加工、造纸及文体用品；9-石油加工、炼焦及核燃料加工业；
10-化学产品制造业；11-非金属矿物制品业；12-金属冶炼和压延加工业；13-金属制品业；14-通用和专用设备制造业；
15-交通运输设备制造业；16-电气机械及器材制造业；17-通信设备、计算机及其他电子设备制造业；18-仪器仪表及文化
办公用机械制造业；19-其他制造产品和废品废料、金属制品、修理服务业；24-批发和零售业；25-交通运输、仓储和邮
政业；27-信息传输、软件和信息技术服务业；28-金融业；30-租赁和商务服务业；31-科学研究和技术服务业

从生产性服务业的中间需求率来看（图 8-17（a）），北京生产性服务业被天津制造业各细分行业消耗的中间需求比重最高的行业是化学产品制造业（10），其次是食品制造及烟草加工业（6），然后是通信设备、计算机及其他电子设备制造业（17），说明天津制造业细分行业对北京生产性服务业的消耗较大。除此之外，天津制造业中的金属冶炼和压延加工品（12）、通用和专用设备制造业（14）对北京生产性服务业的拉动也较大。天津生产性服务业被北京制造业各细分行业消耗的中间需求率位列前二的行业与北京相似，分别是化学产品制造业（10）、食品制造及烟草加工业（6），其次是交通运输设备制造业（15），说明北京制造业细分行业对天津生产性服务业的需求也较大。整体上，北京和天津的高技术制造业对另一地区生产性服务业的拉动作用逐渐显现。

2014～2018 年，北京企业在天津投资到位金额超过 6400 亿元，占天津引进内资的 40% 以上。截至 2018 年底，滨海-中关村科技园新增注册企业 941 家，注册资金达 104.3 亿元，其中包括大量的生物医药投资项目。例如，中科拜克生物医药有限公司等原来在北京中关村仅以研发为主而将实验项目的实施环节外包给其他机构的企业，随着滨海-中关村科技园、宝坻京津中关村科技城的建设，纷纷在天津投资建厂，设立实验室和生产线，大幅提高研发效率，由此"北京研发、天津制造"的产业协同模式加速形成。与此同时，天津市政府为支持生物医药产业发展，先后发布《京津冀生物医药产业化示范区优惠政策》《天津市生物医药产业发展"十二五"规划》《天津市生物医药产业发展三年行动计划（2015-2017 年）》等，给予生物医药产业人才引进、财税补贴、土地等优惠政策，形成了以滨海新区为主体的滨海新区生物医药产业园、天津经济技术开发区西区生物医药产

业园（图 8-18），基本涵盖产品研发、技术转化、生产制造、商业物流等功能的生物医药产业链。

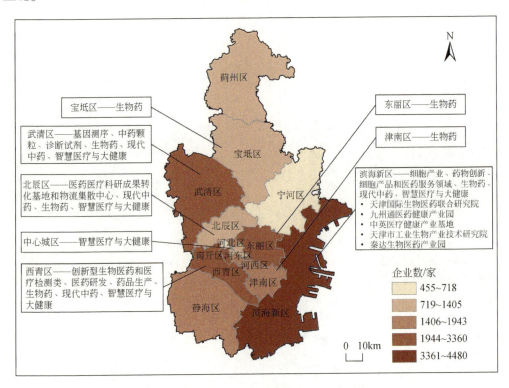

图 8-18　2020 年天津医药制造产业主要集聚区
资料来源：天津市医药制造业行业协会

从制造业的中间投入率来看（图 8-17（b）），京津两市生产性服务业对另一地区制造业的投入结构较相似，天津生产性服务业中批发和零售业（24），交通运输、仓储和邮政业（25），租赁和商务服务业（30）对北京制造业的中间投入占比位列前三。北京生产性服务业中的批发和零售业（24），租赁和商务服务业（30），交通运输、仓储和邮政业（25）对天津制造业的中间投入较大。天津港作为我国北方重要的对外贸易口岸和国际枢纽港，在天津生产性服务业推动北京制造业发展中发挥了重要作用。近年来，天津港依托独特的区位优势，不断提升港口功能，仅 2016 年天津港东疆港区就吸引北京和河北注册企业 186 家，累计注册资本 119.3 亿元。中石化集团、中化集团、中海油集团等央企均与天津港展开合作，建成一批高标准化专业化码头和仓储物流基础设施。2019 年 8 月设立天津港雄安新区服务中心，2023 年 6 月成立北京 CBD–天津港京津协同港口服务中心，7 月天津港至北京平谷、北京大红门等地的海铁联运班列开始运行，河北雄安新区、北京城区企业的货物进出口效率大幅提升。由此可见，天津港集海运、港口、铁路的综合运输方式在北京产业发展与进出口贸易中发挥了强大的支撑作用，成为京津冀地区的海上门户。

2. 北京与河北的互动关系

北京和河北之间制造业与生产性服务业的整体联系情况如表8-4所示。

表8-4 北京和河北之间制造业与生产性服务业的产业联系

产业联系	京→冀	冀→京
生产性服务业中间需求率/%	2.13	0.72
制造业中间投入率/%	0.66	1.17

从生产性服务业中间需求率来看，北京生产性服务业被河北制造业消耗的中间需求率（2.13%）高于河北生产性服务业受北京制造业的中间需求率（0.72%），说明在制造业的拉动作用方面，河北制造业对北京生产性服务业的拉动作用较大。

从制造业中间投入率来看，北京制造业受河北生产性服务业的中间投入率（0.66%）低于河北制造业受北京生产性服务业的中间投入率（1.17%），说明在生产性服务业的推动作用方面，北京生产性服务业对河北制造业的推动作用更强。

以上研究结果表明，北京和河北之间已经形成制造业与生产性服务业分工较为明确的互动关系，且互动关系较北京和天津更深入，对彼此产业的拉动和推动作用更大。

北京和河北生产性服务业的中间需求率和制造业的中间投入率分析结果如图8-19所示。

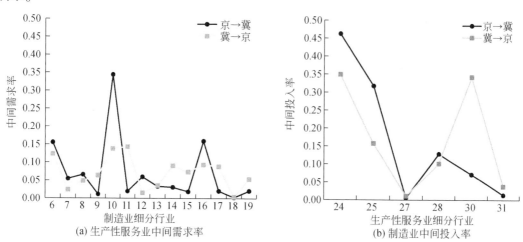

(a) 生产性服务业中间需求率   (b) 制造业中间投入率

图8-19 北京和河北之间制造业与生产性服务业细分行业的互动关系

6-食品制造及烟草加工业；7-纺织品及其制品业；8-木材加工、造纸及文体用品；9-石油加工、炼焦及核燃料加工业；10-化学产品制造业；11-非金属矿物制品业；12-金属冶炼和压延加工业；13-金属制品业；14-通用和专用设备制造业；15-交通运输设备制造业；16-电气机械及器材制造业；17-通信设备、计算机及其他电子设备制造业；18-仪器仪表及文化办公用机械制造业；19-其他制造产品和废品废料、金属制品、修理服务业；24-批发和零售业；25-交通运输、仓储及邮政业；27-信息传输、软件和信息技术服务业；28-金融业；30-租赁和商务服务业；31-科学研究和技术服务业从生产性服务业的中间需求率来看（图8-19（a）），北京生产性服务业被河北制造业各细分行业消耗的中间需求比重最高的是化学产品制造业（10），中间需求率高达0.34，其次是电气机械和器材制造业（16），最后是食品制造及烟草加工业（6），说明河北制造业细分行业对北京生产性服务业的消耗较大。河北生产性服务业被北京制造业各细分行业消耗的中间需求率位列前二的行业分别是非金属矿物制品业（11）、化学产品制造业（10），其次是食品制造及烟草加工业（6），说明北京制造业细分行业对河北生产性服务业的需求也较大。

从制造业的中间投入率来看（图8-19（b）），北京和河北生产性服务业对另一地区制造业的投入结构也较相似，河北生产性服务业中批发和零售业（24），交通运输、仓储和邮政业（25），金融业（28）对北京制造业的中间投入率位列前三。北京生产性服务业中批发和零售业（24），租赁和商务服务业（30），交通运输、仓储和邮政业（25）对河北制造业的中间投入也较大。

综合来看，北京和河北生产性服务业与制造业的互动结构差异较小，北京生产性服务业受河北化学产品制造业（10）的拉动作用最大，而河北省生产性服务业受北京市非金属矿物制品（11）的拉动作用最大。而两地制造业受彼此批发和零售业（24）的供给推动作用最大。整体上，化学产品制造业（10）、电气机械和器材制造业（16）等高技术制造业对另一地区生产性服务业的拉动作用较强，知识和技术密集型生产性服务业对制造业的推动作用还未显现。

医药制造作为化学产品制造业的重要组成部分，是河北制造业拉动北京生产性服务业增长的重要领域。2015年京冀签订协议，"共建、共管、共享"北京·沧州渤海新区生物医药产业园（图8-20），承接京津医药产业转移。该产业园作为全国唯一一个实行医药产

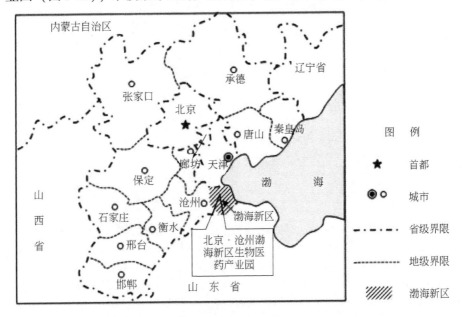

图8-20 北京·沧州渤海新区生物医药产业园空间区位

业转移异地监管政策的园区，在 2015～2018 年共签约医药项目 132 个，其中包括北京泰德、协和药厂、华润双鹤等北京医药企业 95 家，进入园区的京籍药企仍由北京市药品监管部门依法实施许可和认证，药企保留"北京身份"，实现了"企业在河北、监管属北京"，沧州生产"北京药"的新模式。这种模式不仅有助于医药企业在河北园区享受成熟的配套设施，实现产业化，还能充分发挥北京研发优势和金融、商务服务优势，推动两地产业良性互动、共同发展。同时，2023 年河北省人民政府办公厅印发了《关于支持生物医药产业高质量发展的若干措施》，提出支持医药产业研发创新、壮大市场主体、促进产业化发展的多项措施，可见医药制造领域仍是未来河北制造业加深与北京生产性服务业互动发展的重要领域之一。

3. 天津与河北的互动关系

天津和河北制造业与生产性服务业的产业联系情况如表 8-5 所示。

表 8-5 天津和河北间制造业与生产性服务业的产业联系

产业联系	津→冀	冀→津
生产性服务业中间需求率/%	1.10	1.37
制造业中间投入率/%	0.67	0.28

从生产性服务业中间需求率来看，天津生产性服务业被河北制造业消耗的中间需求率（1.10%）低于河北生产性服务业受天津制造业的中间需求率（1.37%），说明在制造业的拉动作用方面，天津制造业对河北生产性服务业的拉动更大。

从制造业中间投入率来看，天津制造业受河北生产性服务业的中间投入率（0.67%）高于河北制造业受天津生产性服务业的中间投入率（0.28%），说明在生产性服务业的推动作用方面，河北生产性服务业对天津制造业的推动作用更强。

总体上，天津和河北之间制造业对生产性服务业的拉动作用更明显，而生产性服务业对制造业的推动非常微弱。

天津和河北生产性服务业被另一地区制造业细分行业消耗的中间需求结构和制造业受另一地区生产性服务业细分行业的中间投入结构分析结果如图 8-21 所示。

从生产性服务业的中间需求率来看（图 8-21（a）），两地生产性服务业受制造业细分行业的拉动结构较相似。河北食品制造及烟草加工业（6）、化学产品制造业（10）、交通运输设备制造业（15）对天津生产性服务业的消耗比重较高；天津制造业中金属冶炼和压延加工业（12）对河北生产性服务业的消耗最高，其次是食品制造及烟草加工业（6）、化学产品制造业（10）。

从制造业的中间投入率来看（图 8-21（b）），津冀两地生产性服务业对另一地区制造业的投入结构也较相似，河北生产性服务业中批发和零售业（24），交通运输、仓储和邮政业（25），金融业（28）对天津制造业的中间投入率位列前三。而天津生产性服务业中

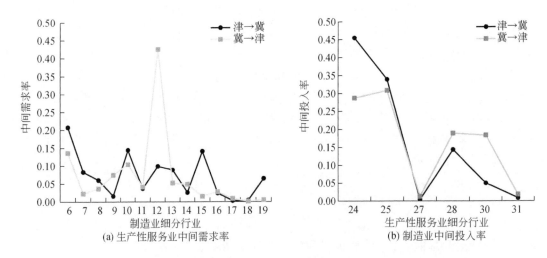

图8-21 天津和河北之间制造业与生产性服务业细分行业的互动关系

6-食品制造及烟草加工业；7-纺织品及其制品业；8-木材加工、造纸及文体用品；9-石油加工、炼焦及核燃料加工业；10-化学产品制造业；11-非金属矿物制品业；12-金属冶炼和压延加工业；13-金属制品业；14-通用和专用设备制造业；15-交通运输设备制造业；16-电气机械及器材制造业；17-通信设备、计算机及其他电子设备制造业；18-仪器仪表及文化办公用机械制造业；19-其他制造产品和废品废料、金属制品、修理服务业；24-批发和零售业；25-交通运输、仓储和邮政业；27-信息传输、软件和信息技术服务业；28-金融业；30-租赁和商务服务业；31-科学研究和技术服务业

交通运输、仓储和邮政业（25），批发和零售业（24），金融业（28）对河北制造业的中间投入较大。这主要是由于金属冶炼加工、食品制造、化学产品制造等产业的原料和产品运输、销售对物流、仓储等生产性服务业的需求量较大，而津冀两地港口众多，为制造业产品的区内运输和进出口提供了重要支撑作用。

2014年7月，首趟"京津冀货物快运"列车开通，列车在天津南仓火车站发车，围绕京津冀地区铁路干线环行，依次在沿途火车站装卸零散货物，改变了过去铁路货运只办理大宗和整车运输业务的状况，满足了京津冀地区沿线生产企业灵活分散的运输需求。2015年1月首趟京津冀海运铁路联合运输集装箱班列开行，集装箱货物在天津港卸货后，通过火车专列到达石家庄南站，大幅提高了津冀两地货物运输效率。此外，河北近年来优化物流产业布局，加快建设全国现代商贸物流重要基地，2012年发布《河北省现代物流业"十二五"发展规划》，2016年发布《关于促进快递业发展的实施意见》和《河北省建设全国现代商贸物流重要基地规划（2016-2020年）的通知》，提出到2020年建立24小时全天候的服务京津1小时现代商贸物流圈。同时，随着北京非首都功能疏解，保定、廊坊等地主动承接北京区域性物流中心疏解转移，成为北京和天津制造业产品销往中原、华南、西北地区的必经之路。因此，金属冶炼、食品制造等制造业与批发和零售、交通运输业等生产性服务业成为天津和河北制造业与生产性服务业互动的主要部门。2021年河北印发《河北省建设全国现代商贸物流重要基地"十四五"规划》，提出以提高物流运行效率为主线，推进北京非首都功能疏解承接和商贸物流设施优化布局，构建"一环、两集群、六通道、多节点"的物流布局,全面提升商贸物流业的现代化、智慧化、绿色化、国际化水平。

总体上看,津冀两地的产业互动结构分析结果表明,天津和河北无论是制造业还是生产性服务业,产业结构相似度较高,导致两地产业的互动结构也较为相似。2017 年天津和河北制造业主营业务收入占比最高的六个行业中有 4 类行业相似(图 8-22)。但从行业类型上看,两地互动水平较高的产业类型均集中于食品和烟草加工、金属冶炼和压延加工、批发和零售、交通运输等劳动密集型行业,在知识和技术密集型行业的互动水平较低。2023 年 3 月,天津和河北的工信部门签署《天津市工业和信息化局 河北省工业和信息化厅产业协同合作协议(2023–2025 年)》,提出未来将围绕新能源汽车和智能网联车、生物医药产业、绿色石化、先进钢铁材料、工业互联网、大数据产业等领域加深对接交流,联合编制产业链图谱,推动产业链延伸布局。

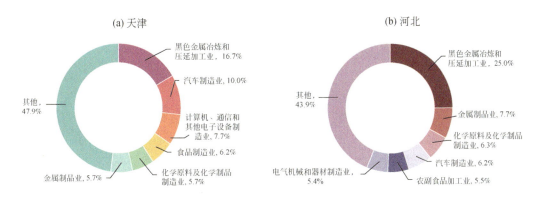

图 8-22　2017 年津冀制造业中主营业务收入占比最高的六类行业

由于小数修约,加和不等于 100%

资料来源:《天津统计年鉴》《河北统计年鉴》

第三节　主流观点的比较研究

从地区间整体联系来看,京津冀三省市制造业的中间投入联系主要面向国内其他地区,京津冀地区间制造业的中间投入率普遍较低;京津冀三地生产性服务业的中间需求联系则主要面向本地产业,其次是面向国内其他地区。相比之下,生产性服务业的地区间联系强于制造业。综合前两节的分析结果,可以将京津冀三省市间制造业与生产性服务业的互动关系归纳为图 8-23。图中,左列为三省市制造业受其余两地生产性服务业的中间投入结构和三省市生产性服务业被其余两地制造业消耗的中间需求结构,右列为各地生产性服务业对左列制造业的中间投入和制造业对生产性服务业的中间消耗。

综合来看,京津冀三省市间制造业与生产性服务业的互动关系逐渐显现,特别是北京与天津、北京与河北之间尤为明显。北京生产性服务业对天津和河北制造业的推动作用较显著,而天津和河北制造业对北京生产性服务业的拉动作用也较强,以上两种作用关系的大小基本持平。从天津与河北的产业联系来看,两地制造业对另一地区生产性服务业的拉

图 8-23　京津冀三地间制造业与生产性服务业的产业间互动关系桑基图

动作用更明显，而生产性服务业对制造业的推动作用较弱。

在细分行业上，京津冀三省市制造业中与生产性服务业互动关系较强的技术密集型行业包括化学产品制造、通信设备制造和电气机械及器材制造业，同时食品制造、金属制品等都市型制造业与生产性服务业的互动关系也较强。但在生产性服务业内部，与制造业互动密切的行业仍停留在批发和零售业、交通运输和租赁等中低端生产性服务业，知识密集型和技术密集型生产性服务业与制造业的互动关系仍有待提升。此外，地区间细分行业的互动关系分析表明京津冀三省市仍存在产业结构差异较小、相似度较高等问题。

综合京津冀三省市内部和三省市之间制造业与生产性服务业的互动关系分析结果，将其与当前学术界对两个产业关系的主流观点进行对比（表 8-6）。

表 8-6　京津冀地区制造业与生产性服务业的关系判断

	年份	需求主导	供给主导	互动
北京	2007	√		
	2017		√	
天津	2007	√		
	2017	√		
河北	2007	√		
	2017	√		
北京-天津	2017			√
北京-河北	2017			√
天津-河北	2017	√		
京津冀	2017			√

可以发现：

在三省市内部，北京由 2007 年的需求主导阶段转向 2017 年的供给主导阶段，生产性服务业对制造业的推动作用居主导地位；天津和河北内部2007年和2017年均处于需求主导阶段，即以制造业拉动生产性服务业为主。

在三省市之间，北京-天津、北京-河北已处于互动发展阶段，其中北京-天津已经形成较为对称的双向互动关系，而北京-河北的互动关系不对称性较强，河北制造业对北京生产性服务业的拉动相对较大。天津-河北则处于需求主导阶段，即两地制造业对彼此生产性服务业的拉动作用基本持平且均强于生产性服务业的推动作用。

由此可以将京津冀地区制造业与生产性服务业的关系判断为互动发展关系，即制造业与生产性服务业相互促进、共同发展的局面已经初步形成。

第九章 | 产业关联的机制研究

在运用投入产出法对京津冀地区制造业与生产性服务业的地区内和地区间的产业关联进行探讨的基础上，本章运用联立方程模型，将全球化、市场化、分权化、城市化，以及劳动投入、资本投入、研发投入等因素加入研究框架，对城市群制造业与生产性服务业的关联关系的影响因素进行研究，探讨各因素的影响程度，明确推动两大产业互动发展的关键驱动力和作用机制。

第一节　理论分析与变量选择

从分工理论视角来看，生产性服务业由于社会分工的不断细化从制造业内部分化出来成为独立的部门，且随着生产过程中总劳动投入的增加，多样化水平不断提升。当作为高研发投入的生产性服务业种类增加和规模扩大时，专业化水平和对制造业的投入规模也会随之提升，通过为制造业不断输送人力资本和知识资本，能够帮助制造业企业专注核心能力，降低制造业生产成本和提高生产效率，推动制造业增长。同时，制造业作为生产性服务业的消耗部门，制造业劳动分工深化和规模扩大使其对生产性服务业的需求不断扩大，刺激生产性服务业的分工和专业化水平提高，拉动其产出和规模提升。

由此可见，劳动力、资本、技术等要素投入是制造业与生产性服务业关联发展中不可忽视的重要因素。本章运用制造业的劳动投入、资本投入、研发投入衡量要素投入对制造业产出的影响。由于我国统计资料缺少生产性服务业的资本投入和研发投入数据，因此仅考虑生产性服务业劳动力投入的影响。此外，全球化、市场化、城市化等外部因素也会影响两个产业的关联关系（图9-1）。

1. 全球化

2001年中国加入世界贸易组织，依靠丰富且廉价的劳动力资源一举成为世界工厂，中国沿海地区制造业得到快速发展。相比于制造业，服务业参与全球化的进程相对滞后，由于改革开放初期，国内政策的着力点都在工业领域，服务业开放的步伐相对迟缓，本土机构的国际化服务能力偏弱，服务业的国际贸易多处于逆差状态。2016年中国服务贸易进出口总额6575.4亿美元，占货物进出口总额的比重仅17.8%，服务贸易逆差2409.0亿美元。京津冀地区2016年服务贸易总额为1873.3亿美元，占地区货物进出口总额的比重为43.4%，但贸易逆差为382.3亿美元。因此，相比制造业，全球化对生产性服务业的促进作用是比较微弱的，本文使用地区出口总值与地区生产总值的比值反映全球化对产业发展和关联的影响。

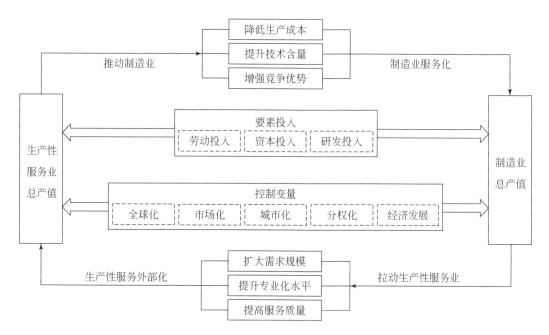

图 9-1　制造业与生产性服务业的关联关系和影响机制分析框架

2. 市场化

随着改革开放的深化，与经济蓬勃发展同步进行的还有制度变迁，经济的非国有化、开放程度的提升、财政改革成为计划经济体制向市场经济体制转型的三个方面。这些制度与政策调整必然影响产业的发展与产业的关联。根据超产权理论，只有市场竞争日趋剧烈，利润才能发挥刺激经营者的成本意识和增加他们努力和投入的作用。经济的非国有化进程与对外开放反映的正是市场化的重要方面，在经济市场化的进程中，企业间越来越激烈的竞争将促进制造业与生产性服务业的紧密关联。对制造业而言，竞争产生的动力将迫使它们寻找更低成本的生产组织方式，逐步从依靠消耗自然资源、劳动力和资本等刚性资源投入向依靠创新和知识等柔性资源投入，以及不断提高产品附加值方向转型，以此来降低制造业生产过程中的交易成本。对生产性服务业而言，市场化和开放程度的提升将缓解国有垄断体制对产业发展的束缚，提高其对工业服务外包的吸引力。本书使用市场化指数反映市场化对产业发展和关联的影响。

3. 分权化

财政改革对产业发展的作用不可忽视。随着我国政治体制逐步向分权式发展，财政体制也由计划经济时期的中央集权式财政体制向以分税制改革为核心的地方分权化演进。分税制改革激发了经济活力，鼓励地方政府改善市场条件、吸引企业投资、做大本地经济，但这促使区域竞争更加激烈，造成严重的市场分割，阻碍了生产要素的自由流动。因此，分权化能在很大程度上对地区内制造业和生产性服务业的发展与关联发挥促进作用。虽然城市群协同发展有助于打破地方保护主义和市场分割，促进要素和资源在城市群内部充分流动和合理集聚，但从京津冀地区当前的情况来看，地方保护主义造成的市场分割仍然较强，分权化对地区间产业关联的促进作用可能并不显著。因此，本书使用各省市预算内人均本级财政收入占中央预算内人均本级财政收入的比重反映分权化（地方保护主义）对产业发展和关联的影响。

4. 城市化

从发达国家经验来看，服务业发展与城市化密切相关。服务业增加值占 GDP 的比重将随着城市化程度的提高而提高。在城市化发展初期和中期，服务业发展围绕制造业商品的生产与流通分配展开，服务业发展水平随城市化水平提高而逐步提升。在城市化中后期，城市化率和服务业占 GDP 的比重普遍超过 50%，部分国家服务业比重甚至超过 75%。这一时期服务业成为各国经济发展的主要动力，其结构快速调整，生产性服务业、居民服务业、社会服务业呈现加速发展的趋势，在 GDP 中的比重不断上升。但是，从京津冀地区实际情况来看，地区内部城市化水平差异较大（图9-2）。整体上看，城市化对产业发展和关联的促进作用可能并不显著。本书用城镇常住人口占总人口的比重衡量城市化水平。

5. 经济发展水平

已有研究表明，经济发展水平对制造业与生产性服务业的产值增长和关联程度具有重要影响，作用方式主要体现在三个方面：一是提供资金，支持产业发展。经济水平越高，政府对产业的支持力度越强。二是提供市场空间。经济水平越高，国民收入水平越高，消费者需求越旺盛，消费范围也会越来越广，制造业与生产性服务业发展有更大的市场空间。三是推动技术进步。经济水平越高，政府越会鼓励企业以技术升级的方式增强竞争力，这种发展模式能够在很大程度上促进制造业与生产性服务业的转型升级和加深互动。同时，参考杜德瑞等（2014）和凌永辉等（2018）的研究，选取经济发展水平作为控制变量，利用人均 GDP 来衡量。

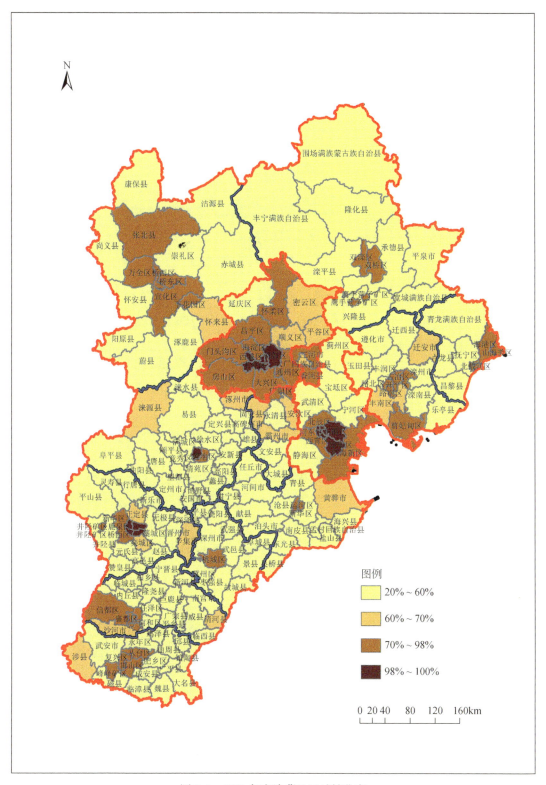

图 9-2　2020 年京津冀地区城镇化率

第二节　影响因素与关联机制分析

本节利用联立方程模型和2SLS、3SLS估计法对制造业与生产性服务业的关联关系进行回归分析，并从循环累计因果、择优选择、区位邻近等方面论证了两个产业关联关系的形成机制。

1. 模型选择

本节根据理论分析进行变量选择并构建了以下形式的联立方程模型：

$$\ln \mathrm{manuf}_{it} = \alpha_0 + \alpha_1 \ln \mathrm{ser}_{it} + \alpha_2 \ln \mathrm{labm}_{it} + \alpha_3 \ln \mathrm{capm}_{it} + \alpha_4 \ln \mathrm{rdm}_{it} + \alpha_5 \mathrm{open}_{it} +$$
$$\alpha_6 \mathrm{mar}_{it} + \alpha_7 \mathrm{fd}_{it} + \alpha_8 \mathrm{urb}_{it} + \alpha_9 \ln \mathrm{rgdp}_{it} + \varepsilon_{it} \tag{9-1}$$

$$\ln \mathrm{ser}_{it} = \beta_0 + \beta_1 \ln \mathrm{manuf}_{it} + \beta_2 \ln \mathrm{labs}_{it} + \beta_3 \mathrm{open}_{it} + \beta_4 \mathrm{mar}_{it} + \beta_5 \mathrm{fd}_{it} +$$
$$\beta_6 \mathrm{urb}_{it} + \beta_7 \ln \mathrm{rgdp}_{it} + \mu_{it} \tag{9-2}$$

但是，通过对两组方程进行多重共线性检验发现均存在多重共线性问题，因此结合各变量的 VIF 值和逐步回归法，并综合考虑其经济意义，从方程（9-1）中剔除变量 ln rgdp_{it}，从方程（9-2）中剔除变量fd_{it}，得到最终的联立方程模型如下：

$$\ln \mathrm{manuf}_{it} = \alpha_0 + \alpha_1 \ln \mathrm{ser}_{it} + \alpha_2 \ln \mathrm{labm}_{it} + \alpha_3 \ln \mathrm{capm}_{it} + \alpha_4 \ln \mathrm{rdm}_{it} + \alpha_5 \mathrm{open}_{it} +$$
$$\alpha_6 \mathrm{mar}_{it} + \alpha_7 \mathrm{fd}_{it} + \alpha_8 \mathrm{urb}_{it} + \varepsilon_{it} \tag{9-3}$$

$$\ln \mathrm{ser}_{it} = \beta_0 + \beta_1 \ln \mathrm{manuf}_{it} + \beta_2 \ln \mathrm{labs}_{it} + \beta_3 \mathrm{open}_{it} + \beta_4 \mathrm{mar}_{it} + \beta_5 \mathrm{urb}_{it} +$$
$$\beta_6 \ln \mathrm{rgdp}_{it} + \mu_{it} \tag{9-4}$$

式中，α_0 和β_0 为常数项；ε_{it} 和μ_{it} 为随机扰动项；下标 i 表示地区；t 表示时间。解释变量为 manuf_{it} 和ser_{it}，分别表示制造业总产值和生产性服务业总产值。labm_{it} 为制造业的劳动投入量；capm_{it} 为制造业资本投入；rdm_{it} 为制造业研发投入；labs_{it} 为生产性服务业的从业人员数量；open_{it} 代表全球化，用地区出口总值占地区生产总值的比重表示；mar_{it} 代表市场化程度，用市场化指数表示；fd_{it} 代表分权化，用地方预算内人均本级财政收入占中央预算内人均本级财政收入的比重表示；urb_{it} 为城市化率，用城镇常住人口占总人口的比重表示；rgdp_{it} 代表经济发展水平，用人均 GDP 表示。相关变量的具体定义见表9-1。

表9-1　相关变量说明及数据来源

类型	变量	符号	量化指标
核心变量	制造业总产值	manuf	规模以上制造业企业分行业总产值/亿元
	生产性服务业总产值	ser	生产性服务业总产值/亿元
要素投入	制造业劳动投入	labm	规模以上制造业企业就业人员年平均人数/万人
	制造业资本投入	capm	规模以上制造业企业固定资产净值/亿元
	制造业研发投入	rdm	规模以上工业企业 R&D 经费内部支出/万元
	生产性服务业劳动投入	labs	生产性服务业城镇单位就业人员年末人数/万人

类型		变量	符号	量化指标
控制变量	全球化	开放度	open	地区出口总值与地区生产总值的比率/%
	市场化	市场化指数	mar	中国分省份市场化指数数据库 （https：//cmi. ssap. com. cn/）
	分权化	地方保护主义	fd	地方预算内人均本级财政收入占中央预算内人均本级财政收入的比重/%
	城市化	城市化率	urb	城镇常住人口占总人口的比重/%
	经济发展	人均 GDP	rgdp	人均 GDP/元

（1）模型识别与单位根检验

联立方程组由多个方程组成，一个方程中的因变量可以是模型中其他方程的解释变量，各方程包含的变量之间可能存在互为因果的关系，所以需对系统中各个方程之间的关系进行严格的定义，否则会出现联立方程组中系数无法估计的问题。因此，在进行方程组估计前，须进行联立方程有效识别（identification）。联立方程模型的识别条件包括秩条件（rank condition）和阶条件（order condition）。检验结果显示，联立方程模型的秩条件和阶条件成立。所以，该模型是可以识别的。

同时，由于本研究数据为时间序列较长的面板数据，为了避免伪回归问题的产生，需要进行面板单位根检验。面板单位根检验分为同质面板和异质面板单位根检验两类，且本研究数据为平衡面板数据，因此分别采用同质面板单位根 LLC 检验和异质面板单位根 Fisher-ADF 检验，结果如表 9-2 所示。所有数据均通过单位根检验，体现了一定的平稳性，可直接进行回归分析。

表9-2　各变量的面板单位根检验

变量	LLC 检验（水平值方程）	Fisher-ADF（水平值方程）
ln manuf	−1. 8258 ** （0. 0339）	33. 8294 *** （<0. 0001）
ln ser	−4. 4912 *** （<0. 0001）	24. 1514 *** （0. 0005）
ln labm	−1. 8487 ** （0. 0323）	12. 2036 * （0. 0576）
ln capm	−1. 5752 * （0. 0576）	16. 6626 ** （0. 0106）
ln rdm	−2. 9514 *** （0. 0016）	21. 1072 *** （0. 0018）
ln labs	−1. 6149 * （0. 0532）	13. 7536 ** （0. 0325）
open	−2. 544 *** （0. 0055）	12. 2091 * （0. 0575）
mar	−2. 2124 ** （0. 0135）	15. 8587 ** （0. 0145）
fd	−2. 3419 *** （0. 0096）	16. 9737 *** （0. 0096）
urb	−9. 3836 *** （<0. 0001）	31. 3374 *** （<0. 0001）
ln rgdp	−2. 9569 *** （0. 0016）	21. 3128 *** （0. 0016）

注：表中括号内数字为相应的 P 值

*** 、** 、* 分别表示在 1% 、5% 、10% 的显著性水平下拒绝存在单位根的原假设

（2）数据来源及描述性统计

该部分将基于 2003～2019 年北京、天津、河北三省市的面板数据进行计量分析，相关数据主要来源于《中国统计年鉴》《中国第三产业统计年鉴》《中国城市统计年鉴》《中国工业统计年鉴》《中国劳动统计年鉴》《中国人口统计年鉴》、2004～2018 年经济普查数据以及三省市各年份统计年鉴，具体包括三地相应年份的制造业分行业总产值、规模以上制造业企业固定资产年净值及年平均从业人数；生产性服务业总产值、年末从业人数及城市化水平等方面的数据。市场化指数来源于"中国分省份市场化指数"数据库（https://cmi. ssap. com. cn/）。由于天津和河北两地 2018～2019 年制造业及分行业的产值数据未发布，选择用前五年产值增长率的均值对 2018～2019 年的数据进行补充。制造业分行业的 R&D 经费内部支出数据从 2009 年开始发布，因此在京津冀地区层面和分省市的分析中用规模以上工业企业 R&D 经费内部支出替代制造业研发投入，而在分行业分析中如用 2009～2019 年制造业分行业的数据则将面临样本量过少的问题，因此在分行业分析中剔除了研发投入指标。由于《国民经济行业分类》（GB/T4754-2002）与《国民经济行业分类》（GB/T4754-1994）相比，其服务业细分行业的分类发生了较大变化，使得 2003 年前后生产性服务业细分行业数据的可比性较低，所以本研究的时间段是 2003～2019 年。变量描述性统计结果见表 9-3。

表 9-3　变量描述性统计结果

类型	变量	样本量	平均值	标准差	最小值	中位数	最大值
核心变量	ln manuf	51	9.59	0.72	8.19	9.52	10.85
	ln ser	51	8.43	0.84	6.61	8.56	9.94
要素投入	ln labm	51	4.97	0.46	4.31	4.72	5.80
	ln capm	51	8.10	0.70	6.95	7.88	9.53
	ln rdm	51	14.06	0.89	11.95	14.32	15.29
	ln labs	51	4.77	0.74	3.72	4.53	6.05
控制变量	open	51	0.25	0.18	0.07	0.21	0.76
	mar	51	8.33	1.36	5.44	8.57	11.01
	fd	51	1.26	0.76	0.29	1.32	2.47
	urb	51	0.70	0.18	0.34	0.80	0.87
	ln rgdp	51	10.78	0.68	9.15	10.76	11.99

联立方程模型由于存在内生性问题，采用普通最小二乘法（OLS）、广义最小二乘法和加权最小二乘法等进行估计的系数可能存在偏误。因此，联立方程模型的估计方法主要有两种：一种是单方程估计，包括间接最小二乘法（ILS）、二阶段最小二乘法（2SLS/TLSL）、有限信息极大似然法（LIML）；另一种是系统估计法，包括三阶段最小二乘法（3SLS）和完全信息极大似然法（FIML）。若扰动项存在相关性，系统估计法结果更好。同时，根据联立方程模型识别可知两组方程均为过度识别，适合采用 2SLS 或 3SLS 进行估计。但由于 3SLS 在第三阶段运用了广义最小二乘法（GLS）且回归过程考虑了联立方程

的相关性，其估计有效性更高。因此，本研究选用 2SLS 和 3SLS 对比估计，并在估计方程中加入截面固定效应，以增加实证结果的科学性。

需要说明的是，在表9-4的模型估计结果中，模型1和模型2是2SLS的估计结果，核心变量的弹性系数分别为0.345和0.397，但只有模型2的核心变量回归结果显著。模型3和模型4是3SLS的估计结果，核心变量的弹性系数为0.327和0.299，两者回归结果均显著。虽然两种估计模型的拟合优度和弹性系数十分相近，但综合考虑可能存在的扰动项之间的相关性和各方程的估计结果，本研究选用3SLS模型来估计。

2. 结果分析

研究结果表明，京津冀地区制造业与生产性服务业之间存在显著的关联关系，当生产性服务业产值提高1%，制造业产值会提高0.327%；当制造业产值提高1%，生产性服务业产值会被拉动0.299%，该结果与利用投入产出分析方法得出的结论一致，说明除了京津冀三省市在内部通过加大资本和研发投入推动制造业与生产性服务业的发展和两个产业的关联，在京津冀协同发展战略推动下，三省市制造业与生产性服务业的地区间关联水平也在不断提升。通过产业疏解、打造产业承接平台、共建产业园区等，京津冀三省市产业关联与互动水平在重大政策的推动下得到快速提升，制造业与生产性服务业相互推动、共同发展的局面已初步形成。

但是，通过弹性系数可知，制造业与生产性服务业的关联关系并不对称，相比之下生产性服务业对制造业的推动作用略大于制造业对生产性服务业的拉动作用。这一结果与第四章地区间投入产出分析结果相似，主要是因为北京生产性服务业规模大、发展速度快，对天津和河北各产业的辐射带动效果较好，而京津冀三省市制造业的投入产出关系则主要面向京津冀以外的国内其他地区，地区内部的跨产业联系都弱于生产性服务业。同时，这一结果与高素英等（2021）对京津冀地区两个产业互动关系的分析结果一致。

表9-4 京津冀地区制造业与生产性服务业关联关系的实证结果

| 变量 | 估计方法：2SLS | | 估计方法：3SLS | |
| | 模型1 | 模型2 | 模型3 | 模型4 |
	ln manuf	ln ser	ln manuf	ln ser
ln manuf		0.397**		0.299*
		(2.16)		(1.81)
ln ser	0.345		0.327*	
	(1.39)		(1.89)	
ln labm	−0.004		0.060	
	(−0.02)		(0.40)	
ln capm	0.498**		0.430***	
	(2.28)		(2.71)	

变量	估计方法：2SLS		估计方法：3SLS	
	模型 1	模型 2	模型 3	模型 4
	ln manuf	ln ser	ln manuf	ln ser
ln rdm	0.001		0.064	
	(0.01)		(0.73)	
ln labs		0.643 ***		0.328 **
		(3.68)		(2.47)
open	0.160	−0.525 ***	0.153	−0.576 ***
	(0.48)	(−2.69)	(0.56)	(−3.27)
mar	0.068	0.052	0.055 *	0.052 *
	(1.19)	(1.65)	(1.24)	(1.79)
fd	−0.070		−0.074	
	(−0.37)		(−0.59)	
urb	1.522	0.606	1.466 *	−0.032
	(1.51)	(0.76)	(1.70)	(−0.05)
ln rgdp		0.505 **		0.830 ***
		(2.01)		(3.95)
常数	0.469	−4.799 ***	0.139	−5.279 ***
	(0.46)	(−5.750)	(0.20)	(−7.07)
R^2	0.9741	0.9888	0.9740	0.9887
N	51	51	51	51

注：括号内为 2SLS 的 t 值和 3SLS 的 z 值

*** 、 ** 、 * 分别表示在 1% 、 5% 、 10% 的显著性水平下通过检验，下同

从外生变量中要素投入的估计结果来看，制造业资本投入（capm）参数估计值为正且在 1% 的显著性水平下通过检验，说明 2003～2019 年京津冀地区制造业的资本投入对制造业发展水平的推动作用占主导地位，物质资本仍是拉动京津冀地区制造业增长的关键要素。劳动投入（labm）与制造业研发投入（rdm）虽然估计值为正，但未通过显著性检验，可见京津冀地区制造业的发展仍未完成从资本驱动向技术驱动的转变。labs 参数估计值为正，且在 5% 的显著性水平下通过检验，说明劳动投入对京津冀地区生产性服务业增长的驱动作用仍较大。

从控制变量的估计结果来看，模型 3 中市场化指数（mar）和城市化率（urb）的估计值为正，且均在 1% 的显著性水平下通过检验，市场化水平提高 1%，京津冀地区制造业产值增加 0.055%；城市化水平提高 1%，会拉动制造业产值增加 1.466%，说明市场化水平和城市化水平的提升对京津冀地区制造业发展的推动作用较大。除此之外，制造业产出方程的估计结果中，open 的参数估计值为正，但没有通过显著性检验，而 fd 的参数估计值为负。以上结果表明，全球化对京津冀地区制造业增长的推动作用较弱，这可能是由于

京津冀地区制造业在全球制造业价值链中的地位仍较低，仍以低附加值产品的生产和组装参与全球产业链，导致全球化对本地产业发展水平提升的拉动效果不显著。例如，贺灿飞等（2022）研究表明，京津冀城市群在全球价值链中具有比较优势的产品和市场是附加值较低的边缘产品和新兴市场。分权化的参数估计值为负，说明分权化阻碍了京津冀地区制造业发展水平的提升。分权化带来的政府治理碎片化，使得地方政府对辖区内事务具有高度的行政自由裁量权，而在跨域治理和地区间协同中则表现出强烈的地方保护主义，这也是京津冀地区协同发展中面临的最主要问题。在制造业发展层面，地方保护主义容易使三省市在辖区内应发展的产业类型和规模等问题上各自为政，导致在制造业产业链的低端环节重复投资、缺乏地区间协调等问题，而无法对地区整体产业升级和竞争力提升作出贡献。例如，从中国开发区审核目录公告来看（表9-5），2006 年京津冀三省市共有 7 个国务院批准设立的经济技术开发区和高新技术产业开发区，其中有 4 个开发区的主导产业包括生物医药；2018 年 20 个开发区中有 7 个经济技术开发区和 3 个高新技术产业开发区的主导产业包括装备制造，3 个经济技术开发区和 3 个高新技术产业开发区以电子信息产业为主导产业，说明京津冀地区主要园区的主导产业定位存在雷同现象。

表 9-5　京津冀三省市 2006 年和 2018 年国务院批准设立的两类开发区

年份	类型	开发区名称	主导产业
2006	经济技术开发区	北京经济技术开发区	电子信息、生物医药、装备制造、汽车
		天津经济技术开发区	电子通讯、食品加工、光机电一体化、机械制造、生物医药
		秦皇岛经济技术开发区	食品加工、汽车及零部件、重大装备制造、冶金及金属压延
	高新技术产业开发区	中关村科技园区	软件、集成电路、计算机、网络、通信
		天津新技术产业园区	机电一体化（IT 和光机电一体化）、生物医药、新能源
		石家庄高新技术产业开发区	新能源、高效节能、电子信息、生物、医药
		保定高新技术产业开发区	新材料、光机电一体化
2018	经济技术开发区	北京经济技术开发区	汽车、电子信息、装备制造
		东丽经济技术开发区	汽车、新能源、新材料
		天津经济技术开发区	汽车、医药、装备制造
		西青经济技术开发区	电子信息、汽车配套、机械
		北辰经济技术开发区	装备制造
		武清经济技术开发区	生物医药
		天津子牙经济技术开发区	再生资源综合利用、新能源
		石家庄经济技术开发区	生物医药、装备制造、食品
		唐山曹妃甸经济技术开发区	港口物流、钢铁、石化
		秦皇岛经济技术开发区	装备制造、商贸物流
		邯郸经济技术开发区	电子信息、装备制造、新材料
		沧州临港经济技术开发区	石化、生物医药、电力
		廊坊经济技术开发区	信息技术、装备制造

年份	类型	开发区名称	主导产业
2018	高新技术产业开发区	中关村科技园区	电子信息、智能制造、节能环保
		天津滨海高新技术产业开发区	新能源汽车、信息技术、节能环保
		石家庄高新技术产业开发区	生物医药、电子信息、先进制造
		唐山高新技术产业开发区	装备制造、汽车零部件、新材料
		保定高新技术产业开发区	新能源、能源设备、光机电一体化
		承德高新技术产业开发区	装备制造、食品饮料、生物医药
		燕郊高新技术产业开发区	电子信息、新材料、装备制造

资料来源：2006版和2018年版中国开发区审核公告目录

模型4中市场化水平和经济发展水平的估计值为正，且分别在10%和1%的显著性水平下通过检验，这表明市场化水平和地区经济发展水平对生产性服务业增长起重要作用，市场化水平提高1%，京津冀地区生产性服务业产值增加0.052%；经济发展水平提高1%，京津冀地区生产性服务业产值增加0.830%。但全球化和城市化的估计值为负，说明全球化并没有促进生产性服务业发展，该结果与高素英等（2021）、高觉民和李晓慧（2011）、凌永辉等（2018）的研究结果一致。全球化估计值为负可能是因为随着全球化水平的提升，京津冀地区制造业倾向于从全球其他服务业高水平地区购买生产性服务或进行服务外包活动而减少对本地生产性服务业的需求，使本地生产性服务业受到来自发达国家具有比较优势的先进服务业的"挤出效应"的影响。例如，根据第八章投入产出分析可知，北京生产性服务业被天津制造业消耗的比重仅占0.83%，被河北制造业消耗的比重仅占2.13%，天津和河北制造业受本地生产性服务业的中间投入率分别仅占制造业总中间投入率的19.1%和23.9%。此外，相比制造业，服务业的出口水平较低，融入全球化进程的速度较慢也是导致全球化对生产性服务业提升作用不明显的原因之一。城市化水平为负可能与京津冀三省市城市化水平差异较大有关。虽然北京和天津城市化水平已超过80%，但河北2019年城市化率仍未到60%（图9-3），城市化水平与工业化水平脱节，且工业布局相对分散，弱化了对生产性服务业的中间需求。另外，河北城市化水平的提升可能更大程度上带动了消费性服务业的发展，而对生产性服务业的推动作用有限。

总体上看，制造业的资本投入和市场化通过促进制造业产值提升间接拉动生产性服务业发展，而生产性服务业的劳动投入和地区经济发展水平通过促进生产性服务业产值提升间接推动制造业发展。由此可见，制造业的资本投入、生产性服务业的劳动投入、市场化和地区经济发展水平是京津冀地区制造业与生产性服务业关联关系的主要驱动因素。

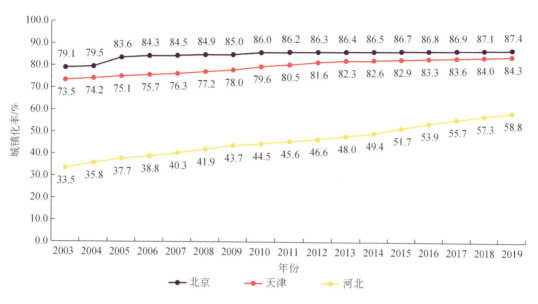

图9-3 京津冀地区城镇化水平图

资料来源:《北京统计年鉴》《天津统计年鉴》《河北统计年鉴》

第三节 细分行业的关联机制分析

本节基于第八章根据要素密集度对制造业的分类结果,分别观察劳动密集型、资本密集型、技术密集型三类制造业行业与生产性服务业的关联关系。

表9-6为三类制造业行业与生产性服务业的关联关系的实证研究结果。其中,模型5和模型6为劳动密集型行业与生产性服务业的估计结果,模型7和模型8为资本密集型行业与生产性服务业的估计结果,模型9和模型10为技术密集型行业与生产性服务业的估计结果。

表9-6 三类制造业行业与生产性服务业的关联关系的实证结果

变量	劳动密集型行业		资本密集型行业		技术密集型行业	
	模型5	模型6	模型7	模型8	模型9	模型10
	ln manuf	ln ser	ln manuf	ln ser	ln manuf	ln ser
ln manuf		0.188		0.090		0.451 **
		(1.39)		(1.27)		(2.21)
ln ser	0.331 **		0.375 **		0.721 ***	
	(2.45)		(2.18)		(7.20)	
ln labm	−0.054		0.346		0.214 **	
	(−0.47)		(1.64)		(2.34)	

变量	劳动密集型行业		资本密集型行业		技术密集型行业	
	模型 5	模型 6	模型 7	模型 8	模型 9	模型 10
	ln manuf	ln ser	ln manuf	ln ser	ln manuf	ln ser
ln capm	0.289***		0.541***		0.108	
	(2.72)		(4.04)		(1.03)	
ln labs		0.377***		0.300**		0.236***
		(3.58)		(2.24)		(3.12)
open	−1.067***	−0.329	0.083	−0.573***	1.109***	−0.949***
	(−3.22)	(−1.17)	(0.24)	(−3.17)	(4.11)	(−4.52)
mar	0.016	0.063**	0.072	0.063**	−0.032	0.071***
	(0.32)	(2.29)	(1.25)	(2.36)	(−0.16)	(2.74)
fd	0.329**		−0.245		0.018	
	(2.14)		(−1.39)		(0.37)	
urb	4.518***	0.133	−0.100	0.410	3.121***	−1.066
	(4.330)	(0.13)	(−0.08)	(0.63)	(4.79)	(−1.08)
ln rgdp		0.929***		1.065***		0.636***
		(8.22)		(9.67)		(2.61)
常数	−1.824***	−5.576***	−0.278	−6.212***	−2.037***	−2.979*
	(−3.14)	(−8.81)	(−0.26)	(−12.36)	(−6.55)	(−1.93)
R^2	0.9766	0.9898	0.9770	0.9896	0.9791	0.9896
N	51	51	51	51	51	51

注：括号内为 3SLS 的 z 值

***、**、* 分别表示在 1%、5%、10% 的显著性水平下通过检验

研究结果表明，劳动密集型制造业和资本密集型制造业未呈现与生产性服务业的双向互动关系，而以生产性服务业对制造业的推动作用为主导。其中，生产性服务业产值提高 1%，会推动劳动密集型制造业提高 0.331%，推动资本密集型制造业提高 0.375%。而技术密集型制造业与生产性服务业之间存在显著的双向互动关系，生产性服务业提高 1% 将推动技术密集型制造业提高 0.721%，技术密集型制造业提高 1% 将拉动生产性服务业提高 0.451%。这主要是因为京津冀三省市在推进产业协同发展中，除了关注北京相关产业的疏解与承接外，还出台了多项政策措施推动产业结构的转型升级，如北京推动高精尖产业体系建设，天津加快构建以智能科技产业为引领的现代化产业体系，河北加快建设产业转型升级试验区。以 2014 年京津冀协同发展上升为国家战略的前后五年对比来看，2009~2014 年京津冀三省市高技术企业数减少 498 家，下降 20%；而在 2014~2019 年，高技术企业数增加 70 家，提升 4%。此外，2013~2022 年京津冀三省市累计培育国家级专精特新"小巨人"企业 1100 多家，占全国比重达 12%。三省市产业结构的转型升级，提升了技术密集型制造业与生产性服务业的互动水平。这一结果印证了第八章地区间投入产出分

析所得出的结论，即在细分行业领域，化学产品、交通运输设备制造、通信设备制造等制造业行业与生产性服务业的互动关系较强。同时，该结果与任皓等（2017）对 35 个国家和地区的知识密集型服务业①与高技术制造业协同增长效应的研究结论，以及凌永辉等（2018）基于 2003～2014 年中国省级工业行业数据对先进制造业和生产性服务业的互动发展研究结果一致。需要说明的是，上述研究中的知识密集型服务业与本文的生产性服务业，先进制造业与本文的技术密集型制造业有较大的相似度。另外，如 Dohse 和 Steude（2003）的研究结论，媒体和娱乐业、软件业、工业服务和生物技术等知识密集型产业的高集聚度表明它们之间存在知识外溢。由此可见，京津冀地区劳动密集型制造业和资本密集型制造业对生产性服务业的需求较低，主要通过利用交通运输、仓储、租赁等初级生产性服务来提升产出水平，但对生产性服务业的发展水平的促进作用不大。技术密集型制造业与生产性服务业之间形成了良性互动，生产性服务业通过将其所蕴含的人力资本、知识资本、技术资本等融入制造业的生产过程，加速了制造业的产出增长。同时，随着技术密集型制造业的不断增长和规模扩大，对专业化的生产性服务业的需求也随之增加，从而拉动生产性服务业的发展。

从外生变量中要素投入的估计结果来看，资本投入对劳动密集型和资本密集型制造业的推动作用显著，而劳动投入对技术密集型制造业的推动作用显著，这可能是由于技术密集型制造业中的通用和专用设备制造、汽车制造、仪器仪表制造等行业的产业链中包括零部件制造、组装等需要大量劳动投入的生产环节，使得即便该行业的研发投入水平远高于其他行业，其总体劳动投入对产值的影响仍然较为显著。生产性服务业的劳动投入对产业发展水平的提升在三个方程中均显著。

从控制变量的估计结果来看，全球化对技术密集型制造业发展水平的提升有促进作用，说明全球化水平越高，京津冀地区技术密集型制造业相比劳动密集型和资本密集型行业发展更快。分权化仅对劳动密集型制造业显著，而城市化对劳动密集型和技术密集型制造业促进作用均显著。此外，在三个生产性服务业产出估计方程中模型 6、模型 8、模型 10，控制变量的估计结果较一致，即 mar 和 rgdp 的估计值为正，mar 在 5% 和 1% 的显著性水平下通过检验，rgdp 在 1% 的显著性水平下通过检验，这说明市场化和经济发展水平对京津冀地区生产性服务业具有推动作用，该结果与上一部分总体估计中生产性服务业产出估计方程的结果一致。

综上所述，与全部制造业与生产性服务业互动的驱动因素不同的是，技术密集型制造业与生产性服务业的互动关系受技术密集型制造业的劳动投入、全球化、城市化和生产性服务业的劳动投入、市场化、经济发展水平等因素的驱动。

第四节 小 结

本章基于 2003～2019 年京津冀三省市的统计数据，通过构建联立方程模型，分析了

---

① 任皓等（2017）所指的知识密集型服务业包括金融服务、商业服务、信息服务、教育服务和健康服务业。

京津冀地区制造业与生产性服务业的关联关系和影响因素，得出以下研究结论。

1. 关联程度和影响要素的总结

从总体上看，京津冀地区制造业与生产性服务业之间存在显著的关联关系，当生产性服务业产值提高1%，制造业产值会提高0.327%；当制造业产值提高1%，生产性服务业的产值会被拉动0.299%。相比之下，生产性服务业对制造业的推动作用略大于制造业对生产性服务业的拉动作用。

从行业异质性来看，仅有技术密集型制造业与生产性服务业之间存在显著的关联关系，生产性服务业提高1%将推动技术密集型制造业提高0.721%，技术密集型制造业提高1%将拉动生产性服务业提高0.451%。劳动密集型和资本密集型制造业与生产性服务业之间以生产性服务业的推动作用为主，生产性服务业产值提高1%，会推动劳动密集型制造业提高0.331%，推动资本密集型制造业提高0.375%。

从要素投入来看，资本投入对制造业发展存在显著的正向推动作用，说明京津冀地区制造业当前仍停留于资本驱动阶段，技术对制造业的推动作用开始显现，但仍未完成从资本驱动向技术驱动的转变，而生产性服务业的劳动投入仍是其发展的主要驱动力。

从控制变量来看，全球化、市场化、城市化对京津冀地区全部制造业发展存在正向推动作用，但分权化导致的地方保护主义阻碍了制造业的发展。从不同制造业类型上看，全球化对技术密集型制造业、分权化对劳动密集型制造业、城市化对劳动密集型制造业和资本密集型制造业的推动作用显著。此外，市场化、经济发展水平对京津冀地区生产性服务业发展有显著的正向推动作用，但全球化与城市化对生产性服务业发展的促进作用还未显现。

2. 关联机制的总结

在从业人员数量、市场化水平、地区经济发展水平的不断提升下，京津冀地区生产性服务业的总产值快速提升，其产业规模和多样化水平也随之得到提升。在此过程中，作为制造业中间投入品的生产性服务业对制造业的服务能力得到强化，通过为制造业注入更加专业化的人力资本、知识资本和技术，降低制造业的生产成本、提升制造业的技术含量、增强其竞争优势。制造业在接受优质生产性服务业中间投入的同时，随着其本身劳动、资本、技术研发的提升，以及在全球化、市场化、城市化等外部因素的驱动下，产业规模不断扩大、产业结构不断优化、技术水平不断提升。在此过程中，作为生产性服务业的主要消耗对象——制造业对生产性服务业的需求规模将不断扩大，促进生产性服务业专业化水平和服务质量快速提升，从而拉动生产性服务业发展（图9-4）。

根据上述分析，可以发现循环累积机制、择优选择机制、区位邻近机制在制造业与生产性服务业的关联中发挥着重要作用。

1）循环累积机制。制造业对生产性服务业的需求不断提升，促使生产性服务业的技

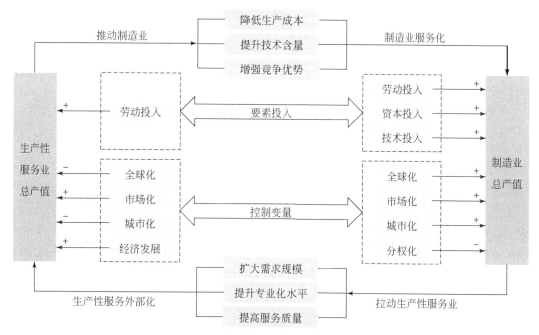

图 9-4　制造业与生产性服务业的关联关系和影响因素

术创新和服务水平提升，以满足客户需求。而生产性服务业通过为制造业提供技术支持和解决方案，促进制造业的技术创新和应用，不断推动制造业提升生产效率、提高产品质量。同时，生产性服务业提供的服务反馈信息可以帮助制造业优化生产流程、改进产品设计，从而提高生产效率和产品质量。由此，通过需求驱动、技术创新、服务反馈等方式，制造业与生产性服务业之间形成良性互动与循环，促进两个产业共同发展和提升。

2）择优选择机制。在制造业与生产性服务业的关联中，制造业企业会根据自身需求和实际情况进行择优选择，通过择优选择机制，制造业客户除了可以获得定制化的服务和解决方案，还可以与服务提供商建立长期稳定的合作关系，双方通过合作不断积累信任与经验，形成良性循环，共同推动产业发展。这种择优选择机制会促使服务提供商不断创新和提升服务水平，吸引更多制造业客户，推动服务市场的竞争和发展。因此，择优选择机制会促使双方在合作中不断追求更高的效益和价值，通过合作共赢的方式实现整体效益的最大化。

3）区位邻近机制。由于产业链生产分割易受到交易成本的约束，因此生产性服务业倾向于选择服务距离邻近的制造业。这一机制主要体现在北京、天津与河北三省市内部的产业关联中，即生产性服务业与省市内部制造业的中间需求联系强于与其他地区的中间需求联系。同时，由于陆路运输、汽车修理、电力供应等服务部门存在不可贸易性，因此也倾向于选择区位邻近的企业提供服务。区位邻近机制促进了制造业与生产性服务业的合作，企业之间更容易实现面对面的交流，促进信息共享、资源整合以及人才的跨行业流动。但从京津冀地区 2007～2017 年产业关联的具体情况来看，区位邻近机制发挥的作用在减弱。

第十章 | 研究结论与政策建议

2014年京津冀协同发展上升为国家战略，十多年来京津冀地区在产业等方面实现了率先突破，北京累计退出一般性制造业企业近3000家，疏解提升区域性批发市场和物流中心近1000个，中关村企业在津冀两地设立分支机构累计9700余家，北京流向津冀的技术合同成交额累计超2200亿元。与此同时，京津冀地区也面临一些亟待解决的问题，如区域一体化水平低、地区间和产业间关联度弱、产业集而不群现象比较突出等，这些问题也是本书关注的重点，希望通过京津冀地区制造业集聚和产业关联研究对缩小区域发展差距、培育世界级产业集群、促进京津冀协同发展提供思路和借鉴。

第一节 研 究 结 论

本书利用DO指数等方法系统研究了京津冀地区制造业集聚的特征、演化、差异性和形成机制；围绕促进制造业集聚的产业关联因素，利用投入产出分析方法和联立方程模型定量揭示了京津冀地区制造业与生产性服务业的关联程度、差异性和形成机制，研究得出以下十条结论并提出四个需要进一步研究的科学问题。

1. 主要结论

本书在系统梳理产业集聚理论与实证研究的基础上，提出了利用大数据和新方法刻画京津冀地区制造业集聚格局，并阐释集聚作用机制的科学问题。该问题可分解为四个具体的研究目标。首先，基于企业大数据刻画京津冀地区制造业集聚格局。从微观经济普查数据中提取京津冀地区41.4万条制造业企业信息，实现可视化表达。围绕DO指数、核密度分析等方法刻画京津冀地区制造业集聚的空间格局，阐释分布、程度、范围等特征。其次，通过比较2004年、2008年、2013年三个时点空间格局变化，总结京津冀地区制造业的演化特征。再次，比较制造业集聚在区域、行业、企业三个层次的异质性。其中，区域异质性关注制造业集聚在北京、天津、河北的差异；行业异质性关注要素密集度不同引起的差异，包括劳动密集、技术密集、资源密集等；企业异质性关注不同企业规模、企业性质、企业年龄的制造业集聚特征差异。最后，从产业和区域两个维度构建产业集聚的影响因素分析框架，实证分析制造业集聚的影响因素，提炼可能的作用机制。同时，本书从产业互动的视角切入，利用单一地区、地区间投入产出分析法和联立方程模型，探究京津冀地区制造业与生产性服务业的关联程度和影响因素，分析其行业差异性和区域差异性。主要结论包括以下几个方面。

（1）约有 76% 的行业在 95% 置信水平呈现集聚形态

2004～2013 年京津冀地区制造业集聚行业越来越多，集聚行业比例从 69.0% 提高到 82.8%。在二位数行业分类下，2004 年、2008 年、2013 年京津冀地区分别有 20 个、22 个、24 个制造业行业表现为集聚，分别有 9 个、5 个、4 个制造业行业表现为分散。在三位数行业分类下（162 个），2004 年、2008 年、2013 年京津冀地区分别有 124 个、127 个、129 个制造业行业表现为集聚，22 个、27 个、29 个制造业行业表现为分散。使用该方法得到的集聚行业较稳健。

（2）2004～2013 年京津冀地区制造业集聚强度下降，集聚范围扩大

不同行业集聚强度、集聚范围差别很大。制造业已经从北京、天津向河北扩散，特别是一些技术水平较低、劳动力需求较大的行业。2004～2013 年京津冀地区制造业集聚强度从 0.181 下降至 0.161，下降幅度达到 11.0%，集聚指数极大值发生的平均空间尺度从 28.4km 提升至 40.3km。集聚强度分布具有长尾效应，绝大部分（约 75%）行业集聚强度低于 0.4。京津冀地区制造业集聚数量、集聚强度均在短距离（0～50km）迅速衰减，后在中长距离（50～200km）缓慢衰减，并在 100km 前后有凸起。制造业集聚数量、集聚强度随距离的变化曲线实质上反映了从一个城市到多个城市的制造业集聚过程。该变化曲线在三个时间点的起伏程度逐渐减弱，不同距离上制造业集聚差异在缩小，间接说明制造业在扩散，集聚范围在扩大。

（3）制造业集聚存在区域异质性

如果控制行政单元空间范围影响，河北比北京、天津有更多的制造业行业发生集聚。天津制造业集聚强度最高，北京次之，河北最低。北京、天津集聚强度较高的行业多为技术密集型，河北则多为劳动密集型和资源密集型。三省市制造业集聚行业比例、集聚强度均呈先增加后减小的趋势。2004 年、2008 年、2013 年北京、天津、河北集聚比例的变化分别为（65.5%、69.0%、51.7%）、（58.6%、69.0%、55.2%）、（86.2%、86.2%、79.3%），集聚强度的变化分别为（0.425、0.453、0.356）、（0.448、0.654、0.551）、（0.655、0.743、0.689）。2004～2008 年三省市制造业集聚水平均提升；在 2008～2013 年北京制造业集聚水平下降，集聚范围扩大，天津和河北制造业的集聚水平在短距离进一步提升，在中长距离下降。

（4）制造业集聚存在行业异质性

集聚强度高的行业多是技术密集型和劳动密集型的制造业，分散强度高的行业多是食品相关或资源密集型制造业。前两类行业的空间集聚的核心动力分别是技术外部性和金融外部性，后两类行业的分散强度高主要是受分散的市场或自然资源地影响。计算机、通信和其他电子设备制造业，纺织服装、服饰业，农副食品加工业，非金属矿物制品业分别是四种类型行业（技术密集、劳动密集、食品相关、资源密集）的典型代表。

（5）制造业集聚存在企业异质性

小企业相比大企业更容易在行业内发生集聚；外资企业、国有及集体企业相比私营企业更容易在行业内发生集聚；现存企业相比新企业更容易在行业内发生集聚。研究结果表明，2013 年京津冀地区小企业、大企业的集聚行业比例分别为 79.3%、44.8%。小企业集聚水平高于大企业，集聚范围更大，受距离影响较小，大企业在 0～25km 内集聚水平很高。外资企业、国有及集体企业、私营企业的集聚行业比例分别为 86.2%、79.3%、55.2%。外资企业的行业集聚水平远高于国有及集体企业、私营企业并且在短距离集聚尤为明显，国有及集体企业在 20～70km 集聚明显，私营企业受距离影响不明显。现存企业、新企业集聚行业比例分别为 86.2%、65.5%。现存企业的集聚水平高于新企业，且集聚范围大，受距离影响小，新企业集聚水平仅在 0～20km 较高。

（6）制造业集聚可以分为两个阶段

在集聚形成阶段，农业资源和交通运输条件对行业形成集聚具有负向作用，劳动力和外商投资起到正向作用；在集聚提升阶段，产业内部关联、产业外部关联具有正向作用；开发区主导产业政策，电力、燃气和水起到负向作用。由此说明，制造业在集聚形成阶段主要考虑基础发展条件，在集聚提升阶段侧重于集聚经济和政策环境等因素。同时，并非所有的行业都能进入第二阶段，若跨越集聚门槛的成本过高，有些行业将倾向于分散或随机分布，比如说食品加工业。

（7）产业集聚的各影响因素存在距离衰减规律和空间尺度差异

不同变量对距离衰减的反映有差异。在集聚形成阶段，农业资源、外商投资、交通运输作用随距离上升先增强后减弱，而劳动力池的正向作用持续增强但速度放缓；集聚提升阶段，电力、燃气和水，开发区政策的作用也随距离上升先增强后减弱，知识溢出、外商投资的正向作用迅速增强后不显著，而产业内部关联、产业外部关联的正向作用持续增强但速度放缓。只有在合适的空间尺度，各个因素才能对产业集聚发挥作用。在集聚形成阶段，劳动力池、农业资源变量在全局范围（0～196km）发挥显著作用；而外商投资，电力、燃气和水，交通运输变量只能在中距离（50～150km）范围发挥作用。在集聚提升阶段，产业内部关联，产业外部关联，电力、燃气和水在全局距离发挥显著作用，开发区政策仅在长距离（90～196km）范围发挥作用，外商投资、知识溢出对空间尺度敏感，只在短距离（0～45km）范围发挥作用。

（8）产业关联在地区内存在差异性

从地区内产业关联来看，京津冀地区制造业和生产性服务业已形成关联关系，整体步入"互动"阶段。但由弹性系数可知，制造业与生产性服务业的双向互动并不对称，当生产性服务业产值提高 1%，制造业产值会提高 0.371%；当制造业产值提高 1% 时，生产性服务业产值会被拉动 0.323%。因此，生产性服务业对制造业的推动作用大于制造业对生产性服务业的拉动作用。制造业的资本投入、市场化水平、生产性服务业的劳动投入、经济发展水平是京津冀地区制造业与生产性服务业产生关联的主要驱动力。

（9）产业关联在地区间存在差异性

从地区异质性来看，北京内部制造业与生产性服务业存在关联关系，天津与河北内部两个产业的关联关系仍停留在制造业拉动生产性服务业的发展阶段（需求主导）。在地区间，北京与天津、北京与河北之间的关联关系尤为明显，北京的生产性服务业对天津和河北两地的制造业的推动作用较显著，而天津和河北两地的制造业对北京生产性服务业的拉动也较强。相比而言，天津与河北之间尚未形成良好的关联关系，以制造业拉动生产性服务业为主。

（10）产业关联在行业间存在差异性

从行业异质性来看，京津冀地区仅有技术密集型制造业与生产性服务业之间存在显著的关联关系，研究结果表明化学产品制造业，交通运输设备制造业，电气机械和器材制造业，通信设备、计算机和其他电子设备制造业等行业与生产性服务业关联关系较强。劳动密集型和资本密集型制造业尚未呈现与生产性服务业的双向互动，以生产性服务业对劳动密集型和资本密集型制造业的推动作用为主导。

2. 研究讨论

尽管本书对京津冀地区制造业集聚和产业关联的特征、格局、机制等进行了研究，但限于各种原因，仍有一些问题值得深入研究和进一步探讨。

（1）关于 DO 指数方法的讨论

相比传统方法，DO 指数在产业集聚识别精准性和可靠性上有优势，它考虑了产业随机分布引起的偶然集聚并给出了置信水平，而传统方法默认所有产业在空间分布均表现为集聚形态，差异仅在于集聚强度，这是其进步之处。但在实际识别过程中，DO 指数仍需要根据图像的整体趋势来辅助判断，因为可能出现行业仅有极小距离区间和极低强度满足全局集聚条件，而绝大部分距离区间和极高强度属于分散的情形，若完全按照判断公式，将会过高估计集聚行业的比例。

DO 指数方法还存在数据要求高和方法难度大等问题。国内企业微观数据多来自于中国工业企业数据库和市场监督部门的工商注册企业数据。前者弊端在于只更新到 2015 年且只包含规模以上的企业，众多中小企业被忽略，后者数据尽管包含了全部工商注册法人单位但数据清洗和分类难度大。此外，该方法还需要有超过 500 次的模拟仿真实验，如果企业数量过大（如百万级别），计算时长将难以估量。目前已有文献提出优化方案，但 DO 指数仍存在关键参数过于主观和分析结果差异较大等问题，这是今后研究中需要改进的地方。

（2）关于京津冀地区制造业集聚格局的讨论

首先，在相同方法研究中，本书计算的制造业集聚行业比例偏高，我们认为这是由于京津冀地区是中国制造业集聚中心，在全国乃至世界具有一定比较优势。我们相信京津冀地区制造业集聚行业比例约为76%的结论，但该比例在2004~2013年是否一定在上升，还需要进一步验证，因为我们在三位数制造业行业分类和区域异质性研究中并没有观测到集聚比例明显上升的现象。

其次，在集聚强度方面，陈柯等（2018）和Brakman等（2017）对同一时期中国制造业的研究表明制造业集聚程度仍处于上升阶段，而本书得到京津冀地区制造业集聚强度在下降的结论。我们认为2004~2013年京津冀地区制造业发展已从"集聚为主"转变为"扩散再集聚"。大量一般性制造业企业在京津冀协同发展中逐渐从北京和天津向河北搬迁，今后随着非首都功能疏解、雄安新区建设等重大区域发展战略的调整，将会进一步加快制造业分散的速度，京津冀地区制造业可能会逐渐形成梯度化的分工格局。

再次，在区域异质性方面，本书得到"河北比北京、天津有更多的制造业发生集聚，天津制造业集聚强度最高，北京次之，河北最低"的结论。这一结论需要更多的证据支持。尽管通过设定随研究区域空间范围变化的DO指数判断距离区间，能够克服不同研究区域无法比较的问题，但也会产生两个疑问：①产业集聚范围并非随空间范围大小发生等比例的变化。受限于交通通信等条件，它可能具有一定的区间，也就是产业集聚随空间范围持续扩大将会收敛。②不同研究区域不仅仅是空间范围的差异，而且还有很多已知或未知的特征差异，这将引起不同研究区域之间的结果是否可比的问题。比如，以北京、天津为代表的城市，以河北为代表的区域，产业在城市内部的分布一般呈现"核心-边缘"结构，而区域产业有明显的多中心结构。本书利用DO指数测度产业集聚在两类研究区域上依然存在差异性，这让人联想起国家这一区域类型。我们认为DO指数测度产业集聚对同一类型区域，如城市与城市，或者不同时间点的同一区域可能是更适宜的。

最后，在行业异质性方面，本书得到的结论与已有研究基本一致。在企业异质性方面，本书支持Brakman等（2017）的观点，即小企业比大企业更容易发生集聚，外资企业比国有及集体企业更容易发生集聚，但也得到大企业在0~25km会极大地促进集聚，私营企业集聚行业比例、集聚强度远小于外资企业，现存企业比新企业更容易集聚等结论。我们认为这可能与京津冀地区国有企业多，政府力量强有关。当然，不同学者在产业集聚的企业异质性方面争议很大，这也需要更多的研究支持。

（3）关于制造业集聚作用机制的讨论

Hurdle模型本质上是假定受限因变量存在两种决定机制，因而需要采取两阶段回归策略。已有研究讨论产业集聚影响因素时，多会默认所有行业都是集聚的。然而，现实并非如此，比如与食品相关的行业大多呈现分散的状态。本书认为，讨论产业集聚的影响因素时首先应该回答产业形成集聚而非分散或随机的原因是什么，然后才是分析集聚行业集聚强度提升的影响机制。但本书只关注了行业集聚，随着区域一体化的实施，行业分散过程与影响机制也应该受到重视。值得注意的是，Hurdle 模型描述的两阶段虽然与产业集聚形成和发展过程能够相联系，但内涵并不完全一致。前者倾向于逻辑顺序，后者倾向于时间动态过程，如何将逻辑顺序和时间动态过程相统一并纳入 Hurdle 模型进行作用机制分析，将是我们下一步研究的重点。另外，针对京津冀地区的特点，模型中可加入一些地方性变量，如环境规制等以提高模型的解释力。

（4）关于制造业集聚影响因素的尺度效应讨论

研究结果表明，京津冀地区制造业集聚的影响因素存在尺度效应，而且不同因素受距离的影响具有差异性。比如，同样是在第二阶段，产业内部关联、产业外部关联对集聚提升的正向作用随距离上升而增强；而电力、燃气和水，开发区政策的作用随距离上升先增强后减弱。这种差异反映了变量对空间的敏感程度。我们也发现无论变量作用随距离如何变化，最终几乎都减弱并趋向于一个稳定值，也就是说对产业集聚产生了一个稳定作用，这在一定程度上可以解释在不同空间尺度下产业集聚的影响因素可以得到一致结论的原因。但对空间尺度敏感的因素，需要在特定空间尺度下才能观测到，如知识溢出仅在 25km 内对产业集聚提升具有显著作用。当然，京津冀地区的知识溢出不明显也可能与专利本地转化率低有关，这类因素对产业布局有特殊意义，值得我们进一步研究。

3. 不足与展望

尽管作者开展了大量实证研究，并在该地区具有较好的研究基础和积累，但由于能力有限等原因，仍存在一些不足。

第一，本书主要基于投入产出表对京津冀地区三省市之间和三省市内部的制造业与生产性服务业的关联关系进行了分析，但由于最新版的地区投入产出表只更新至 2017 年，因此选取 2007 年和 2017 年的地区投入产出表进行对比研究。同时，当前只有北京、天津、河北三省市统计部门与中国科学院地理资源所联合编制的 2017 年京津冀地区间投入产出表，因此地区间产业关联研究只能基于 2017 年一年的数据进行探讨，无法做出与之前年份的对比研究。由于数据滞后性较强，因此无法反映近年来的最新进展。

第二，本书基于分行业的统计数据对京津冀地区产业关联的影响因素进行了探究，但河北邢台、廊坊、沧州、承德、秦皇岛等地市的分行业统计数据不全，使本书研究数据无法精确至地级市尺度。因此，当前只能基于省级数据进行分析，研究整体样本量较少，无法进一步分析影响因素的地区异质性。

此外，由于新冠疫情对各行业的冲击较大，2020～2021 年数据加入模型后个别变量显著性水平波动较大，因此影响因素分析只采用了到 2019 年的数据。

第二节　政策建议

本书的研究结论具有较好的政策含义，突出表现在以下方面。

（1）把握产业集聚和分散的时机和范围

产业集聚与分散是一种客观规律，在产业集聚出现不经济或城市内部出现"大城市病"时，要适时推动产业向外疏解，京津冀协同发展战略顺应了制造业集聚范围逐步扩大、产业集聚比例逐步增加的契机，取得了较好效果。截至2023年，北京已累计疏解一般性制造业企业超过3000家，在一定程度上促进了河北等周边地区的产业集聚和结构升级。在推动产业向外疏解的过程中，产业集聚多发生在50km以内的短距离范围，因此产业园区的布局应与该距离相适应。

（2）注意区域、行业和企业的差异性

从区域层面看，尽管部分一般性制造业已经从北京向河北转移，但与目标尚有差距，因此在推动产业疏解中要注意通过共建产业园区、税收分享等措施打破行政区划界限，鼓励制造业企业从城市内部向更大范围疏解。从行业和企业层面看，应鼓励技术密集型和劳动密集型产业与小企业向外疏解并通过集聚形成规模经济效应，建立三省市分工明确、各有侧重的现代产业体系，提高产业竞争力和协同发展水平。

（3）选择适合行业的空间发展模式

部分行业并不适合大规模集聚，可以培育系列地方特色产业，比如食品制造业等。以计算机电子设备制造业为代表的技术密集型产业需要高水平的集聚环境，因此需要制定主导产业政策，增强产业内外关联，形成淘汰引进机制，培育高层次的产业集群。

（4）提高产业间的关联度

虽然京津冀地区制造业和生产性服务业已形成互动关系，但从投入产出联系来看，两个产业的关联水平仍较低，这可能是目前京津冀地区产业协同水平欠佳的原因之一。因此，在疏解北京一般性制造业的同时，应重点关注和加强地区间制造业与生产性服务业的产业关联，提升天津和河北产业对外开放度，增强市场竞争，通过为制造业不断注入生产性服务业带来的人力资本和知识资本，提升地区制造业的技术创新和竞争力水平，促进科技成果就地转化，建成一体化的区域技术市场。

（5）研究服务业与制造业同步疏解的可行性

虽然北京生产性服务业对本地产业的中间投入占主导地位，但其对津冀地区产业的推动作用较制造业更强。同时，作为生产性服务业的主要服务对象，制造业在北京国民经济中的比重大幅降低，2021年制造业增加值占GDP比重为14.1%。考虑到北京生产性服务业的产业规模较大，因此，加强北京生产性服务业的区域内流动，推动北京生产性服务业与一般性制造业同步疏解，或在津冀两地设立分支机构，无疑是促进京津冀产业协同发展的重要途径。

（6）强化北京制造业基础和三省市合理分工

当前，北京制造业占比低、降速快，对津冀地区的辐射带动作用较弱，要多措并举稳定制造业基础和比重，推动经济长期稳定增长。一是持续推进制造业高端化、智能化、绿色化发展，提高制造业的竞争力和支撑力。二是研究划定制造业比重红线和工业用地控制线，建立制造业比重监测预警机制，确保制造业保持在合理区间和发展空间。三是加快河北的制造业转型升级，不能过多期待甚至依赖北京非首都功能疏解，应强化自身创新驱动发展能力，通过明确三省市的制造业发展方向，促进合理分工和良性互动。

（7）高级服务要素在劳动和资本密集型制造业升级中的作用有待加强

继续加强京津冀三省市在高技术产业领域的联系与合作，特别是提高知识密集型和技术密集型生产性服务业对制造业的投入水平，通过在制造业产业链的前端投入科学研究、信息传输、软件和信息技术服务，提升制造业的技术密集度，提高京津冀地区的产业协同度和竞争力。

（8）跨区域治理的体制机制有待深入改革

当前，京津冀地区协同发展仍以国家层面推动为主，市场化手段较少，利益共享机制不完善。因此，一是要建立多层次的区域协作合作机制，加强三省市在制定区域发展战略规划和产业协同等方面的统筹协调。探索建立京津冀区域一体化的政绩考核机制，尝试将三省市协同领域的相关工作合并考核，实现"三地一盘棋"。二是充分发挥市场调控作用，深化市场化改革，协调好政府与市场的作用，使政府行政手段与市场配置资源相辅相成，发挥好市场在京津冀协同发展中配置资源的决定性作用。在区域协同发展的总体方向和总体资源调配中以行政力量为主，在具体项目要素的配置和优化中遵循市场规律并强化法制保障。三是完善监督机制，对京津冀协同发展的计划、进度、阶段性目标落实情况进行定期监督检查，保障各项政策全面落实。

参 考 文 献

白重恩，杜颖娟，陶志刚，等．2004．地方保护主义及产业地区集中度的决定因素和变动趋势．经济研究，4：29-40．

鲍曙明，张同斌．2017．制造业行业分类体系的演变与新进展．东北财经大学学报，5：25-33．

卞曰瑭，何建敏，庄亚明．2011．基于 Lotka-Volterra 模型的生产性服务业发展机理研究．软科学，25（1）：32-36．

薄文广，陈飞．2015．京津冀协同发展：挑战与困境．南开学报（哲学社会科学版），1：110-118．

蔡培．2017．京津冀产业集聚形成及效应研究．北京：首都经济贸易大学硕士学位论文．

陈国亮，陈建军．2012．产业关联、空间地理与二三产业共同集聚：来自中国 212 个城市的经验考察．管理世界，4：82-100．

陈建军，陈怀锦．2017．集聚的测度方法评述：基于前沿文献的研究．西南民族大学学报（人文社科版），38（4）：134-142．

陈建军，陈菁菁．2011．生产性服务业与制造业协调发展研究综述：基于产业及空间层面的解释．社会科学战线，9：40-47．

陈柯，张晓嘉，韩清．2018．中国工业产业空间集聚的测量及特征研究．上海经济研究，7：30-42．

陈柯，尹良富，汪俊英，等．2020．中国制造业产业集聚影响因素的实证研究．上海经济研究，10：97-108．

陈良文，杨开忠．2008．产业集聚、市场结构与生产率：基于中国省份制造面板数据的实证研究．地理科学，3：325-330．

陈强．2014．高级计量经济学及 Stata 应用．北京：高等教育出版社．

陈曦，朱建华，李国平．2018．中国制造业产业间协同集聚的区域差异及其影响因素．经济地理，38（12）：104-110．

陈宪，黄建锋．2004．分工、互动与融合：服务业与制造业关系演进的实证研究．中国软科学，10：65-71，76．

陈妍．2018．京津冀城市群第二产业空间集聚研究——以制造业为例．湖北：武汉大学硕士学位论文．

程大中．2004．论服务业在国民经济中的"黏合剂"作用．财贸经济，2：68-73，97．

程大中．2008．中国生产性服务业的水平、结构及影响：基于投入−产出法的国际比较研究．经济研究，1：76-88．

董洪超，蒋伏心，路璐．2019．空间视角下的交通运输与产业集聚：基于空间杜宾模型的实证分析．经济问题探索，2：118-129．

杜传忠，王鑫，刘忠京．2013．制造业与生产性服务业耦合协同能提高经济圈竞争力吗？基于京津冀与长三角两大经济圈的比较．产业经济研究，6：19-28．

杜德瑞，王喆，杨李娟．2014．工业化进程视角下的生产性服务业影响因素研究：基于全国 2002−2011 年31 个省市面板数据分析．上海经济研究，1：3-17．

杜君君，刘甜甜，谢光亚．2015．京津冀生产性服务业与制造业协同发展：嵌入关系及协同路径选择．科技管理研究，35（14）：63-67.

段德忠，谌颖，杜德斌 . 2019. 技术转移视角下中国三大城市群区域一体化发展研究 . 地理科学，39：1581-1591.

范剑勇 . 2004. 市场一体化、地区专业化与产业集聚趋势：兼谈对地区差距的影响 . 中国社会科学，6：39-51，204-205.

范剑勇 . 2006. 产业集聚与地区间劳动生产率差异 . 经济研究，11：72-81.

范剑勇，李方文 . 2011. 中国制造业空间集聚的影响：一个综述 . 南方经济，6：53-66，6.

范剑勇，谢强强 . 2010. 地区间产业分布的本地市场效应及其对区域协调发展的启示 . 经济研究，45：107-119，133.

范剑勇，冯猛，李方文 . 2014. 产业集聚与企业全要素生产率 . 世界经济，37（5）：51-73.

冯泰文 . 2009. 生产性服务业的发展对制造业效率的影响：以交易成本和制造成本为中介变量 . 数量经济技术经济研究，26（3）：56-65.

付承伟，唐志鹏，李玉成 . 2013. 基于投入产出法的京沪生产性服务业比较 . 地理研究，32（9）：1699-1707.

高超，金凤君 . 2015. 沿海地区经济技术开发区空间格局演化及产业特征 . 地理学报，70（2）：202-213.

高觉民，李晓慧 . 2011. 生产性服务业与制造业的互动机理：理论与实证 . 中国工业经济，6：151-160.

高康，原毅军 . 2020. 生产性服务业空间集聚如何推动制造业升级？经济评论，4：20-36.

高素英，崔琬纯，张烨，等 . 2021. 京津冀生产性服务业与制造业互动关系研究 . 河北工业大学学报（社会科学版），13（3）：1-9，29.

耿海清 . 2013. 我国开发区建设存在的问题及对策 . 地域研究与开发，32（1）：1-4，11.

顾乃华 . 2010. 生产性服务业对工业获利能力的影响和渠道——基于城市面板数据和 SFA 模型的实证研究 . 中国工业经济，5：48-58.

顾乃华，毕斗斗，任旺兵 . 2006a. 生产性服务业与制造业互动发展：文献综述 . 经济学家，6：35-41.

顾乃华，毕斗斗，任旺兵 . 2006b. 中国转型期生产性服务业发展与制造业竞争力关系研究：基于面板数据的实证分析 . 中国工业经济，9：14-21.

桂黄宝，刘奇祥，郝铖文 . 2017. 河南省生产性服务业与装备制造业融合发展影响因素 . 科技管理研究，37（11）：92-97.

郭琪，贺灿飞，史进 . 2014. 空间集聚、市场结构对城市创业精神的影响研究：基于 2001–2007 年中国制造业的数据 . 中国软科学，5：107-117.

韩峰，李玉双 . 2019. 产业集聚、公共服务供给与城市规模扩张 . 经济研究，54（11）：149-164.

韩清，张晓嘉，徐伟强 . 2020. 中国工业产业协同集聚的测量及其影响因素分析 . 上海经济研究，（10）：85-96，108.

贺灿飞，谢秀珍 . 2006. 中国制造业地理集中与省区专业化 . 地理学报，61（2）：212-222.

贺灿飞，朱晟君 . 2007. 北京市劳动力结构和空间结构对其制造业地理集聚的影响 . 中国软科学，11：104-113.

贺灿飞，朱晟君 . 2008. 制造业地理集聚的区域差异研究：江苏和安徽对比研究 . 地理科学，28（6）：715-721.

贺灿飞，朱晟君 . 2020. 中国产业发展与布局的关联法则 . 地理学报，75（12）：2684-2698.

贺灿飞，潘峰华，孙蕾 . 2007. 中国制造业的地理集聚与形成机制 . 地理学报，62（12）：1253-1264.

贺灿飞，谢秀珍，潘峰华 . 2008. 中国制造业省区分布及其影响因素 . 地理研究，27（3）：623-635.

贺灿飞，朱彦刚，朱晟君 . 2010. 产业特性、区域特征与中国制造业省区集聚 . 地理学报，65（10）：

1218-1228.

贺灿飞, 朱向东, 孔莹晖, 等. 2018. 集聚经济、政策激励与中国计算机制造业空间格局: 基于贸易数据的实证研究. 地理科学, 38 (10): 1579-1588.

贺灿飞, 任卓然, 王文宇. 2022. "双循环"新格局与京津冀高质量协同发展: 基于价值链分工和要素流动视角. 地理学报, 77 (6): 1339-1358.

胡晓鹏. 2008. 生产性服务业的分类统计及其结构优化——基于生产性服务业与制造业互动的视角. 财经科学, 9: 86-94.

胡晓鹏, 李庆科. 2009. 生产性服务业与制造业共生关系研究——对苏、浙、沪投入产出表的动态比较. 数量经济技术经济研究, 26 (2): 33-46.

华广敏. 2015. 高技术服务业与制造业互动关系的实证研究: 基于OECD跨国面板数据. 世界经济研究, 4: 113-120, 129.

黄玖立, 李坤望. 2006. 对外贸易, 地方保护和中国的产业布局. 经济学 (季刊), 3: 733-760.

黄群慧. 2014. "新常态"、工业化后期与工业增长新动力. 中国工业经济, 10: 5-19.

黄群慧, 杨虎涛. 2022. 中国制造业比重"内外差"现象及其"去工业化"涵义. 中国工业经济, 3: 20-37.

黄肖琦, 柴敏. 2006. 新经济地理学视角下的FDI区位选择: 基于中国省际面板数据的实证分析. 管理世界, 10: 7-13, 26, 171.

纪韶, 朱志胜. 2014. 中国城市群人口流动与区域经济发展平衡性研究: 基于全国第六次人口普查长表数据的分析. 经济理论与经济管理, 2: 5-16.

纪韶, 孙延旭, 张磊. 2008. 京津冀都市圈内农民工流动趋势分析. 经济与管理研究, 1: 45-49.

纪玉俊, 李志婷. 2018. 中国制造业集聚与城镇化的交互影响: 基于30个省份面板数据的分析. 城市问题, 2: 18-24.

简兆权, 伍卓深. 2011. 制造业服务化的路径选择研究: 基于微笑曲线理论的观点. 科学学与科学技术管理, 32 (12): 137-143.

江静, 刘志彪, 于明超. 2007. 生产者服务业发展与制造业效率提升: 基于地区和行业面板数据的经验分析. 世界经济, 8: 52-62.

江曼琦, 席强敏. 2014. 生产性服务业与制造业的产业关联与协同集聚. 南开学报 (哲学社会科学版), 1: 153-160.

江小涓. 2017. 高度联通社会中的资源重组与服务业增长. 经济研究, 52 (3): 4-17.

蒋海兵, 李业锦. 2021. 京津冀地区制造业空间格局演化及其驱动因素. 地理科学进展, 40 (5): 721-735.

金浩, 刘肖. 2019. 京津冀地区生产性服务业与制造业的协同定位. 中国科技论坛, 10: 118-127.

金煜, 陈钊, 陆铭. 2006. 中国的地区工业集聚: 经济地理、新经济地理与经济政策. 经济研究, 4: 79-89.

孔令夷, 邢宁宁. 2019. 生产性服务业与制造业互动影响的比较研究. 软科学, 33 (6): 42-48.

李贲, 吴利华. 2018. 开发区设立与企业成长: 异质性与机制研究. 中国工业经济, 4: 79-97.

李国平. 2013. 京津冀区域发展报告 (2012). 北京: 中国人民大学出版社.

李国平, 吕爽. 2023. 京津冀跨域治理和协同发展的重大政策实践. 经济地理, 43 (1): 26-33.

李国平, 张杰斐. 2015. 京津冀制造业空间格局变化特征及其影响因素. 南开学报 (哲学社会科学版), 1: 90-96.

李海舰. 2003. 跨国公司进入及其对中国制造业的影响. 中国工业经济, 5: 15-21.

李佳洺, 张文忠, 李业锦, 等. 2016. 基于微观企业数据的产业空间集聚特征分析: 以杭州市区为例. 地理研究, 35 (1): 95-107.

李江帆, 毕斗斗. 2004. 国外生产服务业研究述评. 外国经济与管理, 11: 16-19, 25.

李金华. 2019. 中国高端制造业空间分布非均衡态测度分析. 新疆师范大学学报 (哲学社会科学版), 40 (2): 127-137

李宁, 韩同银. 2018. 京津冀生产性服务业与制造业协同发展实证研究. 城市发展研究, 25 (9): 16-22.

李宵, 申玉铭, 邱灵. 2018. 京津冀生产性服务业关联特征分析. 地理科学进展, 37 (2): 299-307.

李晓, 张建平. 2009. 中韩产业关联的现状及其启示: 基于《2000 年亚洲国际投入产出表》的分析. 世界经济, 32 (12): 40-52.

李晓, 张建平. 2010. 东亚产业关联的研究方法与现状: 一个国际/国家间投入产出模型的综述. 经济研究, 45 (4): 147-160.

李雪松, 孙博文. 2017. 高铁开通促进了地区制造业集聚吗? 基于京广高铁的准自然试验研究. 中国软科学, 7: 81-90.

梁琦. 2003. 中国工业的区位基尼系数: 兼论外商直接投资对制造业集聚的影响. 统计研究, 9: 21-25.

梁琦. 2004. 产业集聚论. 北京: 商务印书馆.

梁琦, 钱学锋. 2007. 外部性与集聚: 一个文献综述. 世界经济, 2: 84-96.

凌永辉, 张月友, 沈凯玲. 2018. 中国的产业互动发展被低估了吗? 数量经济技术经济研究, 35 (1): 23-41.

刘德光. 2005. 基于超产权理论对公司管理层收购的思考. 中国工业经济, 3: 113-120.

刘汉初, 樊杰, 张海朋, 等. 2020. 珠三角城市群制造业集疏与产业空间格局变动. 地理科学进展, 39 (2): 195-206.

刘浩, 马琳, 李国平. 2017. 京津冀地区经济发展冷热点格局演化及其影响因素. 地理研究, 36 (1): 97-108.

刘红光, 张婕, 朱忠翔, 等. 2019. 金融危机前后全球产业贸易转移定量测度分析. 经济地理, 39 (1): 96-103.

刘宏曼, 郎郸妮. 2016. 京津冀协同背景下制造业产业集聚的影响因素分析. 河北经贸大学学报, 37: 104-109.

刘会政, 王立娜. 2016. 劳动力流动对京津冀区域经济发展差距的影响. 人口与经济, 2: 10-20.

刘继国, 李江帆. 2007. 国外制造业服务化问题研究综述. 经济学家, 3: 119-126.

刘继国, 赵一婷. 2006. 制造业中间投入服务化趋势分析: 基于 OECD 中 9 个国家的宏观实证. 经济与管理, 9: 9-12.

刘继国, 赵一婷. 2008. 制造业企业产出服务化战略的影响因素及其绩效: 理论框架与实证研究. 上海管理科学, 30 (6): 42-46.

刘佳, 石慕凡, 陈小翔. 2021. 研发服务业驱动先进制造业的创新共生效应: 基于京、沪、苏、浙、粤投入产出表的动态比较. 经济问题, 10: 77-86.

刘明宇, 芮明杰, 姚凯. 2010. 生产性服务价值链嵌入与制造业升级的协同演进关系研究. 中国工业经济, 8: 66-75.

刘书瀚, 张瑞, 刘立霞. 2010. 中国生产性服务业和制造业的产业关联分析. 南开经济研究, (6): 65-74.

刘巳洋, 路江涌, 陶志刚. 2009. 外商直接投资对内资制造业企业的溢出效应: 基于地理距离的研究. 经济学 (季刊), 8: 115-128.

刘卫东, 贺灿飞, 刘志高, 等. 2013. 经济地理学思维. 北京: 科学出版社.

刘肖, 金浩. 2021. 京津冀城市群制造业与生产性服务业协调发展研究: 基于生产性服务业细分产业视角. 河北工业大学学报 (社会科学版), 13 (4): 1-8.

刘志彪. 2006. 发展现代生产者服务业与调整优化制造业结构. 南京大学学报 (哲学·人文科学·社会科学版), 5: 36-44.

卢现祥, 王素素. 2021. 中国要素市场化配置水平的南北差异及形成机理. 数量经济技术经济研究, 38 (11): 21-42.

路江涌, 陶志刚. 2006. 中国制造业区域聚集及国际比较. 经济研究, 3: 103-114.

路江涌, 陶志刚. 2007. 我国制造业区域集聚程度决定因素的研究. 经济学 (季刊), 3: 801-816.

罗奎, 李广东, 劳昕. 2020. 京津冀城市群产业空间重构与优化调控. 地理科学进展, 39 (2): 179-194.

罗勇, 曹丽莉. 2005. 中国制造业集聚程度变动趋势实证研究. 经济研究, 8: 106-115, 127.

马国霞, 朱晓娟, 田玉军. 2011. 京津冀都市圈制造业产业链的空间集聚度分析. 人文地理, 26: 116-121.

毛汉英. 2017. 京津冀协同发展的机制创新与区域政策研究. 地理科学进展, 36 (1): 2-14.

毛熙彦, 贺灿飞. 2019. 区域发展的"全球-地方"互动机制研究. 地理科学进展, 38 (10): 1449-1461.

孟美侠, 曹希广, 张学良. 2019. 开发区政策影响中国产业空间集聚吗: 基于跨越行政边界的集聚视角. 中国工业经济, 11: 79-97.

苗长虹, 崔立华. 2003. 产业集聚: 地理学与经济学主流观点的对比. 人文地理, 3: 42-46.

苗长虹, 吕拉昌. 2011. 新经济地理学. 北京: 科学出版社.

倪克金, 刘修岩, 张蕊, 等. 2023. 城市群一体化与制造业要素配置效率: 基于多维分解视角的考察. 数量经济技术经济研究, 40 (4): 136-159.

潘峰华, 刘作丽, 夏亚博, 等. 2013. 中国上市企业总部的区位分布和集聚特征. 地理研究, 32 (9): 1721-1736.

钱纳里 H. 1989. 工业化和经济增长的比较研究. 吴奇译. 上海: 三联书店.

邱灵, 申玉铭, 任旺兵. 2008. 北京生产性服务业与制造业的关联及空间分布. 地理学报, 63 (12): 1299-1310.

任皓, 周绍杰, 胡鞍钢. 2017. 知识密集型服务业与高技术制造业协同增长效应研究. 中国软科学, 8: 34-45.

邵朝对, 苏丹妮, 李坤望. 2018. 跨越边界的集聚: 空间特征与驱动因素. 财贸经济, 39: 99-113.

盛丰. 2014. 生产性服务业集聚与制造业升级: 机制与经验——来自230个城市数据的空间计量分析. 产业经济研究, (2): 32-39, 110.

宋增文. 2007. 基于投入产出模型的中国旅游业产业关联度研究. 旅游科学, 2: 7-12, 78.

孙虎, 乔标. 2015. 京津冀产业协同发展的问题与建议. 中国软科学, 7: 68-74.

孙久文, 姚鹏. 2015. 京津冀产业空间转移、地区专业化与协同发展: 基于新经济地理学的分析框架. 南开学报 (哲学社会科学版), 1: 81-89.

孙久文, 卢怡贤, 易淑昶. 2020. 高质量发展理念下的京津冀产业协同研究. 北京行政学院学报, 6: 20-29.

孙威, 高沙尔·吾拉孜. 2022. 京津冀地区高技术产业地位变化的成因探析. 智库理论与实践, 7 (2): 130-140.

孙威, 林晓娜. 2020. 柳州市汽车制造业企业的空间格局与影响因素. 地球信息科学学报, 22 (6): 1216-1227.

孙威，毛凌潇．2018．基于 CiteSpace 方法的京津冀协同发展研究演化．地理学报，73（12）：2378-2391.

孙威，王晓楠，盛科荣．2020．基于文献计量方法的国内外城市更新比较研究．地理科学，40（8）：1300-1309.

谭洪波，郑江淮．2012．中国经济高速增长与服务业滞后并存之谜：基于部门全要素生产率的研究．中国工业经济，9：5-17.

唐红祥．2018．西部地区交通基础设施对制造业集聚影响的 EG 指数分析．管理世界，34：178-179.

唐晓华，张欣珏，李阳．2018．中国制造业与生产性服务业动态协调发展实证研究．经济研究，53（3）：79-93.

汪斌，董赟．2005．从古典到新兴经济学的专业化分工理论与当代产业集群的演进．学术月刊，2：29-36，52.

汪浩瀚，徐建军．2018．市场潜力、空间溢出与制造业集聚．地理研究，37（9）：1736-1750.

王朝阳，夏杰长．2008．制造业与服务业区域融合：对京津冀地区的一项分析．经济与管理研究，10：75-79.

王成东，綦良群，蔡渊渊．2015．装备制造业与生产性服务业融合影响因素研究．工业技术经济，34（2）：134-142.

王缉慈．2004．关于中国产业集群研究的若干概念辨析．地理学报，S1：47-52.

王缉慈．2010．超越集群：中国产业集群的理论探索．北京：科学出版社．

王缉慈．2019．创新的空间：企业集群与区域发展．北京：北京大学出版社．

王金武．2005．我国生产性服务业和制造业互动分析及其对策研究．武汉：武汉理工大学硕士学位论文．

王美霞，周国华，王永明．2020．开发区建设对区域经济发展的影响与机制分析：以湖南省为例．长江流域资源与环境，29（3）：580-587.

王培安，罗卫华，白永平．2012．基于空间自相关和时空扫描统计量的聚集比较分析．人文地理，27（2）：119-127.

王庆喜，胡志学．2018．长三角地区研发企业集聚与知识溢出强度——连续空间中的微观分析．地理科学，38（11）：1828-1836.

王小波．2016．生产性服务业与制造业融合发展研究．湘潭：湘潭大学博士学位论文．

王兴明．2013．产业发展的协同体系分析：基于集成的观点．经济体制改革，5：102-105.

王兴平，赵虎，朱凯，等．2011．综合效益导向的开发区群整合策略研究：以宁波市开发区群为例．规划师，27（9）：26-31.

王正新，孙爱晶，邱风．2017．中国生产性服务业与先进制造业的互动关系：基于 Lotka-Volterra 模型的实证分析．华东经济管理，31（7）：88-93.

王志强，刘伯凡，曹建华．2017．生产性服务业集聚对制造业集聚的影响：基于一般制造业和高技术产业的比较分析．经济问题探索，3：56-62.

魏海涛，肖天聪，胡宝生，等．2020．基于距离的产业集聚测度：以长三角城市群为例．城市发展研究，27：55-63.

魏后凯，贺灿飞，王新．2001．外商在华直接投资动机与区位因素分析：对秦皇岛市外商直接投资的实证研究．经济研究，2：67-76，94.

闻乃荻，綦良群．2016．知识密集型服务业与装备制造业互动融合过程及影响因素研究．科技与管理，18（2）：7-14.

吴传清，邓明亮．2020．长江经济带制造业和服务业融合发展水平测度及影响因素研究．扬州大学学报（人文社会科学版），24（4）：44-62.

吴三忙，李善同．2011．专业化、多样化与产业增长关系：基于中国省级制造业面板数据的实证研究．数量经济技术经济研究，28：21-34.

武前波，宁越敏，李英豪．2011．中国制造业企业500强集中度变化特征及其区域效应分析．经济地理，31（2）：177-182.

席强敏，罗心然．2017．京津冀生产性服务业与制造业协同发展特征与对策研究．河北学刊，37（1）：122-129.

席强敏，陈曦，李国平．2015．中国城市生产性服务业模式选择研究：以工业效率提升为导向．中国工业经济，2：18-30.

夏斐，肖宇．2020．生产性服务业与传统制造业融合效应研究：基于劳动生产率的视角．财经问题研究，4：27-37.

夏杰长，肖宇．2022．以制造业和服务业融合发展壮大实体经济．中国流通经济，36（3）：3-13.

冼国明，文东伟．2006．FDI、地区专业化与产业集聚．管理世界，12：18-31.

徐振鑫，莫长炜，陈其林．2016．制造业服务化：我国制造业升级的一个现实性选择．经济学家，9：59-67.

许德友，梁琦．2011．对外贸易与国内产业地理：来自新经济地理学的研究综述．南方经济，11：63-73，82.

许妮娅，陈潜．2019．中国制造业企业的空间集聚测度与动态演进研究．统计与决策，35：122-126.

阳立高，谢锐，贺正楚，等．2014．劳动力成本上升对制造业结构升级的影响研究：基于中国制造业细分行业数据的实证分析．中国软科学，12：136-147.

杨仁发．2013a．生产性服务业发展、制造业竞争力与产业融合．天津：南开大学博士学位论文．

杨仁发．2013b．产业集聚与地区工资差距：基于我国269个城市的实证研究．管理世界，8：41-52.

杨仁发，刘纯彬．2011．生产性服务业与制造业融合背景的产业升级．改革，1：40-46.

叶绿来．2018．京津冀地区生产性服务业与制造业的互动研究．北京：首都经济贸易大学硕士学位论文．

尹希果，刘培森．2014．城市化、交通基础设施对制造业集聚的空间效应．城市问题，11：13-20.

袁海红，张华，曾洪勇．2014．产业集聚的测度及其动态变化：基于北京企业微观数据的研究．中国工业经济，9：38-50.

苑清敏，谭欣．2022．京津冀高技术制造业协同发展研究．华东经济管理，36（3）：72-81.

张超．2019．重庆市制造业服务化发展水平与影响因素研究．重庆：重庆工商大学硕士学位论文．

张虎，韩爱华．2019．制造业与生产性服务业耦合能否促进空间协调：基于285个城市数据的检验．统计研究，36（1）：39-50.

张虎，周楠．2019．制造业与服务业协调发展及影响因素分析．统计与决策，35（11）：86-90.

张杰斐，席强敏，孙铁山，等．2016．京津冀区域制造业分工与转移．人文地理，31：95-101，160.

张可，汪东芳．2014．经济集聚与环境污染的交互影响及空间溢出．中国工业经济，6：70-82.

张世贤．2000．工业投资效率与产业结构变动的实证研究：兼与郭克莎博士商榷．管理世界，5：79-85，115.

张同斌，高铁梅．2012．财税政策激励、高新技术产业发展与产业结构调整．经济研究，47（5）：58-70.

张同斌，李金凯，周浩．2016．高技术产业区域知识溢出、协同创新与全要素生产率增长．财贸研究，27（1）：9-18.

张欣钰．2018．中国制造业与生产性服务业协同演化实证研究．沈阳：辽宁大学博士学位论文．

张亚军，干春晖，郑若谷．2014．生产性服务业与制造业的内生与关联效应——基于投入产出结构分解技术的实证研究．产业经济研究，（6）：81-90.

张延吉，吴凌燕，秦波．2017．北京市生产性服务业的空间集聚及影响因素——基于连续平面的测度方法．中央财经大学学报，9：111-118.

张耀军，岑俏．2014．中国人口空间流动格局与省际流动影响因素研究．人口研究，38（5）：54-71.

赵景华，冯剑，张吉福．2018．京津冀城市群生产性服务业与制造业协同集聚分析．城市发展研究，25（4）：62-68.

赵伟，李芬．2007．异质性劳动力流动与区域收入差距：新经济地理学模型的扩展分析．中国人口科学，1：27-35，95.

赵伟，张萃．2009．市场一体化与中国制造业区域集聚变化趋势研究．数量经济技术经济研究，26：18-32.

赵勇，白永秀．2009．知识溢出：一个文献综述．经济研究，44：144-156.

郑江淮，高彦彦，胡小文．2008．企业"扎堆"、技术升级与经济绩效：开发区集聚效应的实证分析．经济研究，5：33-46.

郑智，叶尔肯·吾扎提，梁宜，等．2019．经济技术开发区建设对中国经济格局的影响．经济地理，39（6）：26-35.

周大鹏．2013．制造业服务化对产业转型升级的影响．世界经济研究，9：17-22，48，87.

周黎安．2007．中国地方官员的晋升锦标赛模式研究．经济研究，7：36-50.

周伟，赵艳，宁煊．2020．京津冀城市群制造业结构变迁与空间集聚影响因素分析．地理科学，40（11）：1921-1929.

周艳春，赵守国．2010．制造企业服务化的理论依据及动因分析．科技管理研究，30（3）：169-171，168.

周振华．2003．产业融合：产业发展及经济增长的新动力．中国工业经济，4：46-52.

祝树金，付晓燕．2008．政策优惠、经济环境影响FDI的动态效应与区域差异：兼论我国内外资企业所得税并轨．数量经济技术经济研究，1：15-27，108.

邹辉，段学军．2020．中国化工产业布局演变与影响机理研究．地理科学，40（10）：1646-1653.

Albert J M, Casanova M R, Orts V. 2012. Spatial location patterns of Spanish manufacturing firms. Papers in Regional Science, 91: 107-136.

Alfaro L, Chen M X. 2014. The global agglomeration of multinational firms. Journal of International Economics, 94: 263-276.

Alonso-Villar O, Chamorro-Rivas J M, González-Cerdeira X. 2004. Agglomeration economies in manufacturing industries: the case of Spain. Applied Economics, 36: 2103-2116.

Amiti M. 1999. Specialization patterns in Europe. Weltwirtschaftliches Archiv, 135: 573-593.

Arbia G, Espa G, Giuliani D, et al. 2010. Detecting the existence of space-time clustering of firms. Regional Science and Urban Economics, 40: 311-323.

Arthur W B. 1990. Positive feedbacksin the economy. Scientific American, 262: 92-99.

Ashton W. 2008. Understanding the organization of industrial ecosystems: a social network approach. Journal of Industrial Ecology, 12: 34-51.

Bai C E, Du Y, Tao Z, et al. 2004. Local protectionism and regional specialization: evidence from China's industries. Journal of International Economics, 63: 397-417.

Baldwin R E, Okubo T. 2006. Heterogeneous firms, agglomeration and economic geography: spatial selection and sorting. Journal of Economic Geography, 6: 323-346.

Barlet M, Briant A, Crusson L. 2013. Location patterns of services in France: a distance-based approach.

Regional Science and Urban Economics, 43 (2): 338-351.

Behrens K, Bougna T. 2015. An anatomy of the geographical concentration of Canadian manufacturing industries. Regional Science and Urban Economics, 51: 47-69.

Besag J, Diggle P J. 1977. Simple Monte Carlo tests for spatial pattern. Journal of the Royal Statistical Society: Series C, 26: 327-333.

Bhagwati J N. 1984. Splintering and disembodiment of services and developing nations. World Economy, 7 (2): 133-144.

Boschma R. 2005. Proximity and innovation: a critical assessment. Regional Studies, 39: 61-74.

Brakman S, Garretsen H, Zhao Z. 2017. Spatial concentration of manufacturing firms in China. Papers in Regional Science, 96: S179-S205.

Braunerhjelm P, Johansson D. 2003. The determinants of spatial concentration: the manufacturing and service sectors in an international perspective. Industry and Innovation, 10: 41-63.

Chen C, Song M. 2019. Visualizing a field of research: a methodology of systematic scientometric reviews. PloS One, 14: e0223994.

Coase R H. 1937. The nature of the firm. Economica, 4 (6): 386-405.

Coffey W J, Bailly A S. 1991. Producer services and flexible production: an exploratory analysis. Growth and Change, 22 (4): 95-117.

Cohen S, Zysman J. 1987. Manufacturing matters: the myth of the post-industrial economy. Basic Books, New York.

Combes P P, Gobillon L. 2015. The empirics of agglomeration economies//Duranton G, Henderson V, Strange W. Handbook of Regional and Urban Economics. Amsterdam: Elsevier.

Combes P P, Overman H G. 2004. The spatial distribution of economic activities in the European Union. Elsevier, 4: 2845-2909.

Combes P P, Mayer T, Thisse J F. 2008. Economic Geography: The Integration of Regions and Nations. Priceton, NJ: Princeton University Press.

Cragg J G. 1971. Some statistical models for limited dependent variables with application to the demand for durable goods. Econometrica: Journal of the Econometric Society, 39 (5): 829-844.

Cressie N A. 1993. Statistics for Spatial Data. New York: John Willy and Sons, Inc.

Daniels P W. 1986. The geography of services. Progress in Human Geography, 10 (3): 436-444.

Daniels P W. 1991. Some perspectives on the geography of services. Progress in Human Geography, 15 (1): 37-46.

Devereux M P, Griffith R, Simpson H. 2004. The geographic distribution of production activity in the UK. Regional Science and Urban Economics, 34: 533-564.

Dicken P. 2003. Global Shift: Reshaping the Global Economic Map in the 21st Century. Manchester: Sage.

Diggle P J, Chetwynd A G. 1991. Second-order analysis of spatial clustering for inhomogeneous populations. Biometrics, 47: 1155-1163.

Dohse D, Steude S C. 2003. Concentration, coagglomeration and spillovers: the geography of new market firms in Germany. European Regional Science Association (ERSA).

Duranton G, Overman H G. 2005. Testing for localization using micro-geographic data. Review of Economic Studies, 72: 1077-1106.

Duranton G, Overman H G. 2008. Exploring the detailed location patterns of UK manufacturing industries using microgeographic data. Journal of Regional Science, 48: 213-243.

Duranton G, Puga D. 2004. Micro-foundations of urban agglomeration economies//Henderson J V, Thisse J F. Handbook of Regional and Urban Economics. Amsterdam: Elsevier.

Ellison G, Glaeser E L. 1997. Geographic concentration in US manufacturing industries: a dartboard approach. Journal of Political Economy, 105: 889-927.

Ellison G, Glaeser E L. 1999. The geographic concentration of industry: does natural advantage explain agglomeration? American Economic Review, 89: 311-316.

Ellison G, Glaeser E L, Kerr W R. 2010. What causes industry agglomeration? Evidence from coagglomeration patterns. American Economic Review, 100: 1195-1213.

Eswaran M, Kotwal A. 2002. The role of the service sector in the process of industrialization. Journal of Development Economics, 68 (2): 401-420.

Ethier W J. 1982. National and international returns to scale in the modern theory of international trade. The American Economic Review, 72 (3): 389-405.

Falk M, Peng F. 2013. The increasing service intensity of European manufacturing. Service Industries Journal, 33 (15-16): 1686-1706.

Fan C C, Scott A J. 2003. Industrial agglomeration and development: a survey of spatial economic issues in East Asia and a statistical analysis of Chinese regions. Economic Geography, 79: 295-319.

Fischer M M, Scherngell T, Jansenberger E. 2009. Geographic localization of knowledge spillovers: evidence from high-tech patent citations in Europe. Annals of Regional Science, 43: 839-858.

Francois J F. 1990a. Producer services, scale, and the division of labor. Oxford Economic Papers, 42 (4): 715-729.

Francois J F. 1990b. Trade in producer services and returns due to specialization under monopolistic competition. Canadian Journal of Economics, 23 (1): 109-124.

Francois J, Woerz J. 2008. Producer services, manufacturing linkages, and trade. Journal of Industry, Competition and Trade, 8 (3-4): 199-229.

Fujita M, Krugman P, Venables A J. 2001. The Spatial Economy: Cities, Regions and International Trade. Cambridge: MIT Press.

Gao T. 2004. Regional industrial growth: evidence from Chinese industries. Regional Science and Urban Economics, 34: 101-124.

Ge Y. 2009. Globalization and industry agglomeration in China. World Development, 37: 550-559.

Glaeser E L, Kohlhase J E. 2004. Cities, Regions and the Decline of Transport Costs. Berlin: Springer.

Glaeser E L, Kallal H D, Scheinkman J A, et al. 1992. Growth in cities. Journal of Political Economy, 100: 1126-1152.

Goe W R. 1990. Producer services, trade and the social division of labour. Regional Studies, 24 (4): 327-342.

Goe W R. 2002. Factors associated with the development of nonmetropolitan growth nodes in producer services industries, 1980-1990. Rural Sociology, 67 (3): 416-441.

Gordon I R, Mccann P. 2000. Industrial clusters: complexes, agglomeration and/or social networks? Urban Studies, 37: 513-532.

Granovetter M. 1985. Economic action and social structure: the problem of embeddedness. American Journal of Sociology, 91: 481-510.

Greenfield H I. 1966. Manpower and the Growth of Producer Services. New York: Columbia University Press.

Grubel H G, Walker M. 1989. Service Industry Growth: Causes and Effects. Vancouver: The Fraser Institute.

Guerrieri P, Meliciani V. 2004. International competitiveness in producer services. Paper prepared for the SETI Meeting in Rome.

Guerrieri P, Meliciani V. 2005. Technology and international competitiveness: the interdependence between manufacturing and producer services. Structural Change and Economic Dynamics, 16 (4): 489-502.

Guimaraes P, Figueiredo O, Woodward D. 2011. Accounting for neighboring effects in measures of spatial concentration. Journal of Regional Science, 51: 678-693.

Hansen N. 1990. Do producer services induce regional economic development? Journal of Regional Science, 30 (4): 465-476.

Harrison B. 2007. Industrial districts: old wine in new bottles? Regional Studies, 41: S107-S121.

Hayakawa K, Isono I, Kumagai S. 2020. Transportation costs in archipelagos: evidence from Indonesia. The Developing Economies, 58: 227-241.

He C, Wei Y D, Pan F. 2007. Geographical concentration of manufacturing industries in China: the importance of spatial and industrial scales. Eurasian Geography and Economics, 48: 603-625.

He C, Wei Y D, Xie X. 2008. Globalization, institutional change, and industrial location: Economic transition and industrial concentration in China. Regional Studies, 42: 923-945.

Henderson J V. 1986. Efficiency of resource usage and city size. Journal of Urban Economics, 19: 47-70.

Herrero D, Rial A. 2023. Productive linkages in a segmented economy: the role of services in the export performance of German manufacturing. Economic Systems Research, 35 (2): 183-210.

Holmes T J, Stevens J J. 2002. Geographic concentration and establishment scale. Review of Economics and Statistics, 84: 682-690.

Hoover E M. 1937. Location Theory and the Shoe and Leather Industries. Cambridge: Harvard University Press.

Hoover E M. 1948. Location of Economic Activity. New York: McGraw-Hill Book Company, Inc.

Hotelling H. 1990. Stability in Competition. Verlag: Springer.

Illeris S. 1989. Producer services: the key sector for future economic development. Entrepreneurship and Regional Development, 1 (3): 267-274.

Isard W. 1951. Interregional and regional input-output analysis: a model of a space economy. The Review of Economics and Statistics, 33: 318-328.

Isard W. 1956. Location and Space-Economy. London: John Wiley and Sons.

Jacobs J. 2016. The Economy of Cities. New York: Vintage.

Jaffe A B, Trajtenberg M, Henderson R. 1993. Geographic localization of knowledge spillovers as evidenced by patent citations. The Quarterly Journal of Economics, 108: 577-598.

Jofre-Monseny J, Marín-López R, Viladecans-Marsal E. 2012. What underlies localization and urbanization economies? Evidence from the location of new firms. DOI: 10.2139/ssrn.2062229.

Kastalli I V, Van Looy B. 2013. Servitization: disentangling the impact of service business model innovation on manufacturing firm performance. Journal of Operations Management, 31 (4): 169-180.

Keeble D, Lawson C, Smith H L, et al. 1998. Internationalization processes, networking and local embeddedness in technology-intensive small firms. Small Business Economics, 11: 327-342.

Kim S. 1995. Expansion of markets and the geographic distribution of economic activities: the trends in US regional manufacturing structure, 1860-1987. The Quarterly Journal of Economics, 110: 881-908.

Kim S. 1999. Regions, resources, and economic geography: sources of US regional comparative advantage, 1880-

1987. Regional Science and Urban Economics, 29: 1-32.

Klier T. 2005. Clustering of auto supplier plants in the U. S. : GMM spatial logit for large samples. Research Papers in Economics, DOI: 10. 2139/ssrn. 870611.

Koh H J, Riedel N. 2014. Assessing the localization pattern of German manufacturing and service industries: a distance-based approach. Regional Studies, 48: 823-843.

Kowalkowski C, Gebauer H, Kamp B, et al. 2017. Servitization and deservitization: overview, concepts, and definitions. Industrial Marketing Management, 60: 4-10.

Krugman P R. 1979. Increasing returns, monopolistic competition, and international trade. Journal of International Economics, 9: 469-479.

Krugman P R. 1980. Scale economies, product differentiation, and the pattern of trade. The American Economic Review, 70: 950-959.

Krugman P R. 1991a. Increasing returns and economic geography. Journal of Political Economy, 99: 483-499.

Krugman P R. 1991b. Geography and Trade. Cambridge: MIT Press.

Krugman P R. 1993. First nature, second nature, and metropolitan location. Journal of Regional Science, 33: 129-144.

Krugman P R. 1997. Development, Geography, and Economic Theory. Cambridge: MIT Press.

Krugman P R, Venables A J. 1995. Globalization and the inequality of nations. The Quarterly Journal of Economics, 110: 857-880.

Laajimi R, Gallo J L, Benammou S. 2020. What geographical concentration of industries in the Tunisian Sahel? Empirical evidence using distance-based measures. Tijdschrift voor Economische en Sociale Geografie, Royal Dutch Geographical Society KNAG, 111 (5): 738-757.

Lafourcade M, Mion G. 2007. Concentration, agglomeration and the size of plants. Regional Science and Urban Economics, 37: 46-68.

Losch A. 1954. Economics of Location. New Haven: Yale University Press.

Macpherson A. 1997. The role of producer service outsourcing in the innovation performance of New York State manufacturing firms. Annals of the Association of American Geographers, 87 (1): 52-71.

Macpherson A. 2008. Producer service linkages and industrial innovation: results of a twelve-year tracking study of New York State manufacturers. Growth and Change, 39 (1): 1-23.

Malmberg A. 1997. Industrial geography: location and learning. Progress in Human Geography, 21: 573-582.

Marcon E, Puech F. 2003. Evaluating the geographic concentration of industries using distance-based methods. Journal of Economic Geography, 3: 409-428.

Marcon E, Puech F. 2010. Measures of the geographic concentration of industries: improving distance-based methods. Journal of Economic Geography, 10: 745-762.

Marcon E, Traissac S, Puech F, et al. 2015. Tools to characterize point patterns: dbmss for R. Journal of Statistical Software, 67 (3): 1-15.

Martin X, Salomon R. 2003. Tacitness, learning, and international expansion: a study of foreign direct in a knowledge-intensive industry. organization science, 14 (3): 297-311.

Mariotti S, Piscitello L, Elia S. 2010. Spatial agglomeration of multinational enterprises: the role of information externalities and knowledge spillovers. Journal of Economic Geography, 10 (4): 519-538.

Mariotti S, Nicolini M, Piscitello L. 2013. Vertical linkages between foreign MNEs in service sectors and local manufacturing firms. Structural Change and Economic Dynamics, 25: 133-145.

Markusen J R. 1989. Trade in producer services and in other specialized intermediate inputs. American Economic Review, 79 (1): 85-95.

Marshall. 1890. Principles of Economics. London: Macmillan.

Marshall A. 1920. The Economics of Industry. London: Macmillan.

Martin X, Salomon R. 2003. Tacitness, learning, and international expansion: a study of foreign direct investment in a knowledge-intensive industry. Organization Science, 14 (3): 297-311.

Maurel F, Sedillot B. 1999. A measure of the geographic concentration in French manufacturing industries. Regional Science and Urban Economics, 29: 575-604.

Mccormick D. 1999. African enterprise clusters and industrialization: theory and reality. World Development, 27: 1531-1551.

Menzel M P, Fornahl D. 2010. Cluster life cycles—dimensions and rationales of cluster evolution. Industrial and Corporate Change, 19 (1): 205-238.

Midelfart K H, Overman H G, Venables A J. 2000. Comparative advantage and economic geography: estimating the location of production in the EU. Corpus ID: 16060270.

Nakajima K, Saito Y U, Uesugi I. 2012. Measuring economic localization: evidence from Japanese firm-level data. Journal of the Japanese and International Economies, 26: 201-220.

Neely A. 2008. Exploring the financial consequences of the servitization of manufacturing. Operations Management Research, 2: 102-118.

Ohlin B. 1935. Interregional and International Trade. Boston: Harvard University Press.

Otsuka A. 2008. Determinants of new firm formation in Japan: a comparison of the manufacturing and service sectors. Economics Bulletin, 18: 1-7.

Park S H. 1989. Linkages between industry and services and their implications for urban employment generation in developing countries. Journal of Development Economics, 30 (2): 359-379.

Park S H, Chan K S. 1989. A cross-country input-output analysis of intersectoral relationships between manufacturing and services and their employment implications. World Development, 17 (2): 199-212.

Perroux F. 1970. Note on the concept of growth poles//Mckee D L, Dean R D, Leahy W H. Regional Economics: Theory and Practice. New York: Free Press.

Porter M E. 1990. The competitive advantage of nations. Harvard Business Review, 68: 73-93.

Qiu Y, Gong Y. 2021. Industrial linkage effects of RCEP economies' imports of producer services on manufacturing advantages. PLoS One, DOI: 10.1371/journal. pone. 0253823.

Rabetino R, Harmsen W, Kohtamaki M, et al. 2018. Structuring servitization-related research. International Journal of Operations & Production Management, 38 (2): 350-371.

Reiskin E D, White A L, Johnson J K, et al. 2000. Servicizing the chemical supply chain. Journal of Industrial Ecology, 3 (2-3): 19-31.

Ricardo D. 1891. Principles of Political Economy and Taxation. London: George Bell and Sons.

Riddle D I. 1986. Service-Led Growth: The Role of the Service Sector in World Development. New York: Praeger Publishers.

Ripley B D. 1976. The second-order analysis of stationary point processes. Journal of Applied Probability, 13: 255-266.

Ripley B D. 1977. Modelling spatial patterns. Journal of the Royal Statistical Society: Series B, 39: 172-192.

Rosenthal S S, Strange W C. 2004. Evidence on the nature and sources of agglomeration economies. Handbook of

Regional and Urban Economics, (4): 2119-2171.

Rowthorn R, Ramaswamy R. 1999. Growth, trade, and deindustrialization. IMF Staff Papers, 46 (1): 18-41.

Scholl T, Brenner T. 2015. Optimizing distance-based methods for large data sets. Journal of Geographical Systems, 17: 333-351.

Schumpeter J, Backhaus U. 2003. The Theory of Economic Development. London: Springer.

Scott A J. 1988. Flexible production systems and regional development. International Journal of Urban and Regional Research, 12: 171-186.

Silverman B W. 1986. Density Estimation for Statistics and Data Analysis. London: Chapman and Hall Press.

Sjoberg O, Sjoholm F. 2004. Trade liberalization and the geography of production: agglomeration, concentration, and dispersal inindonesia's manufacturing industry. Economic Geography, 80: 287-310.

Vandermerwe S, Rada J. 1988. Servitization of business: adding value by adding services. European Management Journal, 6 (4): 314-324.

Venables A J. 1996. Equilibrium locations of vertically linked industries. International Economic Review, 37 (2): 341-359.

Watts H D. 1987a. Industrial Geography. London: Longman.

Watts H D. 1987b. Producer services, industrial location and uneven development. Area, 19 (4): 353-355.

Weber A. 1929. Theory of the Location of Industries. Chicago: University of Chicago Press.

Wen M. 2004. Relocation and agglomeration of Chinese industry. Journal of Development Economics, 73: 329-347.

White A L, Stoughton M, Feng L. 1999. Servicizing: the quiet transition to extended product responsibility. Boston: Tellus Institute.

Williamson O. 1985. The Economic Institutions of Capitalism. New York: Free Press.

Yang F F, Yeh A G O, Wang J. 2018. Regional effects of producer services on manufacturing productivity in China. Applied Geography, 97: 263-274.

Yu Z, Xiao Y, Gu X, et al. 2022. Does improted producer service affect manufacturing export? Evidence from China. The Singapore Economic Review, 67 (3): 1117-1146.

附　录　1

考虑企业规模的制造业集聚测度方法，是在 DO 指数模型（参见第三章）核密度估计函数公式中加入企业规模权重，其他步骤无变化。这里使用企业从业人员表征企业规模，参考 Duranton 和 Overman（2005）的加权方式，考虑企业规模的核密度估计函数公式为

$$\hat{K}_A^{EMP}(d) = \frac{1}{h\sum\limits_{i=1}^{n-1}\sum\limits_{j=i+1}^{n}(e_i e_j)}\sum\limits_{i=1}^{n-1}\sum\limits_{j=i+1}^{n}(e_i e_j)f\left(\frac{d-d_{i,j}}{h}\right) \qquad (A\text{-}1)$$

式中，行业 A 共有 n 家企业；任意企业 i 与企业 j 的欧式距离为 $d_{i,j}$；采用高斯核函数 f 计算密度；h 为带宽；企业 i 与企业 j 的从业人数分别为 e_i 和 e_j。

考虑企业规模影响实际上是扩大了小企业与大企业在产业集聚贡献上的差异，大企业相比小企业具有更大的影响力。相比基准结果，考虑企业规模后集聚行业数量明显减少，2013 年仅有 90 个（53.6%），集聚行业比例下降 23 个百分点；分散行业数量有所增加，2013 年有 36 个（21.4%），比例上升 4 个百分点；随机行业数量明显增加，2013 年有 42 个（25.0%），比例上升 19 个百分点（附表 1-1）。

附表 1-1　京津冀地区 2004 年、2008 年和 2013 年集聚、分散、随机行业数量（考虑企业规模）

年份	集聚		分散		随机		行业总数/个	平均集聚强度
	数量/个	比例/%	数量/个	比例/%	数量/个	比例/%		
2004	100	61.7	23	14.2	39	24.1	162	0.165
2008	89	54.9	40	24.7	33	20.4	162	0.134
2013	90	53.6	36	21.4	42	25.0	168	0.130

另外，变化趋势也不同于基准分析，2004 ~ 2013 年京津冀地区制造业集聚行业数量呈现下降趋势，分散和随机行业数量呈现上升趋势。考虑企业规模后集聚特征的变化说明大企业并没有那么集聚，相反，小企业是促进产业集聚的主要力量。这与 Brakman 等（2017）的结论一致，也突出采用经济普查企业数据的重要性。换句话说，以往采用规模以上企业数据的研究可能低估了真实的产业集聚情况。

从平均集聚强度看，考虑企业规模后强度减小明显，2004 年平均集聚强度仅为 0.165，约为基准分析的 65.0%。2004 ~ 2013 年集聚强度依然呈现减弱趋势，下降幅度约为 21.5%，与基准分析 21.1% 接近。这些变化说明小企业相比大企业集聚水平更高，2004 ~ 2013 年京津冀地区制造业集聚水平下降这一结论较为可靠。

考虑企业规模后，集聚特征的行业差异与基准结果类似（附表 1-2），劳动密集型、技术密集型行业的集聚强度更高，与食品相关或自然资源依赖强的行业更倾向于分散。

附表1-2　京津冀地区2004年、2008年和2013年集聚/分散强度排在前5位的三位数制造业
行业（考虑企业规模）

集聚/分散	2004年		2008年		2013年	
	行业	强度	行业	强度	行业	强度
集聚行业	装订及其他印刷服务活动	1.30	皮革鞣制加工	1.21	皮革鞣制加工	1.41
	皮革鞣制加工	0.97	装订及其他印刷服务活动	0.94	自行车制造	0.94
	自行车制造	0.96	自行车制造	0.78	皮革制品制造	0.93
	电子计算机制造	0.93	记录媒介的复制	0.78	视听设备制造	0.90
	航空航天器制造	0.82	电子元件制造	0.73	家用纺织制成品制造	0.89
分散行业	酒的制造	0.27	其他农副食品加工	0.31	其他农副食品加工	0.36
	通用零部件制造及机械修理	0.19	通用零部件制造及机械修理	0.25	砖瓦石材等建筑材料制造	0.25
	饲料加工	0.19	水泥石灰和石膏制造	0.24	炼焦	0.25
	糖果巧克力及蜜饯制造	0.19	玻璃及玻璃制品制造	0.23	水泥石灰和石膏制造	0.24
	非金属废料和碎屑的加工处理	0.18	炼铁	0.21	通用零部件制造	0.23

制造业集聚行业数量与集聚指数随距离衰减规律也与基准分析结果类似（附图1-1），
这里不再赘述。

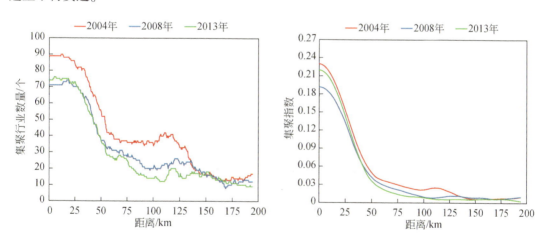

附图1-1　京津冀地区各距离上集聚行业数量与集聚指数（考虑企业规模）

附　录　2

附表 2-1　北京、天津、河北 2004 年、2008 年、2013 年不同行业的企业数量

（单位：家）

	行业	2004 年			2008 年			2013 年		
		北京	天津	河北	北京	天津	河北	北京	天津	河北
13	农副食品加工业	617	459	3441	723	1182	4740	904	952	3799
14	食品制造业	804	507	1232	822	951	2068	935	882	2158
15	酒、饮料和精制茶制造业	324	195	672	308	259	1103	382	222	1122
16	烟草制品业	1	2	4044	2	1	4	1	1	4
17	纺织业	626	774	1071	580	1313	4529	438	978	5152
18	纺织服装、服饰业	1378	819	869	2000	1871	1682	2622	1487	1967
19	皮革、毛皮、羽毛及其制品和制鞋业	166	176	985	173	311	1624	236	341	3707
20	木材加工和木、竹、藤、棕、草制品业	443	267	1064	592	541	1415	872	693	1580
21	家具制造业	892	280	2104	1142	768	1492	1357	798	1296
22	造纸和纸制品业	679	688	1403	811	1294	2411	888	1289	1858
23	印刷和记录媒介复制业	1045	600	737	1433	992	2036	1529	1247	2663
24	文教、工美、体育和娱乐用品制造业	623	576	260	630	1657	1198	726	1347	2162
25	石油加工、炼焦和核燃料加工业	202	83	2812	169	151	395	193	182	482
26	化学原料和化学制品制造业	1887	1555	259	1795	2624	4599	1873	2604	5206
27	医药制造业	410	171	66	483	364	488	539	427	722
28	化学纤维制造业	32	26	3475	28	51	174	30	54	223
29	橡胶和塑料制造业	1204	1379	8223	1449	2748	5475	1593	2727	6688
30	非金属矿物制品业	2085	874	1115	2156	1739	11210	2510	2124	9856
31	黑色金属冶炼和压延加工业	200	300	626	129	856	1479	328	1317	3062
32	有色金属冶炼和压延加工业	199	244	3479	206	451	1209	240	570	1246
33	金属制品业	2798	2265	5247	2902	5468	6980	3750	6619	11697
34	通用设备制造业	1801	2239	1824	2603	4837	9916	2892	5677	9587
35	专用设备制造业	1601	1043	803	2036	2591	3633	2247	3886	5948
36	汽车制造业	344	443	1001	566	862	1703	721	1088	2339

行业		2004 年			2008 年			2013 年		
		北京	天津	河北	北京	天津	河北	北京	天津	河北
37	铁路、船舶、航空航天和其他运输设备制造业	504	959	1589	599	2199	1704	201	1591	1064
38	电气机械和器材制造业	1181	967	268	1758	1991	3079	1924	2449	4743
39	计算机、通信和其他电子设备制造业	1018	451	256	1303	1397	616	1119	1784	931
40	仪器仪表制造业	808	472	445	1051	858	593	1025	885	822
41	其他制造业	246	210	161	273	630	426	245	701	595
42	废弃资源综合利用业	39	25	3441	63	326	277	72	373	472

附表 2-2　京津冀地区 2013 年各行业小企业、大企业数量及分类标准

	行业	小企业/家	大企业/家	第50%规模/人	第90%规模/人	平均规模/人
13	农副食品加工业	2796	566	14	98	48
14	食品制造业	1964	398	15	103	67
15	酒、饮料和精制茶制造业	859	173	15	111	68
16	烟草制品业	3	1	1273	2136	1292
17	纺织业	3007	680	20	120	60
18	纺织服装、服饰业	3025	628	11	100	58
19	皮革、毛皮、羽毛及其制品和制鞋业	2099	430	19	110	52
20	木材加工和木、竹、藤、棕、草制品业	1434	315	10	48	24
21	家具制造业	1672	353	10	60	32
22	造纸和纸制品业	1816	404	10	70	33
23	印刷和记录媒介复制业	2479	547	10	58	29
24	文教、工美、体育和娱乐用品制造业	2094	425	14	76	39
25	石油加工、炼焦和核燃料加工业	419	86	12	264	123
26	化学原料和化学制品制造业	4823	970	12	79	43
27	医药制造业	840	169	29	247	144
28	化学纤维制造业	144	31	15	117	66
29	橡胶和塑料制造业	5348	1165	12	60	32
30	非金属矿物制品业	7104	1452	14	85	43
31	黑色金属冶炼和压延加工业	2230	473	20	209	181
32	有色金属冶炼和压延加工业	976	209	12	72	40
33	金属制品业	9902	2249	10	52	29

续表

	行业	小企业/家	大企业/家	第50%规模/人	第90%规模/人	平均规模/人
34	通用设备制造业	9012	1833	11	54	31
35	专用设备制造业	5886	1216	12	78	44
36	汽车制造业	2014	420	20	170	117
37	铁路、船舶、航空航天和其他运输设备制造业	1395	287	16	87	60
38	电气机械和器材制造业	4350	920	12	76	45
39	计算机、通信和其他电子设备制造业	1819	387	15	180	120
40	仪器仪表制造业	1271	275	10	72	35
41	其他制造业	757	158	10	64	31
42	废弃资源综合利用业	457	93	9	56	24
43	金属制品机械和设备修理业	779	171	6	35	27

注：依据每一行业第50%企业规模、第90%企业规模划分小企业、大企业，若企业规模小于所属行业第50%企业规模，则为小企业；若企业规模大于等于所属行业第90%企业规模，则为大企业

附表2-3 基于企业登记注册类型的企业性质划分

代码	企业登记注册类型	企业性质分类
110	国有企业	国有及集体企业
120	集体企业	
130	股份合作企业	
141	国有联营企业	
142	集体联营企业	
143	国有与集体联营企业	
149	其他联营企业	
151	国有独资企业	
159	其他有限责任公司	
160	股份有限公司	
171	私营独资企业	私营企业
172	私营合伙企业	
173	私营有限责任公司	
174	私营股份有限公司	
190	其他企业	

代码	企业登记注册类型	企业性质分类
210	合资经营企业（港或澳、台资）	港澳台企业
220	合作经营企业（港或澳、台资）	
230	港、澳、台商独资经营企业	
240	港、澳、台商投资股份有限企业	
290	其他港、澳、台商投资企业	
310	中外合资经营企业	其他外资企业
320	中外合作经营企业	
330	外资企业	
340	外商投资股份有限公司	
390	其他外商投资企业	

注：企业登记注册类型参考国家统计局《关于划分企业登记注册类型的规定 2011》（http://www.stats.gov.cn/TJSJ/tjbz/200610/t20061018_8657.html）

附表 2-4　京津冀地区 2004 年、2013 年各行业不同性质的企业数量　（单位：家）

	行业	2004 年				2013 年			
		国有及集体企业	私营企业	其他外资企业	港澳台企业	国有及集体企业	私营企业	其他外资企业	港澳台企业
13	农副食品加工业	956	3451	78	32	1358	4068	159	61
14	食品制造业	658	1736	98	51	922	2807	164	71
15	酒、饮料和精制茶制造业	418	697	53	23	534	1053	92	40
16	烟草制品业	946	1	2	0	6	0	0	0
17	纺织业	793	4343	107	48	1286	5128	92	51
18	纺织服装、服饰业	224	2251	156	68	1467	4326	181	95
19	皮革、毛皮、羽毛及其制品和制鞋业	334	890	62	35	590	3558	83	45
20	木材加工和木、竹、藤、棕、草制品业	502	1316	29	16	663	2429	36	15
21	家具制造业	952	1664	44	26	848	2484	72	37
22	造纸和纸制品业	1313	2446	48	25	1129	2806	51	42
23	印刷和记录媒介复制业	550	1655	36	44	1811	3537	48	34
24	文教、工美、体育和娱乐用品制造业	135	1251	107	28	1210	2818	160	42
25	石油加工、炼焦和核燃料加工业	2211	395	13	2	239	575	29	10

行业		2004 年				2013 年			
		国有及集体企业	私营企业	其他外资企业	港澳台企业	国有及集体企业	私营企业	其他外资企业	港澳台企业
26	化学原料和化学制品制造业	323	3790	166	87	2866	6317	333	136
27	医药制造业	34	407	69	41	686	837	112	50
28	化学纤维制造业	1648	86	3	1	79	218	6	1
29	橡胶和塑料制造业	4050	4178	169	63	2426	8228	261	73
30	非金属矿物制品业	370	6944	124	64	4217	9932	198	112
31	黑色金属冶炼和压延加工业	278	1218	16	11	935	3619	89	50
32	有色金属冶炼和压延加工业	2747	766	15	10	465	1534	43	10
33	金属制品业	2681	5596	138	62	5289	16222	373	128
34	通用设备制造业	1438	6364	186	57	4477	13081	459	107
35	专用设备制造业	472	2723	222	85	3457	7963	485	137
36	汽车制造业	928	1014	87	17	944	2730	405	54
37	铁路、船舶、航空航天和其他运输设备制造业	1304	1478	43	15	851	1898	72	30
38	电气机械和器材制造业	497	2275	118	40	2755	5970	291	76
39	计算机、通信和其他电子设备制造业	541	872	267	101	1087	2058	572	97
40	仪器仪表制造业	231	886	74	35	918	1622	139	46
41	其他制造业	60	603	52	15	365	1087	73	12
42	废弃资源综合利用业	956	160	5	0	197	659	50	9
43	金属制品机械和设备修理业	—	—	—	—	494	1063	23	6

注：2004 年行业划分中没有金属制品机械和设备修理业（43）

附表 2-5　京津冀地区 2013 年各行业新企业、现存企业数量　　（单位：家）

行业		新企业	现存企业	开业年份中位数
13	农副食品加工业	1663	3979	2007
14	食品制造业	1136	2829	2007
15	酒、饮料和精制茶制造业	348	1371	2005
16	烟草制品业	1	5	1958

	行业	新企业	现存企业	开业年份中位数
17	纺织业	2128	4424	2008
18	纺织服装、服饰业	1431	4630	2006
19	皮革、毛皮、羽毛及其制品和制鞋业	2066	2209	2010
20	木材加工和木、竹、藤、棕、草制品业	1137	2008	2009
21	家具制造业	1020	2419	2008
22	造纸和纸制品业	867	3163	2006
23	印刷和记录媒介复制业	936	4502	2005
24	文教、工美、体育和娱乐用品制造业	1310	2925	2008
25	石油加工、炼焦和核燃料加工业	196	657	2006
26	化学原料和化学制品制造业	1949	7697	2005
27	医药制造业	326	1354	2004
28	化学纤维制造业	86	219	2007
29	橡胶和塑料制造业	2928	8066	2007
30	非金属矿物制品业	4123	10320	2007
31	黑色金属冶炼和压延加工业	940	3745	2006
32	有色金属冶炼和压延加工业	592	1456	2007
33	金属制品业	7151	14868	2008
34	通用设备制造业	4993	13129	2008
35	专用设备制造业	3528	8514	2008
36	汽车制造业	1133	3001	2007
37	铁路、船舶、航空航天和其他运输设备制造业	941	1907	2008
38	电气机械和器材制造业	2346	6738	2007
39	计算机、通信和其他电子设备制造业	904	2915	2007
40	仪器仪表制造业	613	2115	2006
41	其他制造业	437	1104	2008
42	废弃资源综合利用业	351	555	2009
43	金属制品机械和设备修理业	502	1090	2008

注：划分新企业与现存企业的标准是企业开业时间是否在 2011 年（含）之后，即若开业年份为 2011、2012、2013 年，则企业为新企业；若在 2011 年之前，则企业为现存企业